CENTER FOR RESEARCH OF PRIVATE ECONOMY, ZHEJIANG UNIVERSITY

浙江大学民营经济研究中心

教育部人文社会科学重点研究基地·浙江大学民营经济研究中心

国家"985工程"三期资助项目

教育部人文社会科学重点研究基地重大项目（项目批准号：10JJD790030 ）

浙江大学恒逸基金项目

反倾销
理论、模式与效应评估

Anti-dumping
Theory, Pattern and Effect Evaluation

宋华盛 等◎著

ZHEJIANG UNIVERSITY PRESS
浙江大学出版社

目　录

1 反倾销：基本事实与理论回顾

本章在回顾反倾销实践的历史演变的基础上，梳理相关基础理论框架，为后续章节的分析提供理论指导。在与我国密切相关的方面，我们探讨了外国对华反倾销的总体特点与趋势，对华反倾销国别分布，以及对华反倾销的产品结构。在理论方面，主要侧重两点：一是反倾销影响因素的研究，包括宏观经济因素、贸易因素、报复性反倾销因素和贸易政治性因素；二是反倾销贸易效应的研究，包括贸易破坏效应、贸易转向效应、贸易偏转效应和贸易抑制效应。

1.1 基本事实

自 WTO 在乌拉圭回合谈判中达成了《关于执行 1994 年关贸总协定第 6 条的协议》（*Agreement on Implementation of Artical Ⅵ of GATT 1994*）以来，由于在执法过程各环节的透明度，以及广泛而强大的约束力，反倾销逐渐成为世界各国贸易救济的重要手段。反倾销作为一种传统的贸易保护工具，近年来依旧势头不减，尤其是随着金融危机的爆发，面对全球范围的经济衰退，进口国对反倾销措施的使用更是日趋频繁。

中国自 2001 年加入 WTO 后，对外贸易得到突飞猛进的发展，然而以《入世议定书》第 15 条款为基础的允许其他 WTO 成员在中国"入世"15 年内，在倾销和补贴时间上把中国视为非市场经济国家，客观上刺激了国际社会不断对中国发起反倾销。特别是在后全球经济危机时代，中国出口产品贸易在诸多领域仍保持强劲势头，国外对我国的反倾销立案数量更是不断增加。反倾销政策在 WTO 成员实际操作中已经逐渐背离解决非公平贸易的初衷，日益成为各国实施贸易保护的重要手段。

根据 WTO 的报告,从 1995 年到 2012 年,全球共有 47 个国家对 103 个贸易出口国提起 4230 起反倾销指控,涉案产品几乎覆盖所有行业。从反倾销的发起国来看,印度、美国和欧盟国家占据全球发起反倾销总数的前三甲,分别占比 16.00%、11.09% 和 10.66%。至于反倾销的指控对象国,中国以 916 起高居榜首,占反倾销指控总数的 21.65%。从反倾销指控涉案行业来看,化工业及其相关产品、贱金属及其制品、机电设备及其零部件等更容易遭受反倾销指控。对中国发起反倾销指控最多的国家是印度、美国和欧盟国家,分别占中国遭受反倾销指控总数的 16.81%、12.23% 和 12.12%。全球共有 32 个 WTO 成员对中国发起反倾销指控。国外最容易对我国发起反倾销的行业是贱金属及其制品、化工业及其相关产品、机电设备及其零部件,所占比例分别为 25.33%、19.54% 和 12.45%。在中国遭受的 916 起反倾销指控中,有 664 起实施终裁征税,比例高达 72.49%。

1.1.1 对华反倾销的总体特点与趋势

从 1979 年我国出口欧共体的糖精和盐类产品遭遇第一起反倾销调查开始,我国越来越频繁地遭遇 WTO 成员发起的反倾销调查(姜鹏,2012)。据 WTO 官网统计,自 1995 年到 2012 年,我国共遭遇 916 起反倾销调查,占全球总数的比重高达 21.65%。仅在 2009 年,我国就遭遇了全球最多的 77 起反倾销调查,占全球发起反倾销总数的 36.84%。具体见图 1.1。

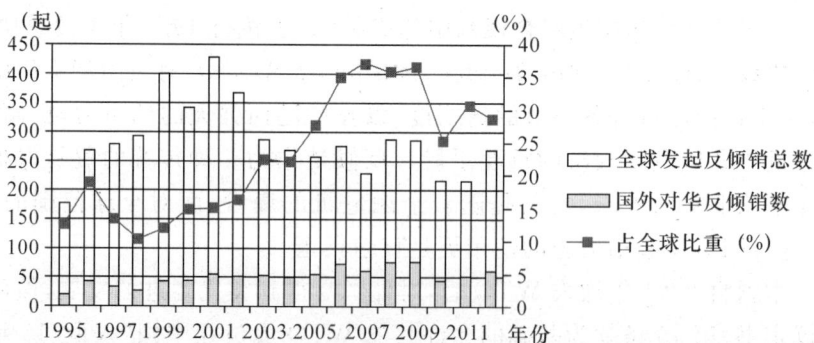

图 1.1　1995—2012 年国外对华反倾销数及占全球比重
数据来源:根据 WTO 官网相关资料整理。

从图 1.1 可以看出,自 2001 年中国加入 WTO 以后,我国越来越频繁地遭遇国外发起的反倾销调查,占全球比重呈高比例增加的趋势。在 2008 年金融危机爆发前后,中国更是成为众矢之的,国外对华反倾销数及所占比重均达到了高峰。2010 年之后,随着全球经济的回暖、我国贸易结构的转型,以及在贸易救济方面日臻成熟,中国遭遇到的反倾销指控数量有所回落,但仍保持在25%～31%的全球较高水平。

1.1.2 对华反倾销国别分布

在 20 世纪 90 年代之前,美国、欧盟、加拿大和澳大利亚等发达国家和地区是"反倾销俱乐部"的主要活跃成员,全球绝大多数的反倾销都是由它们发起的。90 年代之后,越来越多的发展中国家成为反倾销工具的新兴使用者。

表 1.1 对华反倾销主要国别分布及比值

国家或地区	对华反倾销数(起)	反倾销发起总数(起)	比值 1(%)	比值 2(%)
印 度	154	677	22.75	16.81
美 国	112	469	23.88	12.23
欧 盟	111	451	24.61	12.12
阿根廷	89	303	29.37	9.72
巴 西	62	279	22.22	6.77
土耳其	61	162	37.65	6.66
澳大利亚	37	247	14.98	4.04
南 非	36	217	16.59	3.93
墨西哥	34	109	31.19	3.71
加拿大	30	166	18.07	3.28
哥伦比亚	28	56	50.00	3.06
韩 国	24	113	21.24	2.62
秘 鲁	21	71	29.58	2.29
泰 国	17	61	27.87	1.86
印度尼西亚	16	96	16.67	1.75
埃 及	15	71	21.13	1.64

注:表中比值 1 是相应国家或地区对华反倾销数占其反倾销发起总数比值,比值 2 是相应国家对华反倾销数占中国遭受反倾销总数比值。

数据来源:根据 WTO 官网相关资料整理。

根据表 1.1 可见,印度、美国和欧盟成为对华反倾销的主要发起者,占中国遭受反倾销总数的 41.16%。此外,阿根廷、巴西、土耳其等发展中国家,也逐渐成为对华发起反倾销指控的新主角。美国和欧盟作为中国最主要的两大贸易伙伴,也是对华反倾销的主要发起者,而以印度为代表的新兴国家,随着国内经济的逐渐开放,也加大了对华反倾销的力度。值得注意的是,日本、韩国等与中国有较密切贸易往来的国家,并非是对中国反倾销指控的主要发起国。

1.1.3 对华反倾销的产品结构

由图 1.2 可见,全球遭遇反倾销指控最多的行业是贱金属及其制品,紧随其后的是化工业及其相关工业产品,塑料、橡胶及其制品。仅这三个行业遭遇的反倾销数就占全球总数的 61.28%,可见全球反倾销的发起呈现出产品聚集的特征。[①]

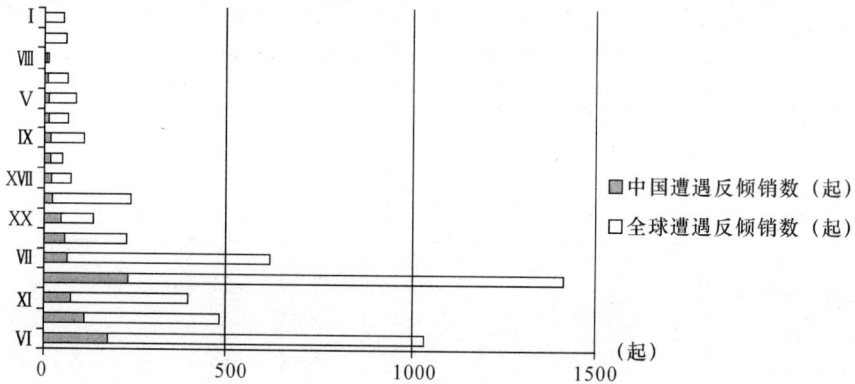

图 1.2 1995—2012 年分行业反倾销指控数量

数据来源:根据 WTO 官网相关资料整理。

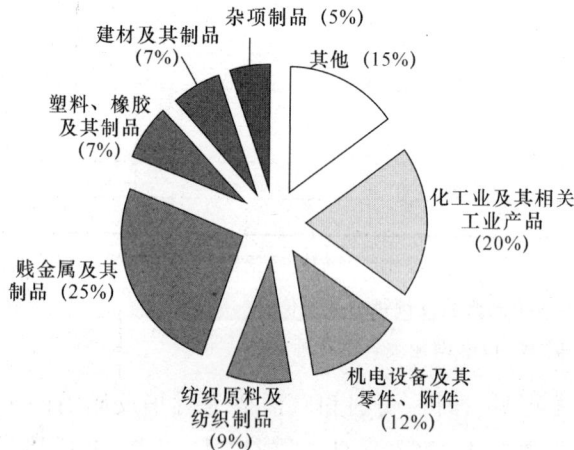

图 1.3 1995—2012 年中国分行业遭遇反倾销比重

数据来源:根据 WTO 官网相关资料整理。

---

① 海关编码(HS 编码)见附录。

从图 1.3 可以看出，贱金属及其制品遭受了最多的反倾销指控，占比高达 25%。排在第二位的是化工业及其相关工业产品，占所有反倾销数的 20%。机电设备及其零件、附件所遭受的反倾销指控占比为 12%。这三个行业共占对华反倾销指控总数的 57%。可以看出，国外对华反倾销不仅呈现产品聚集的特点，而且涉案产品多为高附加值的中间产品。

1.2　理论回顾

传统倾销理论的代表人物 Viner(1923)在其著作《倾销：国际贸易中的一个问题》中全面系统地阐述了倾销的定义、动机、影响和法律规范等。20 世纪 80 年代以前，对非公平贸易的研究主要集中于倾销行为及其影响。之后，随着反倾销行为在全球的兴起，反倾销作为一种贸易保护工具逐渐成为学术界的研究重点。从法律学者对反倾销的合法性、合理性的探讨，到对反倾销调查、裁决等的案例分析，从经济学者对反倾销实施的内生和外生原因的探索，到对反倾销对贸易以及非贸易效应的总结，关于反倾销的理论和实证研究大致可以划分为以下两个方面。一方面是对发起反倾销的经济和政治等影响因素的研究，如企业发起反倾销，以及政府的反倾销调查和裁决等行为的原因；另一方面是对反倾销会带来怎样的影响，即对反倾销的经济效应的研究(Prusa,1996)。

1.2.1　反倾销影响因素的研究

1.2.1.1　宏观经济因素研究

Feinberg(1989)使用 Tobit 模型，实证分析了影响美国 1982—1987 年间对其四大反倾销目标国发起反倾销的决定因素。Feinberg(1989)发现，实际汇率对于反倾销案件数目增加有重大影响，尤其是对日本来说。进一步地，美元对日元贬值，会使反倾销诉讼数目明显增加。但是，这一结果可能与 Tobit 模型的性质有关。于是，Feinberg(2003)使用负二项回归模型，分析了美国 1981—1998 年间季度反倾销的决定因素，发现美元升值而非贬值，将引起反倾销诉讼数目增加。美元升值虽然会使国际贸易署(ITA)减少倾销的可能性，但是也会使国际贸易委员会(ITC)更加容易确定实质性损害的存在，因此美元升值对于反倾销的影响是不确定的，其结果取决于 ITC 和 ITA 这两者中谁对价格更加敏感。[①] Mustapha 等(2006)利用美国和欧盟 1990—2002 年间对外反倾销的数据,证实了美元和欧元实际汇率增加分别会使美国和欧盟反倾销诉讼增加,而且美元升值对于反倾销诉讼增加的效应更加具有显著性。Vandenbussche 和 Zanardi(2008)则没有发现汇率对反倾销诉讼的显著影响。由此可见,本币升值对于反倾销诉讼的影响虽然尚无统一认识,但大多数研究认为进口国本币升值时发起反倾销诉讼的可能性更大(Feinberg,2005;Irwin,2005;Blonigen,2005,2006;Mah and Kim,2006;Niels and Francois,2006;Knetter and Prusa,2003)。

Knetter 和 Prusa(2003)使用美国、欧盟、加拿大、澳大利亚四个国家和地区 1980—1998 年间的反倾销案件数据,经实证分析得出:反倾销诉讼国实际GDP 增长率与反倾销诉讼案件数目之间有显著负相关关系,实际汇率与反倾销诉讼案件数目之间有显著正相关关系。Mustapha 等(2006)以真实 GDP 变动作为经济周期的指标,研究得出:美国经济低迷会使反倾销诉讼数目增加,但是欧盟经济低迷对于对外反倾销诉讼数目的影响不大。Niels 和 Francois(2006)使用反倾销新兴使用国墨西哥 1987—2000 年间的对外反倾销数据,分析得出:当墨西哥货币比索升值、国内经济衰退时,墨西哥对外反倾销诉讼数量将会增加。Blonigen(2005)考察了反倾销措施的影响因素,发现失业率和实际 GDP 增长率都会对反倾销措施产生显著影响。一系列现有的文献表明,进口国国内经济低迷会使对外反倾销数目增多,这个论点得到了大量实证结果的支持(Leidy,1997;Mustapha et al.,2006;Blonigen,2005;Salvatore,1989;Moore and Zanardi,2008)。

1.2.12 贸易因素

Blonigen 和 Bown(2003)的实证研究表明,进口份额及其增长率对于美国成功实施对外反倾销措施有显著的正效应。Francois 和 Niels(2004)则发现了进口份额对反倾销税率有显著正影响。但是,Baruah(2007)的研究却发现,在印度,进口份额对于反倾销肯定性裁决没有显著影响。Mustapha 等(2006)对比欧盟和美国的反倾销动因后发现,进口渗透率并没有显著的影响。对美国等发达国家对外反倾销的实证研究也发现,反倾销的诉讼目标往往是进口额较大或者进口份额较大的、贸易赤字较大的贸易伙伴(Blonigen and

---

① 美国商务部(DOC)下属机关国际贸易署(ITA)和国际贸易委员会(ITC)是负责裁定反倾销税的两个主要机构。前者确定是否存在倾销,后者确定倾销是否造成实质性损害。

Bown,2003；Prusa and Skeath,2002；Feinberg and Reynolds,2007；Bown,2007；Moore and Zanardi,2008)。

1.2.1.3 报复性反倾销因素

当一国受到反倾销诉讼时,它可能会因为报复性动机对外发起反倾销诉讼,也有可能因为对方势力强大而不敢对其发起反倾销诉讼。前者会使全球反倾销案件数目增加。Prusa 和 Skeath(2002)使用 33 个 WTO 成员 1980—1998 年间的数据来研究反倾销的报复性因素,认为反倾销新兴使用者的"反倾销俱乐部"效应[①]较为明显,传统使用者"以牙还牙"效应[②]较为明显。Moore 和 Zanardi(2008)将研究对象分为发展中国家和发达国家,认为两类国家都具有明显的报复性反倾销动因。Francois 和 Niels(2004)考虑了更多反倾销的政治动因,发现墨西哥对外反倾销具有明显的"以牙还牙"的报复性特征,在上一年度对墨西哥发起反倾销诉讼的目标国中,该年遭遇墨西哥反倾销肯定性裁决的可能性提高了两倍。

另一方面,当出口国具备强有力的报复性反倾销能力时,会抑制进口国对其发起反倾销诉讼,从而抑制国际反倾销增长。Blonigen 和 Bown(2003)使用嵌套 Logit 模型研究了美国 1980—1998 年间的反倾销活动,发现报复性反倾销的威胁会从两个角度抑制反倾销活动:(1)报复性反倾销的威胁会使本国进口企业减少对外国出口企业的诉讼;(2)GATT/WTO 争端解决机制会使进口国政府减少对反倾销诉讼的肯定性裁决。

1.2.1.4 贸易政治性因素

反倾销的初衷是为了解决倾销这个经济性问题,但是随着 20 世纪 70 年代贸易保护主义和 90 年代新贸易保护主义的抬头,美国国内各利益集团都积极参与反倾销诉讼活动。李坤望和王孝松(2008a)以"保护待售"模型为理论基础,研究表明:美国对华反倾销诉讼案件中,若申诉厂商在国会中拥有政治势力,那么反倾销税率就会变得更高。李坤望和王孝松(2008b)又使用 1980—2005 年间美国对华反倾销的案件裁定结果,通过实证分析得出:美国申诉厂商的政治势力对于税率的裁定结果具有最重要的影响。谢建国(2006)

---

① 将使用过反倾销的所有国家看成一个俱乐部,俱乐部成员发起的反倾销主要是针对非俱乐部成员。

② 一种直接的报复行为,很多国家更偏向于向曾经对自己发起反倾销的国家发起反倾销。

将政治制度差异作为独立变量引入模型,使用政治风险顾问公司关于跨国公司海外投资风险评估体系——Coplin-O'Leary 信用评估体系,将两国政治关系数量化后加入回归方程模型,得到中美政治关系与美国对华反倾销有显著影响的结论。政治关系越恶劣,即赋值越小,将会使反倾销数目增加。阎学通(2002)的定性研究表明,中美政治关系良好程度与美国对华反倾销数目并没有实质性影响。

1.2.2　针对中国的反倾销研究

对国内反倾销动因的研究主要集中在美国对华反倾销上。研究往往将美国对华反倾销动因分为四大类:经济因素、策略性因素、政策体制因素、政治因素。

美国对华反倾销研究的经济因素主要是宏观层面的经济变量。谢建国(2006)使用 1981—1995 年间美国对华反倾销诉讼的年度数据进行格兰杰因果检验后发现,进口份额、贸易盈余、工业附加值增长率对于美国对华反倾销诉讼数目有显著影响。沈国兵(2007)使用 1978—2006 年间美国对华反倾销诉讼的年度数据进行负二项模型回归,得出:美国工业生产增长率下降、失业率上升、进口渗透率上升、进口份额上升都会增加美国对华反倾销诉讼数目。此外,美国国内经济低迷、中美贸易不对称对美国对华反倾销有显著影响的结论,也已得到大量实证分析的证实(李坤望和王孝松,2008;王孝松和谢申祥,2009;潘圆圆,2008;田玉红,2009)。

策略性因素对反倾销的影响。王孝松和谢申祥(2009)将中国报复能力加入回归模型中,研究发现:诉讼国当年发起的反倾销诉讼数目越多,对中国反倾销越多;中国上一年发起反倾销数量与当年受到反倾销数量存在显著负相关关系。

通过设置虚拟变量分析政策体制因素对美国对华反倾销的影响。研究发现,影响美国对华反倾销行为的三大变化为:1984 年美国颁布《贸易和关税法》;1995 年 WTO 成立;2001 年中国"入世"。谢建国(2006)、李晓峰和冷莎(2007)认为,中国加入 WTO 以后,美国对华反倾销数量显著增加。沈国兵(2007)认为,非市场经济地位对美国对华反倾销没有显著影响。

政治因素对反倾销的影响。李坤望和王孝松(2008a)以"保护待售"模型为理论框架,通过设置虚拟变量,将政治势力纳入模型进行实证分析,结果表明:申诉厂商的政治势力越强,美国对中国出口厂商征收反倾销税率越高。李坤望和王孝松(2008b)经研究得出结论:申诉厂商的政治势力与美国对中国出口厂商征收反倾销税率有显著关系,美国发起歧视性对华反倾销的最大原因是申诉厂商的政治势力。谢建国(2006)使用 Coplin-O'Leary 信用评估体系,将中美政治关系纳入模型分析后得出以下结论:中美政治关系的恶化将加剧中美贸易摩擦,使美国对华反倾销数目增加。

1.2.3 国内外反倾销国家和企业层面效应的研究综述

对于反倾销的经济效应研究,Lichtenberg 和 Hong(1994)开启了先河。他们使用来自所有指控国的总进口数据,估计反倾销措施的贸易保护效果,并从进口国产业关联性、投资区位和就业等宏观层面,以及进口国企业策略、产品市场供求状况等微观层面,分析了反倾销的经济效应。Blonigen 和 Prusa(2003)强调了反倾销作为现代贸易保护工具,会对经济产生直接和间接效应。唐宇(2004)从进口方的视角出发,分析了反倾销保护引发的对反倾销的报复行为、贸易转移效应、投资关联效应以及产业链各环节的继发性保护效应。刘佳(2010)阐释了反倾销发生后,指控对象国的报复性反倾销和第三国的响应式反倾销行为。刘爱东和夏菲(2012)对反倾销经济效应的研究进行了综述,从贸易效应、产业影响和社会福利三个方面对相关研究文献进行了系统的追踪梳理。对于反倾销的产业影响研究,则主要通过完全与不完全信息下的静态和动态博弈模型,来分析反倾销对本产业、关联产业和产品价格的影响。

对于企业层面反倾销的贸易效应,Blonigen 和 Park(2004),Miyagiwa 和 Ohno(2007),Lee 和 Baik(2010)分别研究了反倾销的国际直接投资、技术研发以及企业合谋的效应。国内相关研究一方面是从会计的角度出发,运用问卷调查的方法,建立企业应对反倾销的能力指标体系,如刘爱东和陈林荣(2010)的研究;另一方面是研究反倾销对于企业绩效的影响,如苏振东、刘璐瑶和洪玉娟(2012),邵莹和苏振东(2013)以及陈阵和孙若瀛(2013)先后运用倾向评分匹配法,研究对外反倾销对中国受保护企业的实际救济效果,并基于企业异质性的角度,研究反倾销对企业生产率、工业企业成本、利润率和资产负债率的影响。

对于国家层面反倾销贸易效应的研究,多侧重于反倾销的产出和就业效应。以向洪金和赖明勇(2013)的研究为例,他们将惩罚性关税变量纳入局部均衡的 CSIM 模型,研究了反倾销贸易救济措施对国家产出、就业、收益以及社会福利的影响机理。模拟结果表明:反倾销措施会导致指控发起国和对象国的社会福利出现损失。值得注意的是,局部均衡模型和一般均衡模型多被应用于反倾销对社会福利的效应研究。

1.2.4 国外反倾销贸易效应的研究综述

1.2.4.1 贸易破坏效应的研究综述

Staiger 和 Wolak(1994)对反倾销的贸易破坏效应进行了经典的经验研究,对 1980—1985 年间的美国反倾销案例 4 位标准工业分类(SIC)的年度数据作了计量分析,从程序角度定义了反倾销的调查效应、中止效应和撤诉效应这三种"非关税贸易效应",发现美国反倾销调查具有较为显著的调查效应和中止效应,也就是说,调查阶段反倾销威胁的存在和终裁之后确定的反倾销税,都能对反倾销对象国产生贸易破坏效应。不难发现,在进口减少的同时,国内产出增加同样的幅度可以收复因反倾销而损失的市场份额,故将不存在贸易转向。但该文只是运用反倾销指控提出来的第一年数据进行回归分析,因此仅代表反倾销调查的短期效应。Krupp 和 Pollard(1996)利用美国1976—1988 年间化工行业 17 种涉案产品的反倾销申请、初裁和终裁三个时间点前后 6 个不同阶段进口量变化的月度数据进行实证分析,结果表明:绝大多数产品存在显著的贸易破坏效应,并且存在调查效应。但是,化工行业的个案分析并不能解释反倾销贸易效应的总体特征。

1.2.4.2 贸易转向效应的研究综述

Prusa(1996)研究了美国 1978—1993 年间 109 个被否决案例和 126 个终裁征税案例数据中反倾销指控对象国和第三国进口贸易流量的影响,经实证分析后发现:美国反倾销措施使得从指控对象国的进口贸易遭到显著破坏,故对于第三国贸易进口转向效应则显著存在,5 年的时间变量跨度可以充分反映反倾销的长期效应。同时,他还对高低不同的反倾销税率案例进行了分组检验,揭示了不同反倾销裁决结果对贸易影响的大小。Prusa(1999)利用美国1980—1994 年间总计 700 多起的反倾销案例,对面板数据进行了回归分析,并考察了立案前 3 年、立案当年和立案后 3 年总共 7 年的反倾销长期效应,对比分析了被否决案例、终裁征税案例以及和解案例三种不同裁决结果的反倾销效应。此外,他还对进口价值、数量和单价进行了分析,为反倾销的贸易破坏效应、调查效应以及贸易转向效应的存在提供了力证。Bronten(2001)对欧盟 1989—1994 年间的反倾销案例进行了分析，发现贸易转向作用十分显著。Vandenbusshce 和 Konings(2001)运用 8 位税则号的数据，从产品角度实证研究了欧盟反倾销政策的贸易转向效应，与 Lasgani(2000)得出了类似的结论。Durling 和 Prusa(2006)从行业的角度出发，研究反倾销的贸易效应，重点研究了 6 位 HS 编码下 142 个热卷钢出口国和 112 个热卷钢进口国在 1996—2001 年间的反倾销案例，分析了该行业反倾销的贸易效应，得出了热卷钢反倾销存在显著的贸易破坏效应和不太显著的贸易转向效应的结论。除了对发达国家的贸易效应研究，一些学者研究了发展中国家的贸易效应。Neils(2003)在对墨西哥反倾销案例的研究中，并未发现显著的贸易转向效应。Park(2009)通过建立以涉案产品进口数量和反倾销税率为自变量、以进口价值为因变量的实证模型，对中国对外反倾销贸易效应进行研究，得出中国对外反倾销同样存在显著的贸易转向效应。Baylis 和 Malhotra(2009)发现，发展中国家发起反倾销后贸易转向效应显著存在。

1.2.4.3 贸易偏转效应的研究综述

Brown 和 Crowley (2007)总结出了反倾销措施的四种主要贸易效应，即贸易破坏效应、贸易转向效应、贸易偏转效应和贸易抑制效应的结论，并对这些贸易效应进行了理论分析和实证解释，且利用美国对日本 1992—2001 年间 6 位 HS 分类产品的反倾销案例进行了实证分析，得出美国的反倾销措施具有明显的贸易偏转效应和贸易抑制效应。Durling 和 Prusa (2006)分析了 1996—2001 年间多个国家热卷钢反倾销案例的贸易偏转效应，研究表明其并不明显。冯宗宪和向洪金(2010)就欧美对华反倾销措施的贸易效应进行了理论与经验研究，利用欧美对华涉案纺织品在 2002—2007 年间的反倾销月度数据，对华反倾销申请、初裁和终裁三个时间点前后 6 个不同阶段的贸易破坏效应、贸易转向效应和贸易偏转效应进行了实证分析，得出以下结论：欧美对华反倾销措施具有负的贸易破坏效应；会导致欧美从韩国、印度等替代国进口的增加，因此存在正的贸易转向效应；国外对华反倾销措施有正的贸易偏转效应。但是，对纺织品研究的行业限制以及对欧美研究的国别限制，使得反倾销贸易效应的特征不能得到总体呈现。

1.2.2.4 贸易抑制效应的研究综述

Baldwin 和 Evenett(2009)从报复性的角度阐释了反倾销的贸易抑制作用，即反倾销会导致贸易量(包括指控对象国的进口贸易)的总体下降，同时，遭遇反倾销的国家，其产出和就业水平因受到负向的影响，进口需求会下降，从而对贸易产生抑制作用。在 Brown 和 Crowley（2007）的研究中，贸易抑制效应被解释为：当美国对日本以外的第三国发起反倾销措施时，日本涉案产品向第三国的出口会减少。而在冯宗宪和向洪金（2010）的理论研究中，对贸易抑制作用是这样定义的：当贸易偏转带来的增量无法完全弥补贸易破坏的流量时，反倾销指控对象国的涉案产品的出口总量将减少，从而对该产品原材料的进口产生了抑制作用。

1.2.5 国内反倾销贸易效应的研究综述

国内学者对反倾销贸易效应的研究大体集中在贸易破坏效应和贸易转移效应上，大多运用实证分析的方法研究美国或者欧盟对我国某一行业的产品进行反倾销的贸易效应；抑或是将反倾销的贸易效应作为衡量标准，对中国对外反倾销的贸易救济效果进行评估。同时，对反倾销贸易效应的研究日趋微观，如反倾销如何影响企业绩效（苏振东、刘璐瑶、洪玉娟，2012）、生产决策（陈振凤、徐向真、宋希博，2012）和研发行为（曲如晓、江铨，2007）等。

1.2.5.1 对外反倾销贸易救济效果评估的研究综述

宾建成（2003）从产业和贸易层面，正面评估了中国首例对新闻纸反倾销的贸易救济效果。沈瑶和王继柯（2004）发现，中国在对从日本、美国和德国进口的丙烯酸酯发起反倾销之后，从非涉案国如印度、新加坡和韩国的进口量显著增加，贸易转移效应明显。鲍晓华（2007）在《反倾销措施的贸易救济效果评估》一文中，实证分析了 1997—2004 年间中国反倾销案例 8 位税则号的涉案产品贸易量的变化，发现贸易抑制效应显著存在，以无损害结案的反倾销指控对指控对象国具有反倾销的调查效应，涉案产品同时具有贸易转移效应。杨仕辉和刘秋平（2011）利用中国 2001—2008 年间对外反倾销案例的面板数据，构造横截面单元为动态面板数据的模型，进行一阶差分广义矩估计后发现，中国反倾销立案调查对进口贸易有一定的震慑作用，但并未起到限制进口贸易的作用，从而得到了与鲍晓华（2007）的研究不一致的结论。王丛珊（2009）对中国化工产业反倾销的实施效果进行实证分析，证实了贸易限制效应的存在，并且反倾销税越高，贸易限制效应越显著；在被指控对象国与非指控对象国之间存在着贸易转移效应，并且反倾销税率越高，转移效应越明显，被指控对象国为多数时，贸易转移效应较小。

1.2.5.2 贸易限制效应与贸易转移效应的研究综述

在理论研究方面，与 Brown 和 Crowley（2007）构建的 Cournot 产量竞争模型不同，冯宗宪和向洪金（2010）运用 Bertrand 价格竞争模型，分别推导出了贸易破坏效应、贸易转向效应和贸易偏转效应，并通过理论分析发现，反倾销措施具有负的贸易破坏、正的贸易转向和正的贸易偏转效应。遗憾的是，他们并未对贸易抑制效应进行理论研究。

在统计分析方面，刘重力和邵敏（2009）的研究发现，印度对华反倾销的贸易转移效应存在着产品差异。刘重力和曹杰（2011）从欧盟对华反倾销的产品类别出发，运用反倾销强度的指标法，分析了反倾销的贸易转移效应。两篇文献均未进行实证分析。

国内学者在计量模型分析方面有较大进展。胡麦秀和严明义（2005）以欧盟对中国的彩电反倾销案为例，考察了中国彩电出口的贸易转移问题，发现欧盟反倾销保护使得中国彩电对于未对中国发起反倾销的美国、日本和阿拉伯联合酋长国等国家的出口显著增加。沈国兵（2008）以木制卧室家具反倾销案为例进行研究，发现美国对中国反倾销产生了明显的贸易限制效应和贸易转移效应。刘佳（2010）运用描述统计、比较分析等方法，就美国对中国反倾销措施进行了理论研究和经验检验，从反倾销程序方面研究发现，调查效应和终裁效应显著存在。谭文亮（2011）利用欧盟 1999—2009 年间对华化工产品反倾销调查的有关案例数据，通过建立面板数据模型，实证分析了欧盟反倾销对我国化工产品出口贸易的限制作用。杨仕辉和谢雨池（2011）以 1995—2007 年间外国对华反倾销案件为样本，就反倾销对中国出口行业的损害进行了统计分析和实证分析，发现了贸易破坏效应、贸易震慑效应以及贸易转移效应的存在。朱路娣（2011）运用计量经济模型，研究了产业间分工和产业内分工下美国对华反倾销的贸易效应，表明反倾销调查、反倾销终裁以及产业内分工会减少美国从中国的进口，而产业间的分工则会促进美国从中国的进口。陈汉林和孔令香（2010）采用统计分析、计量分析和案例分析相结合的方法，从出口量和出口份额的角度研究美国对华反倾销的出口转移效应，发现在 38 起反倾销案例中，有 27 起存在出口转移效应，只有 11 起不存在，并且这种出口转移效应在立案后的第二年最为明显。杨仕辉、邓莹莹和谢雨池（2012）利用美国 1998—2007 年间对外反倾销案的动态面板数据，应用一阶差分广义矩估计方法，发现贸易破坏和贸易转移在美国关税和反倾销措施的被诉国和被诉行业中显著存在，从国别上看，对中国反倾销的贸易效应最大，而且，美国实施反倾销措施的贸易破坏效应和贸易转移效应远大于关税。

参考文献

[1]Baldwin R, Evenett S. Protectionism and the Crisis. The Collapse of Global Trade, Murky Protectionism and the Crisis: Recommendations for The G20 [M]. A VoxEU. org Publication,2009(1):37-39.

[2]Baylis K, Malhotra N, Rus H. The Effect of Antidumping in Agriculture: A Cross-Border Comparison[D]. University of Illinois Working Paper, 2009.

[3]Blonigen B A, Prusa T J. Antidumping[R]. National Bureau of Economic Research, 2001.

[4]Blonigen B A, Prusa T J. The Cost of Antidumping: the Devil is in the Details[J]. Policy Reform, 2003, 6(4): 233-245.

[5]Blonigen B A, Park J H. Dynamic Pricing in the Presence of Antidumping Policy: Theory and Evidence [J]. American Economic Review, 2004: 134-154.

[6]Brown C P, Crowley M A. Trade Deflection and Trade Depression[J]. Journal of International Economics, 2007, 72(1): 176-201.

[7]Brenton P. Anti-dumping Policies in the EU and Trade Diversion[J]. European Journal of Political Economy, 2001, 17(3): 593-607.

[8]Durling J P, Prusa T J. The Trade Effects Associated with an Antidumping Epidemic: the Hot-rolled Steel Market, 1996—2001[J]. European Journal of Political Economy, 2006, 22(3): 675-695.

[9]Konings J, Vandenbussche H, Springael L. Import Diversion under European Antidumping Policy[J]. Journal of Industry, Competition and Trade, 2001, 1(3): 283-299.

[10]Krupp C M, Pollard, P S. Market Responses to Antidumping Laws: Some Evidence from the US Chemical Industry[J]. Canadian Journal of Economics, 1996: 199-227.

[11]Lasagni A. Does Country-targeted Anti-dumping Policy by the EU Cre-

ate Trade Diversion? [R]. Department of Economics，Parma University (Italy)，2000.

[12]Lee S H，Baik Y S. Corporate Lobbying in Antidumping Cases：Looking into the Continued Dumping and Subsidy Offset Act[J]. Journal of Business Ethics，2010，96(3)：467-478.

[13]Lichtenberg F，Tan H. An Industry-level Analysis of Import Relief Petitions Filed by US Manufacturers，1958—1985[M]. St Martin's Press，1994：161—188.

[14]Miyagiwa K，Ohno Y. Dumping as A Signal of Innovation[J]. Journal of International Economics，2007，71(1)：221-240.

[15] Mustapha，S，Sandretto R，Gbakou M. Antidumping Procedures and Macroeconomic Factors：A Comparison between the United States and the European Union[J]. Global Economy Journal，2006，6(3)：1-22.

[16]Niels G. Trade Diversion and Destruction Effects of Antidumping Policy：Empirical Evidence from Mexico [D]. Rotterdam：OXERA and Erasmus University Rotterdam. Unpublished Paper，2003.

[17]Park S. The Trade Depressing and Trade Diversion Effects of Antidumping Actions：the Case of China[J]. China Economic Review，2009，20(3)：542-548.

[18]Prusa T J. On the Spread and Impact of Antidumping[R]. National Bureau of Economic Research，1999.

[19]Staiger R W，Wolak F A. Measuring Industry Specific Protection：Antidumping in the United States[R]. National Bureau of Economic Research，1994.

[20]Viner J. Dumping [M]. University of Chicago Press，1923.

[21]鲍晓华. 反倾销措施的贸易救济效果评估[J]. 经济研究，2007(2).

[22]宾建成. 中国首次反倾销措施执行效果评估[J]. 世界经济，2003(9)：38—43.

[23]陈阵，孙若瀛. "反倾销，反补贴"对中国企业绩效的影响：由造纸业与橡胶业观察[J]. 改革，2013 (7)：96—103.

[24]陈汉林，孔令香. 美国对华反倾销出口转移的实证分析[J]. 世界经济研究，2010(10)：45—50.

[25]陈振凤,徐向真,宋希博.反倾销政策对企业生产决策行为的影响分析——基于 DTGMIC 模型[J].工业技术经济,2012(8).

[26]冯宗宪,向洪金.欧美对华反倾销措施的贸易效应:理论与经验研究[J].世界经济,2010 (3):31—55.

[27]姜鹏.中国和印度反倾销对称性研究[D].天津财经大学硕士学位论文,2012.

[28]胡麦秀,严明义.反倾销保护引致的市场转移效应分析——基于中国彩电出口的实证分析[J].国际贸易问题,2005(10):19—23.

[29]兰磊.反倾销制度的福利效果实证考察[J].国际商务:对外经济贸易大学学报,2013 (5):112—121.

[30]李凤敏,高强,叶凤莲.反倾销手段对我国聚氯乙烯产业的影响——基于 COMPAS 模型的实证分析[J].中国商贸,2013(25):82.

[31]刘爱东,夏菲.国际反倾销经济效应研究综述[J].经济问题探索,2012 (5):102—107.

[32]刘爱东,陈林荣."三体联动"应对反倾销成效影响因素的实证研究[J].国际贸易问题,2010 (2):74—82.

[33]刘佳.美国对中国反倾销的贸易效应和非贸易效应——以纸制品行业为例[D].复旦大学硕士学位论文,2009.

[34]刘重力,曹杰.欧盟对华反倾销的贸易转移效应:基于产品角度的经验分析[J].国际贸易问题,2011(7).

[35]刘重力,邵敏.印度对华反倾销的贸易转移效应——基于产品角度的经验分析[J].国际经贸探索,2009 (9):48—53.

[36]曲如晓,江铨.论反倾销保护对企业 R&D 投入的影响[J].经济经纬,2007 (5):43—47.

[37]苏振东,刘璐瑶,洪玉娟.对外反倾销措施提升中国企业绩效了吗[J].财贸经济,2012 (3):68—75.

[38]邵莹,苏振东.对外反倾销措施能否改善中国企业绩效?——以化工产品"双酚 A"案件为例[D].大连理工大学硕士学位论文,2013.

[39]沈国兵.美国对中国反倾销的贸易效应:基于木制卧室家具的实证分析[J].管理世界,2008(4):48—57.

[40]沈瑶,王继柯.中国反倾销实施中的贸易转向研究:以丙烯酸酯为例[J].国际贸易问题,2004(3):9—12.

[41]谭文亮.欧盟对华反倾销对我国化工产品出口贸易的影响研究[D].中南大学硕士学位论文，2011.

[42]唐宇.反倾销保护引发的四种经济效应分析[J].财贸经济，2004(11).

[43]王丛珊.对外反倾销实施效果评估研究——以化工产业为例[D].中南大学硕士学位论文，2009.

[44]向洪金.国外对华反倾销措施的贸易限制效应与贸易转移效应研究[J].数量经济技术经济研究，2008，25(10)：75—86.

[45]向洪金，赖明勇.我国反倾销措施的产业救济效果和福利效应研究——基于COMPAS模型的理论与实证分析[J].产业经济研究，2010(4)：23—31.

[46]向洪金，赖明勇.全球视角下美国对华光伏产品"双反"案的经济效应研究[J].世界经济，2013(4)：111—137.

[47]杨仕辉，邓莹莹，谢雨池.美国反倾销贸易效应的实证分析[J].财贸研究，2012(1)：77—84.

[48]杨仕辉，刘秋平.中国反倾销申诉寒蝉效应的实证分析——基于动态面板模型的GMM检验[J].产经评论，2011(1)：121—128.

[49]杨仕辉，谢雨池.反倾销对中国出口行业损害的实证分析[J].产业经济研究，2011(3).

[50]于璐瑶，冯宗宪.进口反倾销调查对外商投资与国内上下游产业链的影响及其对策[J].国际贸易，2007(9)：10—15.

[51]朱路娣.国际分工下美国对华反倾销的贸易效应研究[D].复旦大学硕士学位论文，2011.

2　美国对中、日反倾销动因对比研究

　　19世纪70年代以来,日本和中国先后成为美国最大的反倾销目标国。本章利用1979—2012年间美国对中、日反倾销诉讼数据,从经济因素、策略性因素、政策体制因素、政治因素四个方面对比美国对中、日反倾销动因的异同,探究中国继日本之后成为美国最大反倾销目标国的原因。研究结果发现:美国对华反倾销诉讼呈现"逆周期"现象,美国对日反倾销诉讼呈现"顺周期"现象;美元升值与美国对华反倾销诉讼数目呈正相关,与美国对日本反倾销诉讼数目呈负相关;美国对华贸易赤字增加使美国对华反倾销数目增加。另外,美国从中、日进口份额的变化导致中国继日本之后成为美国最大的反倾销目标国。

2.1　引　言

　　反倾销作为贸易救济措施的一种,相比较其他非关税贸易壁垒而言,更加具有合法性和可操作性。因此,许多国家将反倾销作为最频繁使用的非关税贸易壁垒。从WTO成立至2012年的18年间,全球共发生反倾销案件4230起。相比较WTO成立之前,反倾销案件数目居高不下,而在这些案件中,约有68%的案件是由贸易保护所导致的。越来越多的国家使用反倾销并不是因为倾销行为的存在,而是因为贸易保护主义。美国是反倾销措施的传统使用国,自WTO成立以来,美国对外共发起469起反倾销,不论是规模还是频率,在全球都名列前茅。在美国对外反倾销的目标国中,日本和中国先后扮演最大目标国的角色。从图2.1中可以看出,1979—1991年,美国共对日本发起75起反倾销诉讼;1992—2012年,美国共对中国发起137起反倾销诉讼。美国对中国发起的反倾销诉讼数目逐渐超过日本,中国成为美国最大的反倾销目标国。由此,本章提出两个问题:(1)决定美国对中国和日本发起反倾销诉讼的因素之间有什么异同?(2)中国为何继日本之后成为美国最大的反倾销目标国?

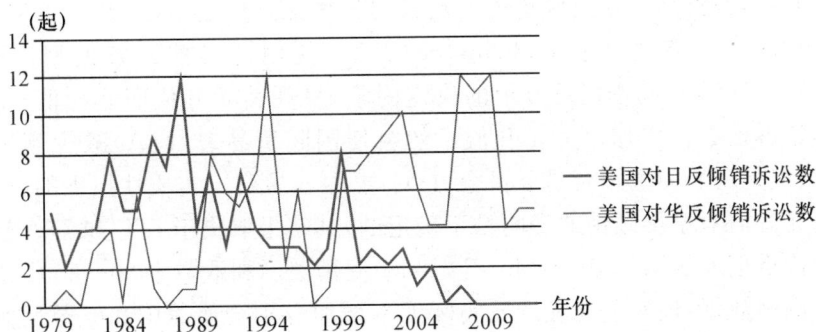

图 2.1 1979—2012 年美国对中、日反倾销诉讼数

数据来源:世界银行全球反倾销数据库和 WTO。

在以往文献中,研究对华反倾销动因的文献主要可分为两类:(1)以全球典型国家对中国反倾销诉讼数目作为被解释变量(鲍晓华,2011;Bao and Qiu,2011;潘圆圆,2008;焦芳,2011;周辉莉,2011;王孝松和谢申祥,2009;王孝松,2008);(2)以单个国家对中国反倾销诉讼数目作为被解释变量(沈国兵,2007;谢申祥等,2010;王晰,2011;谢建国,2006;谢建国和周婷婷,2011;李坤望和王孝松,2008a;李坤望和王孝松,2008b;李晓峰和冷莎,2007)。除了王晰(2011)以印度对华反倾销诉讼数目为被解释变量以外,其他文献都是以美国对华反倾销诉讼数目为被解释变量。现有文献没有涉及以下两个问题:(1)决定美国对中国和日本发起反倾销诉讼的因素之间有什么异同?(2)中国为何继日本之后成为美国最大的反倾销目标国?对比中、日之间的异同,本章不仅研究美国对华反倾销动因,而且对比了美国对中、日反倾销动因的异同,回答了为何中国继日本之后成为美国最大的反倾销目标国。

2.2 文献综述

2.2.1 反倾销影响因素的研究

2.2.1.1 宏观经济因素研究

Feinberg(1989)使用 Tobit 模型,实证分析了影响美国 1982—1987 年间

对其四大反倾销目标国发起反倾销的决定因素。Feinberg(1989)发现,实际汇率对于反倾销案件数目增加有重大影响,尤其是对日本来说。进一步说,美元对日元贬值,会使反倾销诉讼数目明显增加。但是,这一结论可能与 Tobit 模型的性质有关。于是,Feinberg(2003)使用负二项回归模型,分析美国 1981—1998 年间季度反倾销的决定因素,发现美元升值而非贬值,将引起反倾销诉讼数目增加。美元升值虽然会使国际贸易署(ITA)减少倾销的可能性,但是也会使国际贸易委员会(ITC)更加容易确定实质性损害的存在,因此美元升值对于反倾销的影响是不确定的,其结果取决于 ITC 和 ITA 这两者谁对价格更加敏感。Mustapha 等(2006)使用美国和欧盟 1990—2002 年间对外反倾销数据,证实美元和欧元实际汇率增加分别会使美国和欧盟反倾销诉讼增加,而且美元升值对于反倾销诉讼增加更加具有显著性。Vandenbussche 和 Zanardi(2008)则并没有发现汇率对反倾销诉讼的显著影响。由此可见,本币升值对于反倾销诉讼的影响虽然并没有统一结论,但大多数研究认为进口国本币升值时发起反倾销诉讼的可能性更大(Feinberg,2005;Irwin,2005;Blonigen,2005,2006;Mah and Kim,2006;Niels and Francois,2006;Knetter and Prusa,2003)。

Knetter 和 Prusa(2003)使用美国、欧盟、加拿大、澳大利亚等国家和地区 1980—1998 年间的反倾销案件数据,实证分析得出:反倾销诉讼国实际 GDP 增长率与反倾销诉讼案件数目之间有显著负相关关系,实际汇率与反倾销诉讼案件数目之间有显著正相关关系。Mustapha 等(2006)以真实 GDP 变动作为经济周期的指标,研究得出:美国经济低迷会使反倾销诉讼数目增加,但是欧盟经济低迷对于对外反倾销诉讼数目的影响不大。Niels 和 Francois(2006)使用反倾销新兴使用国墨西哥 1987—2000 年间的对外反倾销数据,分析得出:当墨西哥货币比索升值、国内经济衰退时,墨西哥对外反倾销诉讼数量将会增加。Blonigen(2005)考察了反倾销措施的影响因素,发现失业率和实际 GDP 增长率都会对反倾销措施有显著影响。一系列现有的文献表明,进口国国内经济低迷会使对外反倾销数目增多,这个论点得到大量实证结果的支持(Leidy,1997;Mustapha et al.,2006;Blonigen,2005;Salvatore,1989;Moore and Zanardi,2008)。

2.2.1.2 贸易因素

Blonigen 和 Bown(2003)的实证研究表明:进口份额及其增长率对于美国对外成功实施反倾销措施有显著的正效应。Francois 和 Niels(2004)发现了进口份额对反倾销税率有显著正影响。但是,Baruah(2007)的研究却发现,在印度,进口份额对于反倾销肯定性裁决没有显著影响。Mustapha 等(2006)对比欧盟和美国的反倾销动因后发现,进口渗透率并没有显著的影响。对美国等发达国家对外反倾销的实证研究发现,反倾销的诉讼目标往往是进口额较大或者进口份额较大的、贸易赤字较大的贸易伙伴(Blonigen and Bown, 2003;Prusa and Skeath,2002;Feinberg and Reynolds,2007;Bown,2007;Moore and Zanardi,2008)。

2.2.1.3 报复性反倾销因素

当一国受到反倾销诉讼时,它可能会因为报复性动机对外发起反倾销诉讼,也有可能因为对方势力强大而不敢对其发起反倾销诉讼。前者会使全球反倾销案件数目增加。Prusa 和 Skeath(2002)使用 33 个 WTO 成员 1980—1998 年间的数据来研究反倾销的报复性因素,认为反倾销新兴使用者"反倾销俱乐部"效应较为明显,传统使用者"以牙还牙"效应较为明显。Moore 和 Zanardi(2008)将研究对象分为发展中国家和发达国家,认为两类国家都具有明显的报复性反倾销动机。Francois 和 Niels(2004)考虑了更多反倾销的政治动因,发现墨西哥对外反倾销具有明显的"以牙还牙"的报复性特征,在上一年度对墨西哥发起反倾销诉讼的目标国,该年遭遇墨西哥反倾销肯定性裁决的可能性提高了两倍。

另一方面,当出口国具备强有力的报复性反倾销能力时,会抑制进口国对其发起反倾销诉讼,从而抑制国际反倾销增长。Blonigen 和 Bown(2003)使用嵌套 Logit 模型考察了美国 1980—1998 年间的反倾销活动,发现报复性反倾销的威胁会从两个角度抑制反倾销活动:(1)报复性反倾销的威胁会使本国进口企业减少对外国出口企业的诉讼;(2)GATT/WTO 争端解决机制会使进口国政府减少对反倾销诉讼的肯定性裁决。

2.2.1.4 贸易政治性因素

反倾销的初衷是为了解决倾销这个经济性问题,但是随着 20 世纪 70 年代贸易保护主义和 90 年代新贸易保护抬头,美国国内各利益集团都积极参与反倾销诉讼活动。李坤望和王孝松(2008a)以"保护待售"模型为理论基础,研究表明:美国对华反倾销诉讼案件中,若申诉厂商在国会中拥有政治势力,那么反倾销税率就会变高。李坤望和王孝松(2008b)又使用美国对华反倾销 1980—2005 年间的案件裁定结果,通过实证分析得出结论:美国申诉厂商的政治势力对于税率的裁定结果具有最重要的影响。谢建国(2006)将政治制度差异作为独立变量引入模型,使用政治风险顾问公司关于跨国公司海外投资风险评估体系——Coplin-O'Leary 信用评估体系,将两国政治关系数量化后加入模型,得到中美政治关系与美国对华反倾销有显著影响的结论。政治关系越恶劣,即赋值越小,将会使反倾销数目增加。阎学通(2002)的定性研究得出,中美政治关系良好程度与美国对华反倾销数目并没有实质性影响。

2.2.2　针对中国的反倾销研究

对下国内反倾销动因的研究主要集中在美国对华反倾销上。研究往往将美国对华反倾销动因分为四大类:经济因素、策略性因素、政策体制因素、政治因素。

美国对华反倾销研究的经济因素主要还是宏观层面的经济变量。谢建国(2006)使用 1981—1995 年间美国对华反倾销诉讼的年度数据进行格兰杰因果检验后发现,进口份额、贸易盈余、工业附加值增长率对于美国对华反倾销诉讼数目有显著影响。沈国兵(2007)使用 1978—2006 年间美国对华反倾销诉讼的年度数据进行负二项模型回归,得出:美国工业生产增长率下降、失业率上升、进口渗透率上升、进口份额上升都会增加美国对中国反倾销诉讼的数目。此外,美国国内经济低迷、中美贸易不对称对美国对华反倾销有显著影响的结论,也已得到大量实证分析的证实(李坤望和王孝松,2008;王孝松和谢申祥,2009;潘圆圆,2008;田玉红,2009)。

策略性因素对反倾销的影响。王孝松和谢申祥(2009)将中国报复能力加入回归模型中,研究发现:诉讼国当年发起的反倾销诉讼数目越多,对中国反倾销越多;中国上一年发起反倾销数量与当年受到反倾销数量存在显著负相关关系。

通过设置虚拟变量分析政策体制因素对美国对华反倾销的影响。研究发现,影响美国对华反倾销行为的三大变化为:美国 1984 年颁布的《贸易和关税法》;1995 年 WTO 成立;2001 年中国"入世"。谢建国(2006)、李晓峰和冷莎(2007)认为,中国加入 WTO 以后,美国对华反倾销数量显著增加。沈国兵(2007)认为,非市场经济地位对美国对华反倾销没有显著影响。

政治因素对反倾销的影响。李坤望和王孝松(2008a)以"保护待售"模型为理论框架,通过设置虚拟变量,将政治势力纳入模型进行实证分析,结果表明:申诉厂商的政治势力越强,美国对中国出口厂商征收反倾销税率越高。李坤望和王孝松(2008b)经研究得出结论：申诉厂商的政治势力与美国对中国出口厂商征收反倾销税率有显著关系，美国发起歧视性对华反倾销的最大原因是申诉厂商的政治势力。谢建国(2006)使用 Coplin-O'Leary 信用评估体系，将中美政治关系纳入模型分析后得出以下结论：中美政治关系的恶化将加剧中美贸易的摩擦，使美国对华反倾销数目增加。

2.3 经验方法与数据

2.3.1 模型设定与经验方法

本章的研究目的是对比美国对中、日反倾销的动因。我们将变量分为四类，即经济因素、策略性因素、政策体制因素、政治因素，并设定回归模型：

$$AD_{it} = \alpha + \acute{\beta}m + \acute{\gamma}n + \acute{\varphi}s + \acute{\kappa} + \varepsilon$$

被解释变量 AD_{it} 表示美国在 t 年对 i 国发起的反倾销诉讼数目，m, n, s, t 分别表示经济因素、策略性因素、政策体制因素、政治因素，$\alpha, \beta, \gamma, \varphi, \kappa$ 表示系数矩阵，ε 表示误差项。

由于被解释变量为美国对日本或中国的反倾销诉讼数，属于计数数据，故应该考虑使用计数模型，主要有 Poisson 模型、负二项模型、零膨胀回归模型等。Poisson 模型假定计数数据的期望和方差相等；若被解释变量的方差明显大于期望，则存在过度分散现象，应该使用负二项模型；若计数数据中存在大量的"0"，则应该使用零膨胀回归模型。在分析了这三个模型的适用条件后，本章使用负二项模型作为计量模型。

2.3.2 样本选择

Bown 整理的全球反倾销数据库是目前信息最全的双边反倾销数据库，提供了进口国针对不同出口国发起反倾销诉讼的年度、数量、产品等具体信息。由于该数据库整理的数据从 1979 年开始，本章选取 1979—2012 年间美国对中、日反倾销诉讼数据作为研究对象。

2.3.3 变量选择及理论预期

从经济状况分析美国对中、日反倾销的动因是必要的，但是现今很多反倾销活动并不仅仅是经济状况所能解释的,还可能受到非经济因素的影响。本章以美国宏观经济形势,美元对外汇率,美国与中、日贸易,美国对中、日直接投资额,中、日科技发达情况,美国与中、日政治关系,以及美国上年度受到反倾销数量为被解释变量,解释美国对中、日反倾销的动因。由于已有的大量文献阐述了进口国宏观经济形式、进口国汇率波动、进口国与出口国贸易关系对反倾销的影响机制,本章主要解释美国对中、日直接投资额,中、日科技发达情况,美国与中、日政治关系,美国上年度受到反倾销数量和 WTO 成立虚拟变量等,对美国对中、日反倾销的影响。

通过对外国进行直接投资并从事跨国经营,跨国公司支配着数额巨大的实物资本。而由于实物资本在短期内无法转移,跨国公司很容易沦为"国际关系的人质"(Venon,1994)。若跨国公司对母国与东道国之间的经济政治风险持回避态度,它们就会试图通过将自身强大的经济实力渗入政治领域,影响母国与东道国之间的经济政治关系,避免充当母国与东道国关系恶化的牺牲品。

维持美国与跨国公司东道国之间的良好关系是美国跨国公司介入国会的首要目标,这些跨国公司在华盛顿组成庞大的游说组织,为各自的海外子公司争取利益。当跨国公司与母国的政策一致时,两者相辅相成;当跨国公司与母国的政策不一致时,跨国公司必然会通过自己的政治力量来影响母国的贸易政策。故可以得出以下定性结论:美国跨国公司对外投资额越大,跨国公司对国会贸易委员会的压力就越大。

假设 1:美国对中、日直接投资额增加,将降低美国对中、日反倾销诉讼数目。

倾销是指出口厂商在国际市场上,以低于正常价值的价格销售商品,其会对进口国的某些工业造成重大损害或威胁。中、日科技越发达,在制造业中,生产率越高,生产成本越小;在美国市场上,中、日生产商比美国本土生产商更具有比较优势。当美国生产商的利润空间被压缩到一定程度后,它们将诉诸反倾销手段。因此,中、日科技越发达,美国对中、日反倾销诉讼数目越多。

假设 2:中、日科技越发达,美国对中、日反倾销诉讼数目越多。

美国与中、日频繁的贸易摩擦的背后是两国政府在"掰手腕"。美国政府是典型的"实用主义者",经常从现实政治利益出发采取相应的贸易政策,如美国 2004 年对中国彩电征收的反倾销税。不同的政治制度,不同的文化,国与国之间的政治关系等,往往都会影响贸易关系的走势,特别是对于"实用主义"至上的美国政府来说。当美国与中、日政治关系良好的时候,美国较少对中、日发起反倾销诉讼；当美国与中、日政治关系恶劣的时候，美国较多对中、日发起反倾销诉讼。

假设 3：中、日与美国政治关系越好，美国对中、日反倾销数目越少。

反倾销策略性动机的表现形式之一是，美国报复性动机可能会促进国际反倾销增长。在上一年度，美国受到中、日反倾销诉讼越多，出于"以牙还牙"的报复性动机，当年美国将会对中、日发起更多的反倾销诉讼。此外，上一年度美国受到全球反倾销诉讼越多，其对外反倾销诉讼数目也会增加。

假设 4：上一年度美国受到中、日和全球反倾销诉讼越多，美国对中、日提起反倾销诉讼数目越多。

1995 年，WTO 取代 GATT 成为协调多边贸易谈判的经济组织。WTO 倡导贸易自由化和非歧视性原则，使各成员运用关税壁垒和非关税壁垒的灵活性受到极大限制，从而不得不将目光投向灵活性和可操作性更强的非关税壁垒——反倾销。本章选取虚拟变量 WTO 作为考察 WTO 成立对美国对中、日反倾销诉讼的影响指标，其中 1979—1991 年的取值为 0，在此之后的取值为 1。

假设 5：WTO 成立将使美国对中、日反倾销诉讼数目增加。

2.3.4　数据来源及处理

被解释变量 AD 来自于 Bown 编制的全球反倾销数据库 V6.0，上一年度中、日、全球对美国发起反倾销诉讼的原始数据来自于全球反倾销数据库。美国实际 GDP 增长率，美国工业附加值增长率，美国总劳动力失业率，美国对中、日直接投资额四类数据来自于美国经济分析局。美国对中、日贸易赤字和中、日出口美国贸易总额占美国进口比重的原始数据来自于美国国际贸易委员会。中、日科技力量数据来自于世界银行数据库。中、日与美国政治关系指标是根据中、日与美国政治事件，结合 Coplin-O'Leary 信用评估系统予以赋值的。

具体变量描述与数据来源见表 2.1。

表 2.1 变量描述及数据来源

变量	变量含义	数据来源
AD_u	美国对中、日发起反倾销诉讼数目	全球反倾销数据库 V6.0 http://econ.worldbank.org/
grgdp	美国实际 GDP 增长率	美国经济分析局 http://www.bea.gov/
griva	美国工业附加值增长率	美国经济分析局 http://www.bea.gov/
unemp	美国总劳动力失业率	美国经济分析局 http://www.bea.gov/
lnrex_chn	美元对人民币汇率对数	美国农业部经济研究中心 http://www.usda.gov/
lnrex_jpn	美元对日元汇率对数	美国农业部经济研究中心 http://www.usda.gov/
lndef_chn	美国对中国贸易赤字对数	原始数据来自于美国国际贸易委员会 http://www.usitc.gov/
lndef_jpn	美国对日本贸易赤字对数	原始数据来自于美国国际贸易委员会 http://www.usitc.gov/
raimp_chn	中国出口美国贸易总额占美国进口比重	原始数据来自于美国国际贸易委员会 http://www.usitc.gov/
raimp_jpn	日本出口美国贸易总额占美国进口比重	原始数据来自于美国国际贸易委员会 http://www.usitc.gov/
lnFDI_chn	美国对中国直接投资额对数	美国经济分析局 http://www.bea.gov/
lnFDI_jpn	美国对日本直接投资额对数	美国经济分析局 http://www.bea.gov/
lntech_chn	中国科技力量	世界银行数据库 http://data.worldbank.org.cn/
lntech_jpn	日本科技力量	世界银行数据库 http://data.worldbank.org.cn/
politic_chn	中、美政治关系指标	英国政治风险服务机构 http://www.iprsonline.org/
politic_jpn	日、美政治关系指标	英国政治风险服务机构 http://www.iprsonline.org/
ad_chn	上一年中国对美国反倾销诉讼数目	整理自全球反倾销数据库 V6.0 http://econ.worldbank.org/
ad_jpn	上一年日本对美国反倾销诉讼数目	整理自全球反倾销数据库 V6.0 http://econ.worldbank.org/

续表

变量	变量含义	数据来源
lnad_world	上一年全球对美国反倾销诉讼数目对数	整理自全球反倾销数据库 V6.0 http://econ.worldbank.org/
WTO	作为 WTO 成立的虚拟变量	以 WTO 成立为分界

本章根据英国 PRS[①] 的 Coplin-O'Leary 信用评估体系和日美、中美外交关系，来量化和评估政治风险。将两国关系划分为 6 个等级，分别赋值，数值越高说明两国关系越好。

日、美互为战略联盟，政治关系总体上比较平稳。1988 年，美国国防部秘密举行针对日本的军事演习，美国国内出现"日本威胁论"、"购买美国"等言论，两国之间的政治关系开始恶化。1996 年 4 月，桥本龙太郎首相和克林顿总统共同发表了《日美安全同盟联合宣言》，日美关系进入平稳发展阶段。2003 年年底，日本向伊拉克派兵，日、美同盟关系实现重大突破。此后十年内，日、美关系一直在强化。

相比较日、美关系，中、美之间的政治关系起伏较大。20 世纪 80 年代，东西方"冷战"还未结束，中、美政治关系处于比较稳定的状态。1990 年，中、美政治关系降到最低点。此后四年时间，两国关系逐渐升温。1995 年，两国关系并不好，赋值降低。1999 年，美国轰炸中国驻南斯拉夫大使馆事件、2001 年美国战机侵入南海事件等，都影响着中、美两国之间的政治关系。进入 21 世纪，两国高层尽力维持双方之间的良好关系，因此赋值较高。

表 2.2 美国与中、日政治关系赋值

年份	1979	1980	1981	1982	1983	1984	1985	1986	1987	1988	1989	1990
日本	4	5	5	6	5	6	5	4	5	2	2	3
中国	5	5	5	6	5	6	5	5	5	5	2	1

年份	1991	1992	1993	1994	1995	1996	1997	1998	1999	2000	2001	2002
日本	3	2	3	4	2	4	5	5		5	4	4
中国	2	3	3	4	3	2	5	5	3	4	5	

年份	2003	2004	2005	2006	2007	2008	2009	2010	2011	2012
日本	5	6	6	6	5	5	5	5	5	
中国	6	6	6	6	5	5	4	5	6	

注：部分资料来自于谢建国(2006)。

① 政治风险服务机构(Political Risk Service，PRS)，一家评估全球 140 多个国家和地区的金融、政治和经济状况的机构。

2.4　实证结果与分析

本章以美国1979—2012年间对中、日反倾销诉讼数目为被解释变量,构建模型1和模型2。

2.4.1　美国对华反倾销实证结果与分析

美国实际GDP增长率具有负效应,说明美国经济不景气时,对中国将会发起更多的反倾销诉讼。实际GDP增长率系数为-0.175,表示样本期间内,美国实际GDP增长率增加1%,美国对华反倾销诉讼数目降低0.175%。在稳健性检验中,分别使用美国工业附加值增长率和总人口失业率来衡量美国宏观经济形势,可以发现,美国工业附加值增长率具有负效应,总人口失业率具有正效应,说明美国对华反倾销呈现"顺周期"现象。

美元兑人民币汇率对美国对华反倾销诉讼数目有负效应。在样本期间内,当美元兑人民币汇率平均上升1%时,美国对华反倾销诉讼数目增加3.5%。美元升值降低了ITA对"低于公平价值销售"作出肯定性裁定的可能性,增加了ITC对"实质性损害"作出肯定性裁定的可能性。从理论上说,美元升值对于美国对外反倾销的影响不确定,但是ITA几乎每次都对中国倾销作出肯定性裁决,因此人民币升值会使美国对华反倾销诉讼增加。

美国从中国进口额占总进口额越多,美国对华反倾销诉讼数目越多。当中国出口美国的贸易额超过其他国家出口到美国的贸易额时,中国出口产品不仅与其他国家厂商的产品发生激烈竞争,还与美国厂商的产品发生竞争,使美国厂商发起更多的反倾销诉讼。实证分析表明:美国从中国进口额占总进口额的比重增加1%,美国对华反倾销诉讼数目将增加6%。

美国对中国贸易赤字与美国对华反倾销诉讼数目呈显著负相关,这与以往文献所得出的结论完全相反。美国对中国贸易赤字增加1%,美国对华反倾销诉讼数目将减少1%。Prestowitz(1996)指出,中国对美国出口的大多是美国夕阳行业产品,中国对美国出口的劳动密集型产品,既不会影响美国的工业生产和就业,也不会影响美国产品在国际市场上的份额,反而是对美国经济结构的有益补充,有利于美国经济结构的调整(张波,2009)。从图2.2可以发现,美国对中国的贸易赤字很大一部分是由中国对美国出口的快速增长所引起的。因此,从这个角度,可以解释美国对中国贸易赤字与美国对华反倾销诉讼数目呈显著负相关。

从回归结果来看,美国从中国的进口额占总进口额的比重增加 1%,美国对华反倾销诉讼将增加 6%;美国对中国的贸易赤字增加 1%,美国对华反倾销诉讼数目将增加 1%。这和沈国兵(2007)得出的研究结果一致,即美国从中国的进口份额是美国对华反倾销的最主要原因。即使美国对中国的贸易赤字具有负效应和美国从中国的进口份额具有正效应,由于美国从中国的进口份额是最主要的原因,美国对华反倾销诉讼数目仍然会随着美国从中国的进口份额增加而增加。

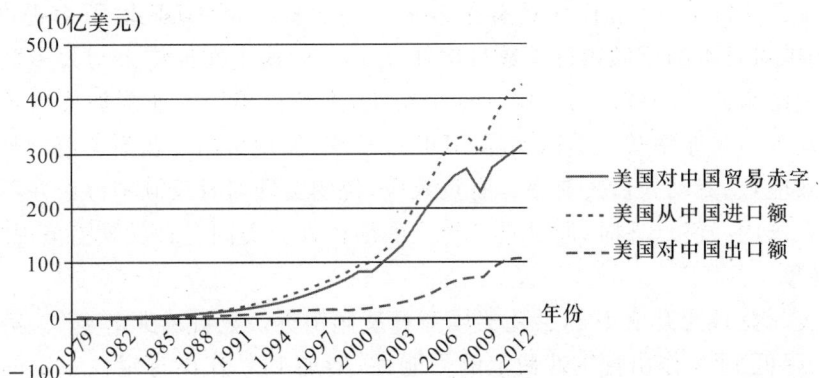

图 2.2 美国对中国的贸易额

中国科技力量对美国对华反倾销诉讼数目具有正效应。中国科技力量越强,厂商生产率就越高,其产品在美国市场上就越具有竞争力,从而会招致更多的反倾销诉讼。由实证结果可知,中国科技力量增强 1%,美国对华反倾销诉讼数目将增加 3.8%。

中、美政治关系与美国对华反倾销呈显著负相关。中、美政治关系的改善将减少美国对华反倾销诉讼,而中、美政治关系的恶化将增加美国对华反倾销诉讼数目。这与谢建国(2006)得出的研究结果一致。中、美政治关系在所有回归结果中都呈显著负相关。中、美政治关系值每增加一个单位,美国对华反倾销诉讼数目就平均减少 3.4%。

WTO 成立与美国对华反倾销诉讼数目在 10% 的水平上呈负相关。这是因为,相比于 GATT 框架,在 WTO 框架下一方面,完善的贸易争端解决机制降低了反倾销诉讼带来的收益;另一方面,WTO 成立使一些发展中国家频繁使用反倾销措施,美国对外反倾销可能会因受制于他国反倾销报复的威胁而有所收敛。实证结果表明,WTO 成立使美国对华反倾销诉讼数目减少了 1%。

在模型 1 中,美国对中国的直接投资额、上一年中国对美国的反倾销诉讼数目和全球对美国的反倾销诉讼数目都没有显著影响。

2.4.2 美国对日反倾销实证结果与分析

由于日本几乎不对美国发起反倾销诉讼,因此,在模型 2 中并未加入"以牙还牙"这个报复性策略变量。

美国实际 GDP 增长率具有正效应。当美国实际 GDP 增长率提高 1% 时,美国对日本的反倾销诉讼数目增加 0.15%。这个实证结果与大多数文献的研究结果并不一致。为了验证这个结果,本章以美国工业附加值增长率和总劳动人口失业率替代美国实际 GDP 增长率,发现美国工业附加值增长率具有正效应,总劳动人口失业率具有负效应,说明美国对日反倾销诉讼并不仅仅发生在国内经济低迷时,而是具有很大的随机性。美国对日反倾销呈现"逆周期"现象。

美元兑日元升值 1%,会使美国对日反倾销诉讼数目减少 1.4%。美元升值,会降低 ITA 作出肯定性裁定的可能性,增加 ITC 作出肯定性裁定的可能性。在美国对日反倾销诉讼裁决过程中,ITA 对价格变动的敏感性高于 ITC,因此,美元兑日元升值会减少美国对日反倾销诉讼数目。

美国对日本的贸易赤字增加,会增加美国对日反倾销诉讼数目。模型 2 中,美国对日本的贸易赤字出现不显著的负系数,但是总体来说,美国对日本的贸易赤字与美国对日反倾销数目呈正相关。这是因为,日本人均 GDP 相比于中国人均 GDP 来说,更加接近于美国人均 GDP,说明日本人的偏好更近似于美国人的偏好。因此,日本对美国出口的产品会与美国本土产品产生替代作用,从而招致更多的反倾销。当美国对日本赤字增加 1% 时,美国对日反倾销数目将增加 0.69%。

美国从日本的进口额占美国总进口额的比重越大,美国对日本的反倾销诉讼数目越多。当日本出口到美国的贸易额超过其他国家出口到美国的贸易额时,日本的出口产品不仅与其他国家厂商的产品发生激烈竞争,还与美国厂商的产品发生竞争,使美国厂商发起更多的反倾销诉讼。实证研究表明:美国从日本的进口额占总进口额的比重增加 1%,美国对日反倾销诉讼数目将增加 12％。

日本科技力量与美国对日反倾销诉讼数目呈负相关。从 20 世纪 50 年代以来,美国和日本一直是"战略伙伴"关系。为了帮助日本增强实力,美国曾向日本提供很多生产技术,使日本科技力量快速增长。

美国对日本的直接投资额越大,美国对日反倾销诉讼数目越少。美国跨国公司对日本的投资额越大,跨国公司对国会贸易委员会的压力越大。图 2.3 显示了美国自 1980 年以来对中、日的直接投资额情况。从图中可以看出,美国对日本的直接投资额远远高于美国对中国的直接投资额。当美国对日本的直接投资额很大时,跨国公司会对国会施加压力,减少美国对其在日本子公司出口到美国的产品的反倾销诉讼数目。因此,美国对日本的直接投资额增加,将降低美国对日本的反倾销诉讼数目。当美国对日本的投资额增加 1％时,美国对日反倾销数目将减少 0.9％。

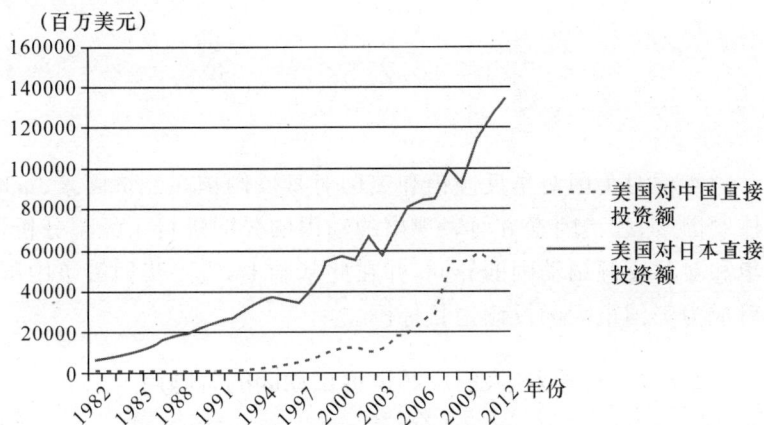

图 2.3 美国对中、日直接投资额

日、美政治关系越好,美国对日反倾销诉讼数目越少。日、美政治关系的改善将减少美国对日反倾销诉讼,而日、美政治关系的恶化将增加美国对日反倾销诉讼。日、美政治关系每恶化一个等级,美国对日反倾销诉讼数目就平均增加 0.23％。

与美国对华反倾销不同的是,WTO 成立对美国对日反倾销的影响并不显著,但是全球对美反倾销诉讼数目增加会增加美国对日反倾销诉讼。上一年度,美国受到全球反倾销诉讼数目增加 1％,出于报复性目的,在 10％的显著性水平上,美国对日本的反倾销诉讼数目增加了 0.02％。

2.4.3 稳健性检验

为了验证结果的稳定性,在模型3、模型4中选取和模型1、模型2相同的变量,使用泊松回归模型,发现模型3、模型4和模型1、模型2的结果一致。

根据模型1、模型2,可得出以下结果:美国对华反倾销诉讼呈现"逆周期"现象,美国对日反倾销诉讼呈现"顺周期"现象。在以往文献中,工业附加值增长率、总劳动力失业率可以作为代表美国经济形势的变量。本章使用工业附加值增长率和总劳动力失业率替代实际GDP增长率,运用负二项回归方程,发现美国工业附加值增长率对美国对华反倾销诉讼呈负效应,总劳动力失业率对美国对华反倾销诉讼呈正效应。因此,美国工业附加值增长率和总劳动力失业率对美国对华反倾销诉讼分别呈正效应和负效应,即验证了美国对华反倾销诉讼呈现"逆周期"现象,美国对日反倾销诉讼呈现"顺周期"现象。

2.5 结 论

本章对美国对华反倾销和美国对日反倾销在经济因素、策略性因素、政策体制因素、政治因素方面表现出的动因的异同进行了经验分析,比较了美国对华和对日反倾销动因的异同,并在此基础上,进一步回答了中国为何继日本之后成为美国最大的反倾销目标国。

2.5.1 美国对中、日反倾销诉讼动因的异同点

美国宏观经济形势影响美国对中、日反倾销诉讼数目的情况并不一致。美国对华反倾销诉讼呈现"逆周期"现象,但是,美国对日反倾销诉讼呈现"顺周期"现象。美国经济即使处在上升阶段,也会对日本发起反倾销诉讼。相比于中国来说,美国对日本的反倾销诉讼更加具有随意性。美国经济形势对美国对中、日反倾销诉讼数目的影响相反,而且以实际GDP增长率代替美国经济形势时效果最显著。

美元升值与美国对华反倾销诉讼数目呈正相关,与美国对日本的反倾销诉讼数目呈负相关。美元升值,会降低ITA作出肯定性裁定的可能性,增加ITC作出肯定性裁定的可能性。ITA几乎每次都会对中国倾销作出肯定性裁决,而美元升值会提高ITC作出"实质性损害"肯定性裁决的可能性,美元

升值会增加美国对华反倾销诉讼数目。当 ITA 裁定日本公司倾销时,其对价格变动的敏感性高于 ITC,因此美元兑日元升值会减少美国对日反倾销诉讼数目。

美国对华贸易赤字增加会减少美国对华反倾销诉讼数目,美国对日贸易赤字增加会增加美国对日反倾销诉讼数目。主要原因是,中、日出口美国的产品结构不同,中国出口产品主要是劳动力密集型产品,有利于弥补美国产业结构不完整;而日本出口美国的产品会与美国本土厂商的产品产生很大竞争,从而招致更多的反倾销诉讼。冼国明(2004)认为,随着中国国内产业的升级,出口产品技术含量越来越高,与美国国内市场上更多的产品展开竞争,从而会使美国对华反倾销诉讼数目随着美国对华贸易赤字的增加而增加。

美国从中国和日本的进口额占总进口额的比例,对美国对中、日反倾销诉讼数目的影响是一致的,且非常显著。当美国从中国和日本的进口额占总进口额的比例分别增加 1% 时,美国对华反倾销诉讼数目增加 6%,美国对日反倾销诉讼数目增加 12%。相比于其他变量,美国从中国和日本的进口额占总进口额的比例更能说明美国为何对中、日发起反倾销诉讼。

2.5.2 中国为何继日本之后成为美国最大的反倾销目标国?

从图 2.1 可以看出,自 1992 年以后,美国对华反倾销诉讼数目超过美国对日反倾销诉讼数目,中国成为美国最大的反倾销目标国。从 5.1 部分的研究可以发现,美国从中国和日本的进口额占总进口额的比例最能解释美国为何对中、日发起反倾销诉讼。当美国从中国和日本的进口额占总进口额的比例分别增加 1% 时,美国对华反倾销诉讼数目增加 6%,美国对日反倾销诉讼数目增加 12%。由于美国从中、日进口的份额对美国对中、日反倾销具有相同的效应,而自 1979 年开始,美国从日本进口的份额不断下降,美国从中国进口的份额却不断上升,故其可以解释为何中国继日本之后成为美国最大的反倾销目标国。

参考文献

[1]Aggarwal A. Macro Economic Determinants of Antidumping: A Comparative Analysis of Developed and Developing Countries[J]. World Devel-

opment，2004.

[2]Bown Chad P，Meredith A. Import Protection，Business Cycles，and Exchange Rates：Evidence from the Great Recession[J]. Journal of International Economics，2013a，90(1)：50-64.

[3]Bown P，Meredith A. Emerging Economics，Trade Policy，and Macroeconomic Shocks[D]. Policy Research Working Paper，2013b.

[4]Feinberg R. U. S. Antidumping Enforcement and Macroeconomic Indicators Revisited：Do Petitioners Learn？ [J]. Review of World Economics，2005，141(4)：612-622.

[5]Francois J，Gunnar N. Political Influence in a New Antidumping Regime：Evidence from Mexico[D]. Tinbergen Institute Discussion Paper，2004.

[6]Leidy M. P. Macroeconomic Conditions and Pressures for Protection under Antidumping and Countervailing Duty Laws：Empirical Evidence from the United States[D]. International Monetary Fund Staff Paper，1997.

[7]Irwin D A. The Rise of US Antidumping Activity in Historical Perspective[J]. The World Economy，2005，28(5)：651-668.

[8]Niels G，Joseph F. Business Cycles，the Exchange Rate and Demand for Antidumping Protection in Mexico[J]. Review of Development Economics，2006，10(3)：388-399.

[9]Sadni-Jallab M，Rene S，Robert F. An Empirical Analysis of US and EU Antidumping Initiation and Decision[D]. Working paper，2005.

[10]Chad P B，Rachel M. U. S.-Japan and U. S.-China Trade Conflict：Export Growth，Reciprocity，and the International Trading System[J]. Journal of Asian Economics，2009，669-687.

[11]Vandenbussche H，Maurizio Z. What Explains the Proliferation of Antidumping Laws[J]. Economic Policy，2008，23(1)：98-103.

[12]Sadni J M，Sandretto R，Gbakou M，Benoît P. Antidumping Procedures and Macroeconomic Factors：A Comparison between the United States and the European Union[J]. Global Economy Journal，2006，3：1-22.

[13]Michael P L. Macroeconomic Conditions and Pressures for Protection under Antidumping and Countervailing Duty Laws：Empirical Evidence from the United States[M]. Palgrave Macmillan，1997，44(1)：132-144.

[14]Bruce A B, Chad P B. Antidumping and Retaliation Threats[J]. Journal of International Economics，2003，60(2)：249-273.

[15]谢建国. 经济影响、政治分歧与制度摩擦——美国对华贸易反倾销实证研究[J]. 管理世界，2006(12)：8—17.

[16]李晓峰，冷莎. 1995—2006 年美国对中国反倾销的实证分析[J]. 财贸研究，2007(6)：73—78.

[17]沈国兵. 美国对中国反倾销的宏观决定因素及其影响效应[J]. 世界经济，2007(11)：11—23.

[18]李坤望，王孝松. 待售的美国对华反倾销税：基于"保护待售"模型的经验分析[J]. 经济科学，2008(2)：78—91.

[19]李坤望，王孝松. 申诉者政治势力与美国对华反倾销的歧视性：美国对华反倾销裁定影响因素的经验分析[J]. 世界经济，2008(6)：3—16.

[20]王晰. 印度对华反倾销行为的驱动因素分析[J]. 国际贸易问题，2011(10)：69—80.

附 录

模型 1 美国对华反倾销(负二项模型)

	(1)	(2)	(3)	(4)	(5)	(6)	(7)	(8)	(9)	(10)	(11)	(12)	(13)	(14)	(15)
	chn_ad	chn_ad	chn_ad	chn_ad	chn_ad	chn_ad	chn_ad	chn_ad	chn_ad	chn_ad	chn_ad	chn_ad	chn_ad	chn_ad	chn_ad
grgdp	−0.0711	−0.0692	−0.0647	−0.00162	−0.0768										
	(−1.20)	(−1.18)	(−1.10)	(−0.03)	(−1.09)										
unemp									0.0379	−0.0464					
									(0.56)	(−0.55)					
griva						0.114	0.128	0.123			−0.0140	−0.0129	−0.00933	0.0187	−0.0196
						(1.85)	(1.90)	(1.82)			(−0.44)	(−0.43)	(−0.32)	(0.67)	(−0.58)
lnrex_chn	3.579***	3.492***	3.562***	3.753***		4.628***	4.769***	4.691***	4.046***		3.904***	3.810***	3.865***	3.845***	
	(3.83)	(3.63)	(3.78)	(4.23)		(4.25)	(4.27)	(4.20)	(3.86)		(3.72)	(3.55)	(3.68)	(4.09)	
lntech_chn	2.348*	2.695**	2.545**	3.546***		2.948**	2.893**	3.132***	3.491***		2.757*	3.106***	2.916***	3.907***	
	(2.28)	(3.14)	(3.14)	(3.92)		(3.28)	(3.64)	(4.18)	(4.73)		(2.38)	(3.40)	(3.38)	(4.40)	
lndef_chn	−0.908**	−0.972**	−0.915**	−1.060**		−1.093**	−1.023**	−1.105***	−1.072***		−1.038**	−1.110**	−1.043**	−1.159***	
	(−2.94)	(−2.92)	(−2.94)	(−3.48)		(−3.68)	(−3.17)	(−3.68)	(−3.83)		(−3.08)	(−3.10)	(−3.12)	(−3.74)	
raimp_chn					6.199**					7.605**					7.421**
					(2.64)					(3.24)					(3.06)
politics_chn	−0.272*	−0.276*	−0.282*	−0.350**		−0.364***	−0.362***	−0.358***	−0.355***		−0.332**	−0.336**	−0.349**	−0.402***	
	(−2.47)	(−2.52)	(−2.52)	(−3.25)		(−3.90)	(−3.95)	(−3.77)	(−4.31)		(−2.75)	(−2.83)	(−2.91)	(−3.67)	
lnFDI_chn	0.0695					0.0488					0.0625				
	(0.32)					(0.23)					(0.26)				
lnad_world		0.132					−0.148					0.149			
		(0.50)					(−0.50)					(0.53)			
ad_chn			0.0103					−0.0239					0.0252		
			(0.17)					(−0.35)					(0.38)		
wto				−0.924*					−0.791					−1.017**	
				(−2.32)					(−1.84)					(−2.63)	
_cons	−21.33**	−23.62**	−22.35**	−30.05***	1.235**	−28.19***	−27.57***	−29.48***	−30.42***	1.235**	−24.85***	−27.21***	−25.55***	−32.70***	0.983***
	(−2.79)	(−3.26)	(−3.26)	(−4.02)	(3.68)	(−4.00)	(−4.01)	(−4.29)	(−4.81)	(2.08)	(−2.96)	(−3.52)	(−3.50)	(−4.48)	(3.92)

注:括号内的数字为 t 统计量;* 表示在 5% 的水平上显著;** 表示在 1% 的水平上显著;*** 表示在 0.1% 的水平上显著。

模型 2 美国对日反倾销（负二项模型）

	(1) jpn_ad	(2) jpn_ad	(3) jpn_ad	(4) jpn_ad	(5) jpn_ad	(6) jpn_ad	(7) jpn_ad	(8) jpn_ad	(9) jpn_ad	(10) jpn_ad	(11) jpn_ad	(12) jpn_ad	(13) jpn_ad	(14) jpn_ad	(15) jpn_ad
grrgdp	0.0868 (1.70)	0.183* (3.04)	0.154* (2.47)	0.119* (2.16)	0.143* (2.42)										
unemp						−0.211* (−2.23)	−0.178 (−1.75)	−0.131 (−1.40)	−0.139 (−1.46)	−0.230* (−2.17)					
griva											0.0291 (1.16)	0.0669* (2.36)	0.0457 (1.49)	0.0600* (2.17)	0.0534 (1.75)
lnrex_jpn	−1.915*** (−3.41)	−1.424* (−2.17)	−1.348* (−2.19)	0.233 (0.34)	0.948 (1.10)	−1.428* (−2.40)	−1.147 (−1.56)	−1.051 (−1.63)	0.604 (0.83)	1.645 (1.76)	−1.755** (−3.09)	−1.160 (−1.76)	−1.127 (−1.84)	0.540 (0.80)	1.152 (1.35)
lnFDI_jpn	−0.941*** (−5.80)					−1.140*** (−5.97)					−0.918*** (−5.70)				
lntech_jpn		−1.741*** (−4.20)	−2.294*** (−3.75)	1.136 (1.14)	−2.681* (−2.25)		−2.142*** (−4.08)	−2.894*** (−4.77)	0.576 (0.58)	−3.489** (−2.99)		−1.728*** (−4.15)	−2.383*** (−3.79)	1.439 (1.35)	−2.238 (−1.77)
lndef_jpn			0.398 (1.19)	−0.820 (−1.88)	0.266 (0.80)			0.654* (2.04)	−0.608 (−1.41)	0.291 (0.87)			0.482 (1.35)	−0.964* (−1.98)	0.249 (0.67)
raimp_jpn				16.54*** (4.06)					16.36*** (3.90)					17.70*** (4.06)	
politics_jpn					−0.293* (−2.50)					−0.271* (−2.21)					−0.305** (−2.65)
wto					0.225 (0.42)					0.218 (0.39)					0.0532 (0.10)
lnad_world					0.622* (2.27)					0.855** (2.79)					0.480 (1.69)
_cons	19.51*** (5.08)	25.77*** (3.94)	29.83*** (4.25)	−11.57 (−0.96)	23.46* (2.02)	20.89*** (5.38)	30.45*** (4.05)	35.14*** (4.99)	−6.899 (−0.57)	29.95* (2.68)	18.76*** (4.84)	24.86*** (3.80)	29.82*** (4.15)	−15.59 (−1.24)	18.69 (1.51)

注：括号内的数字为 t 统计量；* 表示在 5% 的水平上显著；** 表示在 1% 的水平上显著；*** 表示在 0.1% 的水平上显著。

模型 3　美国对华反倾销（Poisson 模型）

	(1) chn_ad	(2) chn_ad	(3) chn_ad	(4) chn_ad	(5) chn_ad	(6) chn_ad	(7) chn_ad	(8) chn_ad	(9) chn_ad	(10) chn_ad	(11) chn_ad	(12) chn_ad	(13) chn_ad	(14) chn_ad	(15) chn_ad
grgdp	-0.0723	-0.0700	-0.0657	-0.00162	-0.0835*										
	(-1.30)	(-1.29)	(-1.19)	(-0.03)	(-2.18)										
unemp						0.111	0.128*	0.120	0.0379	-0.0581					
						(1.96)	(2.00)	(1.92)	(0.56)	(-1.26)					
griva											-0.0135	-0.0117	-0.00900	0.0187	-0.0278
											(-0.47)	(-0.45)	(-0.34)	(0.67)	(-1.47)
lnrex_chn	3.531***	3.441***	3.506***	3.753***		4.590***	4.760***	4.650***	4.046***		3.767***	3.678***	3.731***	3.845***	
	(4.00)	(3.82)	(3.95)	(4.23)		(4.43)	(4.40)	(4.38)	(3.86)		(4.00)	(3.84)	(3.96)	(4.09)	
lntech_chn	2.258*	2.574**	2.463**	3.546***		2.859***	2.826***	3.060***	3.492***		2.608**	2.899***	2.776***	3.907***	
	(2.37)	(3.38)	(3.34)	(3.92)		(3.48)	(3.93)	(4.49)	(4.73)		(2.50)	(3.73)	(3.66)	(4.40)	
lndef_chn	-0.878**	-0.926**	-0.884**	-1.060**		-1.065***	-0.998***	-1.078***	-1.072***		-0.979***	-1.027***	-0.988***	-1.159***	
	(-3.11)	(-3.12)	(-3.11)	(-3.48)		(-3.93)	(-3.38)	(-3.92)	(-3.83)		(-3.31)	(-3.36)	(-3.35)	(-3.74)	
raimp_chn					5.214***					6.922***					6.316***
					(4.18)					(5.36)					(5.05)
politics_chn	-0.260**	-0.262**	-0.270**	-0.350**		-0.352***	-0.355***	-0.346***	-0.355***		-0.311**	-0.315**	-0.330**	-0.402***	
	(-2.62)	(-2.67)	(-2.67)	(-3.25)		(-4.29)	(-4.30)	(-4.14)	(-4.31)		(-2.94)	(-3.08)	(-3.15)	(-3.67)	
lnFDI_chn	0.0728					0.0538					0.0627				
	(0.35)					(0.28)					(0.28)				
lnad_world		0.111					-0.166					0.103			
		(0.45)					(-0.60)					(0.41)			
ad_chn			0.00994					-0.0246					0.0250		
			(0.17)					(-0.38)					(0.43)		
wto				-0.924*					-0.791					-1.017**	
				(-2.32)					(-1.84)					(-2.63)	
_cons	-20.66**	-22.66***	-21.71***	-30.05***	1.338***	-27.54***	-27.07***	-28.92***	-30.42***	1.367***	-23.62***	-25.47***	-24.38***	-32.70***	1.087***
	(-2.94)	(-3.50)	(-3.46)	(-4.02)	(7.06)	(-4.27)	(-4.28)	(-4.56)	(-4.81)	(4.41)	(-3.17)	(-3.86)	(-3.80)	(-4.48)	(7.24)

注：括号内的数字为 t 统计量；* 表示在 5% 的水平上显著；** 表示在 1% 的水平上显著；*** 表示在 0.1% 的水平上显著。

模型 4　美国对日反倾销（Poisson 模型）

	(1) jpn_ad	(2) jpn_ad	(3) jpn_ad	(4) jpn_ad	(5) jpn_ad	(6) jpn_ad	(7) jpn_ad	(8) jpn_ad	(9) jpn_ad	(10) jpn_ad	(11) jpn_ad	(12) jpn_ad	(13) jpn_ad	(14) jpn_ad	(15) jpn_ad
grgdp	0.0868 (1.70)	0.180** (3.44)	0.148** (2.61)	0.119* (2.16)	0.143* (2.42)										
unemp						-0.211* (-2.23)	-0.150 (-1.84)	-0.119 (-1.41)	-0.139 (-1.46)	-0.230* (-2.17)					
griva											0.0290 (1.16)	0.0662** (2.81)	0.0428 (1.56)	0.0600* (2.17)	0.0534 (1.75)
lnrex_jpn	-1.915*** (-3.41)	-1.488** (-2.64)	-1.382* (-2.48)	0.233 (0.34)	0.948 (1.10)	-1.428* (-2.40)	-1.187* (-2.02)	-1.055 (-1.86)	0.604 (0.83)	1.645 (1.76)	-1.755*** (-3.10)	-1.159* (-2.13)	-1.130* (-2.08)	0.540 (0.80)	1.152 (1.35)
lnFDI_jpn	-0.941*** (-5.80)					-1.140*** (-5.97)					-0.918*** (-5.70)				
lntech_jpn		-1.695*** (-4.79)	-2.323*** (-4.19)	1.136 (1.14)	-2.681* (-2.25)		-1.893*** (-5.14)	-2.861*** (-5.50)	0.576 (0.58)	-3.489*** (-2.99)		-1.687*** (-4.80)	-2.396*** (-4.27)	1.439 (1.35)	-2.238* (-1.77)
lndef_jpn			0.425 (1.44)	-0.820 (-1.88)	0.266 (0.80)			0.678* (2.53)	-0.608 (-1.41)	0.291 (0.87)			0.503 (1.59)	-0.964* (-1.98)	0.249 (0.67)
raimp_jpn				16.54*** (4.06)					16.36*** (3.90)					17.70*** (4.06)	
politics_jpn					-0.293* (-2.50)					-0.271* (-2.21)					-0.305** (-2.65)
wto					0.225 (0.42)					0.218 (0.39)					0.0532 (0.10)
lnad_world					0.622* (2.27)					0.855** (2.79)					0.480 (1.69)
_cons	19.51*** (5.08)	25.59*** (4.54)	30.20*** (4.74)	-11.57 (-0.96)	23.46* (2.02)	20.90*** (5.38)	27.83*** (4.98)	34.64*** (5.71)	-6.905 (-0.57)	29.95*** (2.68)	18.76*** (4.84)	24.42*** (4.44)	29.89*** (4.67)	-15.59 (-1.24)	18.69 (1.51)

注：括号内的数字为 t 统计量；* 表示在 5% 的水平上显著；** 表示在 1% 的水平上显著；*** 表示在 0.1% 的水平上显著。

3 中国反倾销行为:政府和企业的对比

本章主要就宏观经济因素、报复性因素和制度性因素如何影响中国对外反倾销进行考察,比较分析这些因素对于厂商反倾销申述和政府反倾销裁决的不同影响,并在此基础上,分组检验了中国政府区别性对待发达国家和发展中国家反倾销裁决的理论推测。研究主要发现:进口渗透率与厂商反倾销申诉数量呈负相关;政府针对国外(尤其是发展中国家)的反倾销诉讼采用"以德报怨"的政策;关税下降导致厂商申述数量和政府针对发达国家的肯定性裁决数量上升,但对政府针对发展中国家的裁决数量没有显著性影响;中国 2001年加入 WTO 后厂商的申述数量显著增加了,但其对政府肯定性裁决数量的影响并不显著。

3.1 中国对外反倾销

1980 年以前,反倾销争端相对较少,GATT 也不要求成员上报其对外反倾销数量,东京回合协议[①]签订之后,这种情况发生了巨大的改变,反倾销数量迅速上升。1997 年,中国出台《中华人民共和国反倾销和反补贴条例》,为

---

① 东京回合协议(Tokyo Round Agreement, 1973—1978)细化了反倾销程序,延伸了 LTFV(Less Than Fair Value,低于正常价值),使 LTFV 不仅是指不同国家之间的价格歧视,售价低于成本也可计入 LTFV 的范畴。另一个重要的发展是对于国内厂商实质性损害的认定,关贸总协定的"肯尼迪回合"规定,只有认定进口国的倾销行为是引起国内厂商实质性损害的首要原因,才能施加反倾销税,"东京回合"修改了这一规定。

我国对外反倾销提供了法律依据和保障。当年 10 月 12 日,中国厂商便针对美国、韩国和加拿大进口到中国的 Newsprint in Rolls or Sheets 发起反倾销申诉。1997—2011 年间,我国累计对外发起反倾销 194 起,累计作出肯定性终审裁决 155 起,成功率高达 79.9%。

3.1.1 申诉与仲裁

一般而言,反倾销的申述都是由国内企业发起的,而最终的裁决则由政府相关部门做出。中国的对外反倾销裁决(包括初裁和终裁)均由商务部负责。如果初裁是否定的,则不会进行终裁;如果终裁是肯定的,则会以征收反倾销税等形式进行处理。其中,裁决由政府在进行充分的调查之后作出,调查包括:向利害关系双方发放问卷、进行抽样调查、召开听证会、现场核查、向有关利害关系方提供陈述意见和论据的机会,等等。

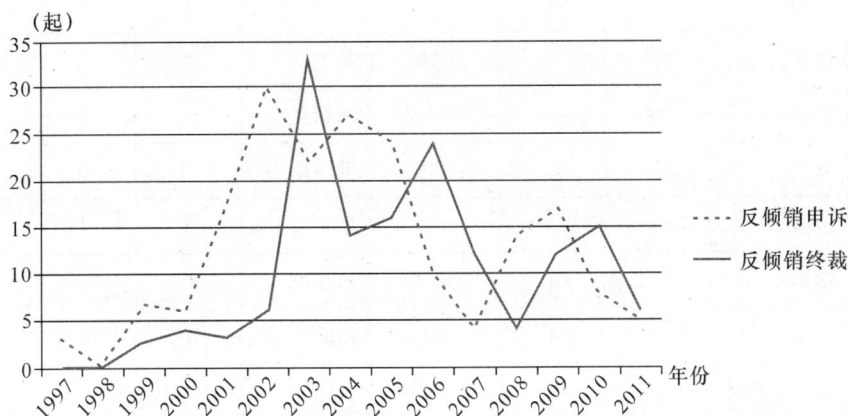

图 3.1　中国企业反倾销申诉和政府终裁趋势①

从图 3.1 可以看出,2001 年以后,中国反倾销申述数量和肯定性终裁数量都迅速上升。《中华人民共和国反倾销条例》(2001 年)的出台为我国的对外反倾销提供了相对于 1997 年条例更为详细的法律依据和实践准则,同时,2001 年中国加入 WTO,为中国发起对外反倾销提供了多边争端解决机制。2004 年之后反倾销申达数量和肯创性终裁数量都迅速下降,原因在于中国国内经济迅速发展以及对于出口的严重依赖,不仅使得反倾销申述和终裁的成功率降低,同时也使得反倾销的成本增加。2008 年前后,两者又进入了缓慢

① 数据来源:Chad P. Bown 全球反倾销数据库。

上升阶段,金融危机导致国家间贸易保护主义兴起,中国对外反倾销数量的上升可能包含针对其他国家贸易保护主义的报复性因素。值得注意的是,2009年以来,反倾销申述和肯定性终裁的数量又有下降。2008年全球性的金融危机之后,世界各国加强了国家间的交流与合作,尤其是 G20 峰会的召开,对遏制在金融危机初始阶段显现出来的贸易保护主义势头有积极作用。

3.1.2 目标经济体分布

1997 年以来,中国(不含台湾)针对 26 个经济体(包括中国台湾)实施过反倾销调查,涉及欧洲、美洲、非洲、亚洲和大洋洲,具体分布如表 3.1 所示:

表 3.1 中国(不含台湾)发起反倾销目标经济体分布情况①

目标经济体	发起数（起）	肯定数（起）	成功率（%）	目标经济体	发起数（起）	肯定数（起）	成功率（%）
比利时	1	1	100	墨西哥	1	1	100
加拿大	1	1	100	荷兰	3	2	66.67
欧盟	17	13	76.47	新西兰	1	1	100
芬兰	1	0	0	俄罗斯	11	9	81.82
法国	3	3	100	沙特	3	1	33.33
德国	3	2	66.67	新加坡	6	5	83.33
印度	4	4	100	南非	1	0	0
印度尼西亚	3	2	66.67	韩国	32	26	81.25
伊朗	1	1	100	中国台湾	16	14	87.50
意大利	1	1	100	泰国	5	4	80
日本	33	25	75.76	英国	3	3	100
哈萨克斯坦	1	1	100	乌克兰	1	1	100
马来西亚	3	2	66.67	美国	34	23	67.65

---

① 数据来源:Chad P. Bown 全球反倾销数据库。

由表 3.1 可知,一方面,反倾销目标经济体主要集中在欧盟、日本、韩国、美国以及中国台湾五个经济体,针对这些经济体的反倾销发起量占总发起数量的 70%;另一方面,我国针对发达经济体的反倾销诉讼高达 145 起,占全部发起量的 76.72%。由此可知,中国对外反倾销目标经济体的分布存在不平衡性。

同时,针对发达经济体的肯定性裁决数量高达 120 起,占所有肯定性裁决数量的 82.2%。因此,我们有理由相信中国的反倾销政策带有歧视性,中国政府更倾向于对发达经济体实施反倾销。

3.1.3　裁决结果

反倾销裁决结果分为以下几种类型:肯定性裁决(A)、否定性裁决(N)、申请人收回诉讼(W)、被政府终止(T)、部分肯定(P)、通过(B)。

如果终审是肯定的,会有如下措施:AVD (ad valorem duty,从价税);SD (specific duty,从量税);PU (price undertaking,价格承诺);DPU (duty if price falls under a given level,价格低于综合水平时需付的关税);SA (suspension agreement,中止协议)。

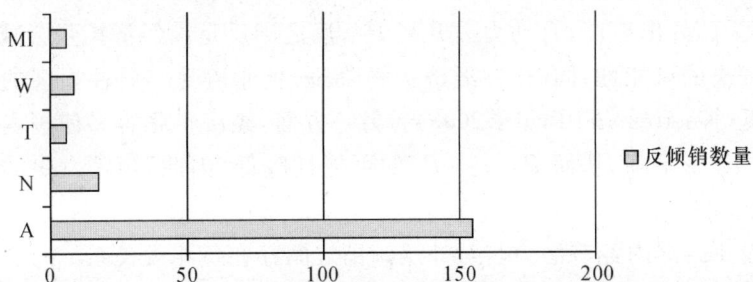

图 3.2　反倾销调查结果分布[①]

中国的反倾销裁决和其他国家有较大区别:一是中国的初裁和终裁的结果往往是一致的,不一样的情况只发生过 5 起(以欧盟为例,其在 1979—2012 年间总共发起反倾销 732 起,初裁和终裁不一致的案件有 52 起,比例高于中国);二是绝大部分关于倾销和实质性损害的认定都具有一致性,这种一致性可能是因为中国的商务部全面管理着反倾销裁决工作。

在实行的措施方面,中国政府以 AVD 为主,占全部措施的 65% 左右。AVD

---

①　数据来源:Chad P. Bown 全球反倾销数据库。

税率是根据倾销幅度来确定的,以补差价为主要目的。我国对外反倾销税税率均值为21.1%,最高值为184%,过高的税率一般是由对方企业不合作引起的。

3.2　机理分析

3.2.1　宏观经济因素

3.2.1.1　国内经济活力

假设 P_f 为出口商品国内价格, P_c 为出口商品在中国国内的价格。在此,本章沿用 Feenstra(1989)年的论断,其研究认为 P_f 是以外币标价, P_c 以人民币标价。在不考虑运输成本以及关税的情况下,如果不存在倾销,如下公式是成立的:

$$P_f/e = P_c \qquad (3.1)$$

其中, e 为人民币与其他货币的比率。一旦 $P_f/e > P_c$,便认为倾销行为产生。如果中国经济处于扩张阶段,国内消费者对于绝大多数产品的需求就会上升,作为国外出口商,有动力去升高 P_c ,反之则反是。经济扩张会减小倾销肯定性裁决的可能性;同时,在经济扩张阶段,企业遭受实质性损害的可能性也会降低(Knetter and Prusa,2003)。另一方面,经济扩张容易使国内货币升值,导致 P_f/e 下降,从而 $P_f/e > P_c$ 的可能性降低,因此,倾销发生的可能性也将降低。

假设 1a:国内经济活力与对外反倾销之间存在负相关关系。

3.2.1.2　真实汇率

真实汇率对于反倾销行为的影响一直存在争议:一方面,进口国货币汇率的上升减少了倾销行为的产生;另一方面,汇率的上升又会导致进口国出口竞争力下降,因此,也更容易导致国内厂商的实质性损害。Feinberg(1989)认为美元走弱引起了反倾销数量的增长,而 Knetter 和 Prusa(2003)通过扩大样本时间期得出了与之完全相反的结论。Feinberg(2005)对于上述不同结论给出了解释:1979 年美国实施《贸易协定法》(*Trade Agreement Act*),不仅缩短了反倾销的裁定时间,而且美国商务部(Department of Commerce,DOC)开始取代美国财政局(Department of Treasure,DOT),负责反倾销申请中是否存在倾销行为的审查。而普遍认为，DOC 相对于 DOT 而言，对本国企业更加同情，因此，反倾销申请者就会把注意力放在美国国际贸易委员会（International Trade Commission，ITC）对于实质性伤害的审查阶段，也就是说，对于实质性损害的审查逐渐成为两阶段审查中更为重要的方面。Feiberg（1989）的研究的时间期刚刚在 1979 年之后，反倾销申请者并没有"学习"到 DOC 与 DOT 对于本国厂商的不同态度，而 Knetter 和 Prusa（2003）则使用了更长的时间周期。但是就中国而言，倾销和实质性审查工作全部由商务部完成，而商务部的态度现在是不明确的。

假设 1b：真实汇率与对外反倾销之间的关系不明确。

3.2.1.3　进口激增

如果进口激增行业是国内进口竞争型行业，那么进口激增会导致该行业竞争压力变大，使其更有动力去寻求政府的政策庇护。同时因为反倾销申诉的申请条件、所需材料简单，并且根据 WTO 规定，一旦提出反倾销申请，国内企业便会受到较高反倾销税的保护，即使最后是否定性裁决结果，进口国也不需要向受影响国提供补偿，所以其也经常为企业所滥用。

而对于中国政府而言，相关行业进口激增不仅会到来严重的社会稳定问题（失业率增加），同时在扩内需的大背景之下，进口激增不利于国内经济运行，因此其也有动力去增加反倾销肯定性裁决的数量。Aggarwal（2004）研究表明，一国的对外反倾销量与进口激增存在明显的正相关关系。

假设 1c：贸易平衡、进口渗透率与对外反倾销之间存在正相关关系。

3.2.2　报复性因素

报复性反倾销指的是进口国专门针对曾经对自己使用过反倾销手段的国家进行反倾销调查。大量研究表明报复性因素是进口国实施对外反倾销的动因之一。Finger（1981）首次提出了报复性反倾销的概念，Blonigen 和 Bown（2003）观察到许多发达国家实行报复性反倾销的例证，美国针对有报复性反倾销威胁的国家使用反倾销数量较少；Prusa 和 Skeath（2002）通过研究微观层面的数据发现，发达国家和发展中国家在使用反倾销这一临时性贸易壁垒时均存在"以牙还牙"的倾向；Aggarwal（2004）认为相对于发达国家，发展中国家更有意愿去报复，这也是 20 世纪 90 年代之后发展中国家逐渐成为反倾销主要使用者的原因之一。

事实上，许多反倾销的使用者在历史上往往都是反倾销的目标国，例如韩国和巴西,在首次发起对外反倾销之前,分别遭受了 40 起和 55 起的反倾销调查(Prusa and Skeath,2002)。中国在首次发起反倾销申诉之前的 1995 年和 1996 年总共遭受了 24 起反倾销调查,这似乎也表明,正是报复性动因使中国走上了对外反倾销的道路。

假设 2:报复性因素与对外反倾销之间存在正相关关系。

3.2.3　制度性因素

3.2.3.1　贸易自由化

中国的贸易自由化进程是由 2001 年中国加入 WTO 所推动的,这与印度的贸易自由化进程有几分相似。本章认为,如果一个国家原先倾向于贸易保护主义政策,由于外界因素实行开放的贸易体系之后,反倾销会成为其弥补由于关税下降导致政府对于国内产业保护程度下降的手段。对于这方面的研究相对较多,Bourgeois 和 Messerlin(1998)认为更低的最惠国税使得更多的企业被卷入到反倾销调查中,同时 Bown 和 Tovar (2011)则更加明确的指出,反倾销税实际上就是关税的另外一种形式,其与关税共同构成了对于本国企业的保护。

假设 3a:关税与对外反倾销之间存在负相关关系。

3.2.3.2　新法律的制定

反倾销的实施离不开法律依据。1994 年 7 月 1 日施行的《中华人民共和国对外贸易法》第一次提及了反倾销,但仅仅在 30 条中对于反倾销做出了原则性的规定,对中国的反倾销实践没有起到任何指导作用。1997 年 3 月 25 日,国务院出台《中华人民共和国反倾销和反补贴条例》,但是,1997 年的条例仍然存在很大的缺陷:一方面,实施细则始终未出台,反规避、司法审查等也未作规定,使得企业心存疑虑,畏战厌战;另一方面,该条例在许多方面用词模糊,比如第 41 条的"国务院有关部门"等。

在加入 WTO 之前,中国政府出台了《中华人民共和国反倾销条例》,将反倾销和反补贴分开立法,事实上与 WTO《反倾销协议》基本衔接。相对于 1997 年的条例而言,2001 年条例有如下特点:第一,累计评估的使用,也就是 WTO《反倾销条例》中的 Accumulation 原则;第二,严格的时间限制,外经贸部在受到申请者(企业)的申诉之后,会在 60 天内决定是否立案;第三,工作职责的明确划分,外经贸部和国家经贸委共同负责,各司其职又相互牵制。之后出台的 2004 年的条例,将外经贸部与国家经贸委的职权职能合二为一,统归商务部，避免了相互推诿，使得手续更加简单，线条更加清晰。

假设 3b：2001 年新《反倾销条例》的实施促进了中国的对外反倾销。

3.3 数据与模型

3.3.1 数据

为了检验上述假设，我们需要利用相关数据进行分析和检验，本章所需的数据主要包括以下几个部分：

(1) $ADINI_{ijt}$

i 国国内厂商在 t 年针对 j 国发起的反倾销申述案件数量，数据来源于全球反倾销数据库。[①]

(2) $FINJ_{ijt}$

i 国政府在 t 年针对 j 国终审做出肯定性裁决的反倾销案数量，数据来源于全球反倾销数据库。

(3) $RGDP_{it}$

i 国在 t 年的真实 GDP 增长率。真实的 GDP 增长率是以不变价格计算的 GDP 增长率，其中 1990—2000 年的数据以 1990 年的不变价格计算，2000—2005 年以 2000 年的不变价格计算，2005—2010 年以 2005 年的不变价格计算，原始数据来源于国家统计局《2012 中国统计年鉴》。[②]

(4) $REXCH_{ijt}$

i 国货币在 t 年相对于 j 国货币的真实汇率。原始数据来源于 The University of British Columbia Sauder School of Business Pacific Exchange Rate Service，[③]由于其只提供月度数据，因此年度数据是采用月度数据简单平均得出，再利用 i 国与 j 国的当年贸易量进行加权之后得到真实汇率。由于乌克兰货币格里夫纳(UHR)与人民币汇率的原始数据缺失，我们采用了雅虎财经

---

① Global Antidumping Database (GAD)：Part of the Temporary Trade Barriers Database (TTBD).

http://econ. worldbank. org/WBSITE/EXTERNAL/EXTDEC/EXTRESEARCH/0, contentMDK：22574930~pagePK：64214825~piPK：64214943~theSitePK：469382,00. html.

② 国家统计局年度数据查询,http://www. stats. gov. cntjsjndsj/。

③ DATABASE RETRIEVAL SYSTEM (v2. 15) http://fx. sauder. ubc. ca/data. html.

Yahoo! Finance[①]关于这一汇率的数据。

(5) $BLANCE_{it}$

i 国在 t 年贸易平衡。进出口差额数据来自于国家统计局《2012 中国统计年鉴》。

(6) IMP_{ijt}

j 国在 t 年的出口导致进口国 i 的进口渗透率。进口渗透率 IMP_{ijt} 以如下方式进行计算:

$$IMP_{ijt} = \sum_k M_{ijkt} / DD_{it} \tag{3.2}$$

M_{ijkt} 表示 t 年 j 国出口到 i 国 k 产品的总值; DD_{it} 表示 i 国 t 年的总需求,其中:

$$DD_{it} = Pr\,C_{it} + PuC_{it} + INV_{it} \tag{3.3}$$

$Pr\,C_{it}$: i 国 t 年的个人消费支出;

PuC_{it}: i 国 t 年的政府消费支出;

INV_{it}: i 国在 t 年的社会投资总量。所需数据均来自国家统计局《2012 中国统计年鉴》。

(7) RET_{ijt}

j 国厂商在 t 年针对 i 国发起的反倾销诉讼案件数量,数据来源于全球反倾销数据库。

(8) TFT_{ijt}

虚拟变量,如果 j 国厂商在 t 年之前(不包括 t 年)针对 i 国发起过反倾销申诉,则记为 1,反之,则记为 0,数据来源于全球反倾销数据库。

(9) $TARIFF_{ijt}$

i 国在 t 年针对 j 国施行的贸易量加权平均关税,所有商品的进口量加权,商品的分类遵循商品编码与协调制度(所有商品被分为 97 个大类),基本命名规则如下:

1996、1997、2001 年——HS 1996;

2002、2003、2004、2005、2006 年——HS 2002;

2007、2008、2009、2010 年——HS 2007。

---

① Yahoo! Finance Currencies Center,http://finance.yahoo.com/currency-investing.

原始数据来源于 TAO—tariff analysis online facility by WTO。[①]

（10）WTO_{ijt}

$WTO_{jt} \cdot DEP_{ijt}$，其中 WTO_{jt} 为虚拟变量，如果出口国在 t 年为 WTO 成员，则记为 1，反之，则记为 0，数据来源于 WTO 网站。[②] DEP_{ijt} 为 j 国在 t 年对 i 国的出口占 i 国总进口额的百分比，所需数据均来自国家统计局《2012 中国统计年鉴》。

（11）$LAW \cdot WTO$

虚拟变量，2001 年之前设为 0，2001 年之后设为 1。

（12）$TIME$

时间因素，以 1997 为 1，1998 年为 2，以此类推。

3.3.2 模型

本章主要尝试两类模型，一类以中国国内厂商每年发起的反倾销申诉作为被解释变量，具体的模型采用如下形式：

$$ADINI_{ijt} = f(RGDP_{it}, REXCH_{ijt}, BLANCE_{it}, IMP_{ijt}, RET_{ijt}, TFT_{ijt},$$
$$TARIFF_{ijt}, WTO_{ijt}, LAW \cdot WTO, TIME)$$

另一类以中国政府每年肯定性终裁数量作为被解释变量：

$$FINJ_{ijt} = f(RGDP_{it}, REXCH_{ijt}, BLANCE_{it}, IMP_{ijt}, RET_{ijt}, TFT_{ijt},$$
$$TARIFF_{ijt}, WTO_{ijt}, LAW \cdot WTO, TIME)$$

有关两类模型的解释变量在 4.1 中有详细论述。

在这两个模型的估计中，滞后期的选择显得非常重要。通常，报告国分析价格行为（即调查是否存在倾销）时，会选择反倾销申请一年之前的相关数据，而关于实质性损害的调查则至少会分析三年的时间周期，这个周期被称为伤害调查期（Injury Investigation Period），但是具体伤害程度的确定只是考虑申请之前一年的数据，其他两年则用来构建因果关系（Aggarwal，2004）。因此本章采用一年的滞后期。

从数据特征上来看，反倾销申请和肯定性裁决数据均是离散型数据，因此

---

① http://tariffanalysis.wto.org/default.aspx.

② UNDERSTANDING THE WTO: THE ORGANIZATION Members and Observers http://www.wto.org/english/thewto_e/whatis_e/tif_e/org6_e.htm.

本章采用非线性的计数模型来进行估计。在这类模型中,泊松回归模型应用最为广泛。对于泊松回归模型,其因变量的分布服从如下形式:

$$Prob(Y = y_{it}) = [\exp(-\lambda_{it})\lambda_{it}{}^{y_{it}}]/y_{it}! \quad y_{it} = 1,2,3,4,\cdots \quad (3.4)$$

并且,对于此模型而言,必须服从以下前提条件:

$$E(y_{it}) = Var(y_{it}) = \lambda_{it} \quad (3.5)$$

由于泊松分布的系数 λ_{it} 只和自变量相关,因此泊松回归模型为:

$$\ln(\lambda) = \beta X \quad (3.6)$$

其中,β 是因变量的系数矩阵,其可以通过非线性最小二乘法或者极大似然法来进行估计。如果数据特征满足泊松分布的要求,即方差等于均值,那么泊松分布的估计量就是一致估计量。但是通常会出现方差大于均值的情况,即出现所谓的 Over-Dispersion 现象,这时继续采用泊松回归模型就不合适了,因此,有必要先对数据进行 Over-Dispersion 检验。我们采用 Cameron 和 Trivedi(1990)的检验方法,即

$$H_0 : Var(y_{it}) = E(y_{it}) \quad H_1 : Var(y_{it}) = E(y_{it}) + ag(y_{it}) \quad (3.7)$$

令: $\mu_{it} = \lambda_{it}$ λ_i 是泊松回归模型的估计值   (3.8)

构造另外一个方程: $(y_{it} - \mu_{it})^2 - \mu_{it} = \delta\mu_{it} + \varepsilon_{it}$,即以 $(y_{it} - \mu_{it})^2 - \mu_{it}$ 为因变量,μ_{it} 为自变量进行不含常数的最小二乘回归,对于 δ 的检验等于对于数据 Over-Dispersion 的检验,具体的检验结果如表 3.2 所示。

表 3.2   **Over-Dispersion 检验结果**

变　量					
$(y_{it} - \mu_{it}) - \mu_{it}$	系　数	标准差	T	$P > \lvert t \rvert$	[95% Conf. Interval]
	57.04076	8.599842	6.63	0.000	[39.83251　74.249]

由表 3.2 可知,μ_{it} 的系数显著不为零,因此有理由相信数据的方差大于均值,这种情况下,负二项回归是一个更好的模型选择,因变量服从如下分布:

$$Prob(Y = y_{it} \mid \varepsilon_{it}) = [\exp(-\lambda_{it}\exp(\varepsilon_{it}))]\lambda_{it}{}^{y_{it}}/y_{it}$$

$$y_{it} = 1,2,3,4,\cdots \quad (3.9)$$

负二项回归模型为:

$$\ln(\lambda) = \beta X + \varepsilon \quad (3.10)$$

其中,ε 反映了设定误差或是截面的异质性,而 $\exp(\varepsilon_{it})$ 则服从 Gamma 分布:

$$E[\exp(\varepsilon_{it})] = 1 \quad Var[\exp(\varepsilon_{it})] = \alpha \quad (3.11)$$

为了简化这个模型,本章用 θ 重新定义了概率分布模型,经优化的分布函数如下:

$$Prob(Y = y_{it}) = \Gamma(\theta + y_{it})u_{it}^{\theta}(1 - u_{it})/\Gamma(\theta)y_{it}! \qquad (3.12)$$

其中,

$$u_{it} = \theta/(\theta + \lambda_{it}) \qquad \theta = 1/\alpha \qquad (3.13)$$

α 表示 y_{it} 的 Over-Dispersion 程度,并且 Over-Dispersion 率可以借由如下公式给出:

$$\sqrt{Var(y_{it})}/E(y_{it}) = 1 + \alpha E(y_{it}) \qquad (3.14)$$

3.4 计量结果

3.4.1 政府和企业行为比较分析

模型 1 以中国国内厂商当年发起的反倾销申诉作为被解释变量,而模型 2 以当年中国政府肯定性终裁数量作为解释变量,通过对比分析,研究各类因素对于厂商和政府在进行反倾销决策时的不同影响。根据 Hausman 检验的结果,本章只采用固定效应模型进行回归。模型 1 和模型 2 的计量回归结果如表 3.3、表 3.4 所示。

表 3.3　厂商发起反倾销申述影响因素固定效应模型(模型 1)

$ADINI_{ijt}$	(1)	(2)	(3)	(4)	(5)	(6)
$RGDP_{ijt-1}$	-0.11654 (-1.57)	-0.11769^{*} (-1.67)				-0.11717^{*} (-1.67)
$BALANCE_{ijt-1}$	0.00034 (1.28)		0.00025 (0.87)			
$REXCH_{ijt-1}$	-0.00003 (-0.007)			-0.00004 (-0.03)		
IMP_{ijt-1}	-0.38237^{***} (3.01)				-0.38309^{***} (-3.06)	
RET_{ijt-1}	0.04628 (0.87)	0.04386 (0.94)	0.04465 (0.94)	0.05393 (1.13)	0.05055 (1.18)	0.05144 (1.11)
TFT_{ijt}	-0.81906^{**} -2.04	-0.48833 (-1.21)	-0.34584 (-0.87)	-0.48685 (-1.20)	-0.77379^{**} (-1.96)	
$TARIFF_{ijt-1}$	-0.17424^{***} -3.04	-0.11153^{**} (-2.28)	-0.07679^{*} (-1.74)	-0.07374^{*} (-1.67)	-0.17790^{***} (-3.12)	-0.12046^{**} (-2.44)

续表

$ADINI_{ijt}$	(1)	(2)	(3)	(4)	(5)	(6)
WTO_{ijt-1}	0.01471* (1.68)	0.10329 (1.19)	0.00859 (0.96)	0.00953 (1.06)	0.01433* (1.64)	0.00958 (1.08)
$WTO \cdot LAW$	2.47754*** 5.09	2.59579*** (5.26)	2.70448*** (2.29)	2.65954*** (5.24)	2.49336*** (5.18)	2.63129*** (5.23)
$TIME$	−0.26167*** −3.62	−0.19638*** (−2.94)	−0.19603*** (1.45)	−0.18272 (1.45)	−0.27683*** (−3.83)	−0.22328*** (−3.45)
Loglikelihood	−140.45590	−142.46200	−143.54800	−143.79596	−139.76875	−143.19056
Wald chi2	51.02	42.78	38.25	38.11	52.23	40.14
NO. of obs	225	225	225	225	225	225

注:*** 表示在1%的水平上显著;** 表示在5%的水平上显著;* 表示在10%的水平上显著。

表3.4 政府肯定性终裁影响因素固定效应模型(模型2)

$FINJ_{ijt}$	(1)	(2)	(3)	(4)	(5)	(6)
$RGDP_{ijt-1}$	−0.27301*** (−3.09)	−0.24205*** (−3.01)				−0.25077*** (−3.17)
$BALANCE_{ijt-1}$	−0.00004 (−0.11)		−0.00004 (−0.09)			
$REXCH_{ijt-1}$	−0.16562 (−1.02)			−0.17297 (−0.92)		
IMP_{ijt-1}	0.12023 (0.36)				0.13739 (0.40)	
RET_{ijt-1}	0.72732 (1.32)	0.04065 (0.81)	0.07299 (1.36)	0.07006 (1.32)	0.07362 (1.40)	
TFT_{ijt}	−0.84324* (−1.64)	−0.75949 (−1.63)	−0.91201 (−1.77)	−0.81466* (−1.75)	−0.81501 (−1.58)	−0.79788* (−1.74)
$TARIFF_{ijt-1}$	−0.43940*** (−3.14)	−0.68688*** (−4.22)	−0.47509*** (−4.18)	−0.51745*** (−4.12)	−0.43910** (−3.13)	−0.69457*** (−4.23)
WTO_{ijt-1}	0.01070 (0.76)	0.01123 (0.90)	0.00912 (0.61)	0.01095 (0.75)	0.00924 (0.64)	0.01155 (0.94)
$WTO \cdot LAW$	1.25039 (0.99)	0.42952 (0.30)	1.18743 (0.94)	1.05997 (0.84)	1.25178 (0.99)	0.37471 (0.26)
$TIME$	−0.26720** (−2.51)	−0.39634*** (−4.05)	−0.29981*** (−3.33)	−0.34263*** (−3.41)	−0.27738*** (−2.62)	−0.38856*** (−3.97)
Loglikelihood	−107.85837	−101.96211	−106.98660	−106.51258	−106.91087	−102.28504
Wald chi2	36.39	41.26	37.59	38.85	37.73	40.42
NO. of obs	225	225	225	225	225	

注:*** 表示在1%的水平上显著;** 表示在5%的水平上显著;* 表示在10%的水平上显著。

3.4.1.1 宏观经济因素

厂商申诉数量和国家肯定性终裁数量均与中国真实的 GDP 增长率之间存在着负相关关系。原因包括:第一,伴随着经济的扩张,外国产品在华售价提高,减少了倾销肯定性裁决的可能性;第二,经济的扩张使得在面对外国厂商竞争之时,国内企业遭受的实质性损害也会相应减少,从而使得实质性损害肯定性裁决的可能性降低。从以上两方面看,反倾销裁决的成功率有着逆周期性。当然,作为企业而言,如果在经济衰退时提起申诉,更有可能获得政府的肯定性裁决。这一结果与前人的研究具有一致性,包括 Feinberg(1989)、Knetter 和 Prusa(2003)以及 Aggarwal(2004)。

而与先前假设不一致的是进口渗透率每上升 1%,会引起厂商的反倾销行为下降 0.38 次。本章认为导致这一奇怪现象的原因有以下几点:

第一,从分行业的进口渗透率表(见附录 4)可以看出,我国每年进口渗透率最高的行业分别是矿物燃料行业、化学品行业以及机械运输设备行业,前两者均属于中间产品,而中间品的进口有利于该行业的整体发展。前人的研究为本章提供了理论和实证方面的证据。理论方面,Either(1982)、Grossman 和 Helpman(1991)通过构建贸易内生技术变动模型,认为购买国外中间品可以促进行业生产率的提高;Connolly(1997,2001)的模型认为发展中国家可以通过贸易从发达国家进口更高品质的中间投入品,用于本国生产,从而提高本国最终产品的质量。实证方面,Fernandes(2003)发现,中间产品进口渗透率增加 1 个百分点会提高企业生产率 0.6 个百分点,相似的研究还包括 Kasahara 和 Rodriguez(2004)、Keller 和 Yeaple(2003)以及 Muendler(2004)。

而机械运输设备是中国出口的主力军,2011 年年底该行业出口额占中国出口总额的 47%,也就意味着我国机械运输设备目标客户主要来自国外,因此该行业进口激增的影响相对较小。

第二,由于我国的行业协会具有泛行政化特征,因此行业很难形成游说集团对政府进行有效游说,尤其是遭受外来冲击最大的民营企业集中行业。因此在进口激增的情况下,此类行业往往很难对政府进行施压,政府的裁决也很难受到这些行业进口激增的影响。

3.4.1.2 报复性因素

报复性因素对于厂商进行反倾销申诉没有显著影响,说明企业并没有"以牙还牙"的动机。对于政府而言,如果其他国家在观察期内对中国实施过反倾销调查，政府对其进行肯定性裁决的数量就会下降 0.8 次左右，这与本章先前的假设正好相反。

Finger(1993)认为经常发起报复性反倾销的国家正在逐渐组成"反倾销俱乐部"，它们的反倾销行为均是相互针对的。印度在 1997—2011 年间，累计对中国发起反倾销诉讼高达 113 起，是针对中国发起数量最多的国家，而中国在这期间，仅仅针对印度发起了 4 起反倾销调查。同时，通过附录 5 我们可以了解，中国的被申诉数量与申诉数量、被实施案与实施案之比大于其他国家。上述两者都清楚地表明，中国缺乏报复性反倾销意愿。

同时，周灏和祁春节(2011)通过对 1995—2009 年间世界对华反倾销的实证研究认为，中国对外反倾销数量每增加 1 起，中国遭受的反倾销调查会增加 8.69%，而滞后一期的中国对外反倾销数量增加 1 起，中国遭受的反倾销调查会增加 2.03%，这也从反面证明了本章的结论，即报复会招致更多的报复。中国经济严重依赖出口，2000 年以后，出口占 GDP 的比重增长迅速，其中 2005 年比重达 44.9%，之后受到全球性金融危机的影响，比重略有下降，但依然维持在 40% 左右的水平[①]，显然相互"报复"会对中国经济产生巨大的影响，"以德报怨"而非"以牙还牙"是最优策略。

3.4.1.3　制度性因素

我国的关税水平与厂商申诉数量以及政府肯定性裁决数量之间存在负相关关系，平均关税下降 1%，厂商的反倾销申诉会上升 0.08 次左右，政府的肯定性裁决数量会增加 0.5 次左右，与本章先前的推测相一致。

本章认为，中国的反倾销政策和世界大多数国家的反倾销政策类似，都不仅仅是单纯的贸易救济手段，而是逐渐成为贸易保护主义工具(Aggarwal，2004)。关税的下降导致国内产业受到威胁，厂商便有动力去发起反倾销申诉保护自己的利益；而对于中国政府，关税下降是进入 WTO 时的承诺，临时性的贸易保护措施为政府在关税壁垒之外提供了世贸组织允许的手段来为国内企业提供更好的保护。这也验证了 Bown 和 Tovar (2011)的观点，反倾销税和贸易自由化之后的关税水平所带来的对于国内产业的保护力度等于贸易自由化之前单纯关税所带来的保护力度。

---

① 数据来源于《2010 中国统计年鉴》，2000—2010 年进口占 GDP 比重分别为 20.8%、20.5%、22.99%、28.14%、34.59%、39.65%、41.96%、44.9%、42.2%、31.45%、37.57% 以及 39.17%。

另一方面，中国加入 WTO 和中国 2001 年出台新的反倾销条例显著增加了厂商发起反倾销的数量，但是对于政府反倾销裁决却并未产生显著影响。本章认为厂商和政府对于中国加入 WTO 的不同看法是导致这一结果的重要原因，厂商认为加入 WTO 意味着中国可以充分利用 WTO 的规则和其多边贸易协调机制，也可以享有作为发展中国家特有的权利，更容易施行临时性的贸易壁垒保护自己国内的产业。而事实上，中国作为 WTO 成员，一直是非常低调，甚至被称作 WTO 的"隐形人"。中国长达 15 年争取加入世贸组织的过程（包括世贸组织成立前恢复关贸总协定席位的努力）是一个不断学习、熟悉世贸组织各项法律和规则的过程。加入世贸组织之后，这项任务并没有结束，中国政府需要在实践中进一步深入学习、理解与掌握这些规则。

3.4.2 发达国家和发展中国家比较分析

接下来，本章就中国对外发起的反倾销分国家类别进行分析，以检验我国是否对不同类别的国家区别性对待。模型 3 和模型 4 均以中国每年反倾销肯定性裁决数量作为被解释变量，其中，模型 3 是基于目标国为发达国家所做的回归结果，而模型 4 是基于目标国为发展中国家所做的回归模型。通过对比，我们可以分析各类因素对于政府在面对不同类型目标国时所产生的不同影响。在区分发达国家和发展中国家时，本章使用了联合国开发计划 2009 年度各国的人类发展指数（HDI）。[①] 模型 3 和模型 4 具体回归结果如表 3.5、表 3.6 所示。

---

① 通常人们界定一个国家是否属于发达国家，都是用人均 GDP 来界定，但单独用人均 GDP 显然存在很多缺点，首先是人均 GDP 很不稳定，受汇率、物价等影响而波动很大，其次人均 GDP 也只代表了经济水平，而不能代表一个国家的全面发展水平。对此，联合国的开发计划署编制了"人类发展指数"（HDI），用以取代单一的人均 GDP 衡量体系。"人类发展指数"由三部分内容构成，包括"健康长寿"、"教育获得"和"生活水平"。健康长寿，用出生时预期寿命来衡量；教育获得，用成人识字率（2/3 权重）及小学、中学、大学综合入学率（1/3 权重）共同衡量；生活水平，用实际人均 GDP（购买力平价美元）来衡量。通过公式将这三方面的指标组合起来，计算出各国的"人类发展指数"，以此来界定一个国家是否属于发达国家。

表 3.5　中国针对发达国家反倾销影响因素固定效应模型(模型 3)

$FINJ_{ijt}$	(1)	(2)	(3)	(4)	(5)	(6)
$RGDP_{ijt-1}$	-0.22187^{**} (-2.47)	-0.19666^{**} (-2.32)				-0.21077^{**} (-2.54)
$BALANCE_{ijt-1}$	0.00007 (0.17)		0.00008 (0.15)			
$REXCH_{ijt-1}$	-0.29183 (-1.47)			-0.31163 (-1.55)		
IMP_{ijt-1}	0.00125 (0.00)				-0.00726 (-0.02)	
RET_{ijt-1}	0.04727 (1.42)	0.05239 (0.93)	0.08037 (1.41)		-0.02 (1.46)	
tft_{ijt}	-0.93079^{*} (-1.79)	-0.73285 (-1.53)	-0.84330 (-1.47)	-0.78071^{*} (-1.67)	-0.89031^{*} (-1.72)	-0.78692^{*} (-1.67)
$TARIFF_{ijt-1}$	-0.51579^{***} (-2.73)	-0.71141^{***} (-3.78)	-0.52028^{***} (-3.91)	-0.62837^{***} (-3.71)	-0.52156^{***} (-2.76)	-0.72791^{***} (-3.77)
WTO_{ijt-1}	0.01254 (0.89)	0.01361 (1.07)	0.01087 (0.75)	0.01871 (1.30)	0.01138 (0.80)	0.01370 (1.09)
$WTO \cdot LAW$	0.75325 (0.54)	0.06394 (0.04)	0.84247 (0.62)	0.31272 (0.22)	0.80725 (0.58)	-0.07498 (-0.05)
$TIME$	-0.32023^{**} (-2.31)	-0.42688^{***} (-3.78)	-0.34461^{***} (-3.24)	-0.42476^{***} (-3.27)	-0.34208^{**} (-2.47)	-0.41608^{***} (-3.64)
Loglikelihood	-79.83920	-75.92914	-78.80014	-77.67291	-78.81097	-76.35868
Wald chi2	34.08	37.69	36.37	36.02	36.18	36.20
NO. of obs	135	135	135	135	135	135

注:*** 表示在 1% 的水平上显著;** 表示在 5% 的水平上显著;* 表示在 10% 的水平上显著。

表 3.6　中国针对发展中国家反倾销影响因素固定效应模型(模型 4)

$FINJ_{ijt}$	(1)	(2)	(3)	(4)	(5)	(6)
$RGDP_{ijt-1}$	-0.56548^{**} (-2.05)	-0.42476^{**} (-2.02)				-0.75237^{**} (-2.04)
$BALANCE_{ijt-1}$	1.92521 (0.57)		-0.01302 (-1.41)			
$REXCH_{ijt-1}$	1.73887 (0.93)			1.89886 (0.61)		
IMP_{ijt-1}	-0.17356 (0.53)				-0.81972 (0.43)	

续表

$FINJ_{ijt}$	(1)	(2)	(3)	(4)	(5)	(6)
RET_{ijt-1}	0.54387 (0.52)	0.00933 (0.10)	0.06019 (0.57)	0.05615 (0.51)	0.05507 (0.73)	
TFT_{ijt}	13.96707 (0.01)	13.0231 (0.00)	13.58034 (0.00)	12.84848 (0.00)	16.23396 (0.03)	13.76809 (0.00)
$TARIFF_{ijt-1}$	-0.22228 (-1.05)	-0.68205^* (-1.69)	-0.26014 (-1.22)	-0.23069 (-1.08)	-0.72020 (-1.52)	-0.68166^* (-1.69)
WTO_{ijt-1}	-0.22594 (-1.13)	-0.13998 (-0.84)	-0.20530 (-1.11)	-0.23021 (-1.16)	-0.16340 (-1.34)	-0.13731 (-0.83)
$WTO \cdot LAW$	16.05131 (0.00)	14.40087 (0.01)	15.76704 (0.00)	14.71693 (0.01)	16.26277 0.00	15.04921 0.00
TIME	0.04597 (0.17)	-0.31472 (-1.09)	-0.01106 (-0.05)	0.03785 (0.14)	-0.21832 (-1.03)	-0.31574 (-1.09)
Loglikelihood	-25.64524	-22.30608	-24.56150	-25.51694	-24.23728	-22.31063
Wald chi2	2.71	5.79	3.90	3.03	5.49	5.08
NO. of obs	90	90	90	90	90	90

注：***表示在1％的水平上显著；**表示在5％的水平上显著；*表示在10％的水平上显著。

3.4.2.1　宏观经济变量

不管目标经济体是发展中国家还是发达经济体，政府在进行反倾销裁决的时候均表现出逆周期性的特征，真实的 GDP 增长率与中国最终的反倾销肯定性裁决呈负相关，而其他的宏观经济变量均不相关，这一结论与 3.1.1 中的结论类似。

3.4.2.2　报复性因素

发展中国家厂商针对中国的反倾销申述会减少中国政府肯定性反倾销裁决数量，而发达国家针对中国的反倾销申述对中国政府的裁决决策不会产生显著影响。这一结论是 3.1.2 结论的深化，中国政府的"以德报怨"政策仅仅针对于发展中国家，这也意味着中国的反倾销裁决带有歧视性。

一方面，Aggarwal(2004)计量结果显示，发展中国家更有意愿去实施报复性反倾销，其遭受反倾销的数量上升 1％会带来对外反倾销数量 14％～16％的增长，而对于发达经济体而言，其没有动力去实施报复性反倾销。正如 3.1.2 中的结论，中国不想加入"反倾销俱乐部"担心由于自己的报复而带来更多针对自己的反倾销，所以采取"以德报怨"的手段，显然，针对发展中国家采取报复性反倾销会遭到更多来自目标经济体的报复。

另一方面,政府的反倾销行为容易受到政治的影响。中国与其他发展中国家一直是相互依存,共同促进的关系,南南合作曾使中国赢得了应有的国家尊严与国际尊重。中国借助第三世界的整体力量彰显了自己的国际地位与影响,而中国的发展及其外交影响反过来又加强了第三世界在国际斗争中的整体力量。因此,中国没有必要对其他国家进行反倾销,来削弱自己阵营的力量。

3.4.2.3　制度性因素

关税下降导致中国针对发达国家反倾销肯定性裁决数量上升,但是对以发展中国家为目标国的裁决影响并不显著,原因如下:

一方面,中国对一部分发展中国家采取单方面的关税优惠安排。2003年,中国政府宣布对非洲最不发达国家部分商品进入中国市场给予零关税待遇;2006年,中国对原产自孟加拉的 84 种商品实施零关税,向最不发达成员孟加拉国和老挝的 162 项 8 位税目产品提供特别优惠,平均减让幅度 77%,同时把同中国有外交关系的非洲 LDC(最不发达国家)输华商品零关税待遇,受惠商品由 190 个税目扩大到 440 多个,零关税商品主要包括水产品、未加工或初加工的农产品、药材、石材石料、矿产品、皮革、纺织品、服装制成品、轻工产品、机电产品和木制家具等 10 多个大类。

另一方面,根据 2011 年数据,[①]首先,中国与发展中国家的贸易主要集中在初级产品,53.56%的初级产品贸易是与发展中国家进行的;其次,贸易产品体现出不均衡性,占贸易额比重最大的产品分别是 STTC－7(机械运输设备)、SITC－3(矿物燃料、润滑油及有关原料)、SITC－6(按原料分类的制成品),这三类占了当年贸易总额的 77.69%。这一分析与 3.1.1 中的结论类似,这些发展中国家的产品对于国内产业并不会造成巨大的冲击,反而可能会促进国内该行业的整体发展。随着我国经济的迅速发展和人民购买力的提升,发达经济体产品将是国内产品最大的竞争对手。

3.4.3　稳健性检验结果

在滞后期的选择上,本章沿用了 Aggarwal(2004)的研究成果,但事实上,滞后期的确定依然存在争议。1994 年,GATT 反倾销协定认为,对于倾销行

---

①　数据来源:联合国统计司。

为的调查一般是一年，并且不允许少于六个月；WTO 反倾销委员会对于倾销的调查也没有给出明确的时间期，只是建议对于倾销引起的实质性损害的审查通常持续三年；美国的 DOC 和 ITC 对于倾销和实质性损害的裁决通常会持续三年；而在欧盟，倾销和实质性损害的裁决一并由欧盟委员会负责，在绝大多数案子中，均选择一年来裁决是否有倾销行为，而选择三年来裁决是否对于国内企业造成了实质性损害。基于此，本章重新构建了以政府反倾销肯定性裁决数量作为被解释变量的模型，以此来进行稳健性估计。此外，由于学术界普遍认为政府在进行反倾销裁决时，只会考虑一年之前的汇率，因此，本章将汇率滞后一期，而将其他解释变量均滞后三期。其中，附录 1 是模型 2 的滞后三期模型，附录 2 是模型 3 的滞后三期模型，附录 3 是模型 4 的滞后三期模型。

结果表明，滞后三期的模型各个变量对于被解释变量影响均不显著，有理由认为政府在进行反倾销裁决时只考虑滞后一期的宏观因素。2004 年的条例支持了这一结论：反倾销调查应当自立案调查决定公告之日起 12 个月（包括终裁时间在内）结束，特殊情况下可以延长，但延长期不得超过 6 个月。

3.5　总结性评论和政策建议

本章运用涉及我国对外反倾销案件较多的 16 个经济体 1997—2011 年间的面板数据，研究中国政府反倾销裁决和中国厂商反倾销申诉的影响因素。结果表明，针对不同类型的目标国，厂商的反倾销申诉和政府的反倾销裁决都呈现出逆周期性特征。值得注意的是，进口渗透率的增加反而降低了中国国内厂商反倾销申述的数量，这与中国进口行业的分布紧密相关。同时，研究表明，中国政府在面对其他国家（尤其是发展中国家）反倾销申诉时，非但没有"以牙还牙"，反而"以德报怨"，主动减少对其反倾销肯定性裁决数量。另一方面，关税的下降导致了企业进行反倾销申述数量的上升，临时性的贸易壁垒成为保护国内产业的另一手段；对于政府而言，关税下降导致其针对发展中国家的肯定性裁决数量上升作用不明显，但是针对发达国家，政府肯定性裁决数量上升。政府和厂商对于中国"入世"的不同判断，导致 2001 年之后厂商的反倾销数量有增长，而"入世"对于政府的反倾销肯定性裁决数量影响不明显。

基于上文的研究，我们可以得到以下政策启示：

第一,建立非行政化的行业协会和反倾销基金。一方面,在遭遇国外竞争压力时可以组织起行之有效的游说集团给政府施加压力;同时,每个行业的反倾销基金由其成员按其在国内销售额的一定比例每年交纳其收益组成。提起反倾销诉讼若败诉,则从基金中列支诉讼费用;若胜诉,则可以通过税收等方面的措施给予经济鼓励(杜鹏、张瑶,2011)。

第二,厂商应当更好地运用"报复性反倾销"这一武器。尽管加入"反倾销俱乐部"并不是最优策略,但是保持适当的报复性威胁可以减少其他国家,尤其是发达国家对中国的反倾销申诉,更有利于中国国内行业的发展。

对于中国政府而言,除了保持报复性威胁之外,也应当提高在 WTO 中的话语权,充分利用 WTO 的规则和其对边贸易争端解决机制保护国内产业。在目前世界经济的大背景之下,我们依然需要反倾销这一武器。

本章的缺陷在于,对 2004 年前后中国对外反倾销出现的结构性转变未能作出令人信服的解释,同时,在模型中也没有考虑到全球性的金融危机对于反倾销行为的影响,这些都是今后研究可以扩展的方向。

参考文献

[1] Aggarwal. Macro Economic Determinants of Antidumping:A Comparative Analysis of Developed and Developing Countries[J]. World Development,2004,32(6):1043-1057.

[2] Blonigen B A,Bown C P. Antidumping and Retaliation Threats[M]. Edward Elgar Publishing,2007.

[3] Bown C P,Tovar P. Trade Liberalization,Antidumping,and Safeguards:Evidence from India's Tariff Reform[J]. Journal of Development Economics,2011,96(1):115-125.

[4] Feinberg R M. Exchange Rates and "Unfair Trade"[J]. Review of Economics and Statistics,1989,704-707.

[5] Feinberg R M,Hirsch B T. Industry Rent Seeking and the Filing of "Unfair Trade" Complaints[J]. International Journal of Industrial Organization,1989,7(3):325-340.

[6] Feinberg R M. US Antidumping Enforcement and Macroeconomic Indi-

cators Revisited: Do Petitioners Learn? [J]. Review of World Economics, 2005,141(4):612-622.

[7] Finger J M. Antidumping: How It Works and Who Gets Hurt[M]. University of Michigan Press, 1993.

[8] Hansen W L. The International Trade Commission and the Politics of Protectionism[J]. American Political Science Review, 1990, 21-46.

[9] Herander M G, Schwartz J B. An Empirical Test of The Impact of The Threat of US Trade Policy: The Case of Antidumping Duties[J]. Southern Economic Journal, 1984, 51:59-79.

[10] Irwin D. The Rise of US Antidumping Actions in Historical Perspective [R]. National Bureau of Economic Research, 2004.

[11] Knetter M M, Prusa T J. Macroeconomic Factors and Antidumping Filings: Evidence from Four Countries[R]. National Bureau of Economic Research, 2000.

[12] Krupp C. Antidumping Cases in The US Chemical Industry: A Panel Data Approach[J]. Journal of Industrial Economics,1994,42:299-311.

[13] Leidy M. Macroeconomic Conditions and Pressures for Protection under Antidumping and Countervailing Duty Laws: Empirical Evidence from the United States[D]. International Monetary Fund, 1996.

[14] Lichtenberg F, Tan H. An industry-level Analysis of Import Relief Petitions Filed by US Manufacturers, 1958—1985. In H. Tan & H. Shimada(eds). Troubled Industries in The United States and Japan[M]. New York: St. Martin's Press, 1994.

[15] Lindsey B, Ikenson D. Coming Home to Roost: Proliferating Antidumping Laws and the Growing Threat to US Exports[R]. Center for Trade Policy Studies, Cato Institute, 2001.

[16] Niels G, Francois J. Business Cycles, the Exchange Rate, and Demand for Antidumping Protection in Mexico[J]. Review of Development Economics, 2006,10(3):388-399.

[17] Prusa T J. On the Spread and Impact of Anti-dumping[J]. Canadian Journal of Economics(Revue canadienne D'économique), 2003,34(3): 591-611.

[18] Prusa T J, Skeath S. The Economic and Strategic Motives for Anti-dumping Filings[J]. Review of World Economics, 2002, 138(3): 389-413.

[19] Sadni J M, Sandretto R, Gbakou M B P. Antidumping Procedures And Macroeconomic Factors: A Comparison between the United States and the European Union[J]. Global Economy Journal, 2006, 6(3).

[20] Sabry F. An Analysis of the Decision to File, the Dumping Estimates, and the Outcome of Antidumping Petitions[J]. International Trade Journal, 2000, 14(2): 109-145.

[21] Takacs W E. Pressures for Protectionism: An Empirical Analysis[J]. Economic Inquiry, 2007, 19(4): 687-693.

[22] 李坤望,王孝松.申诉者政治势力与美国对华反倾销的歧视性[J].世界经济,2008(6).

[23] 冉再荣.发展中国家对华反倾销的动因及我国的应对之策[J].国际贸易问题,2005.

[24] 沈国兵.美国对中国反倾销的宏观决定因素及其影响效应[J].世界经济,2007(11).

[25] 王瑾.发展中国家对华反倾销的影响与动因——与发达国家的比较分析[J].国际贸易问题,2008(8).

[26] 谢建国.经济影响,政治分歧与制度摩擦——美国对华贸易反倾销实证研究[J].管理世界,2007.

[27] 朱允卫,易开刚.我国对外反倾销的特点,存在问题及其完善[J].国际贸易问题,2005.

[28] 张波.中美贸易失衡问题研究[D].东北财经大学博士学位论文,2009.

附　录

附录 1　政府肯定性终裁影响因素滞后三期模型

$FINJ_{ijt}$	(1)	(2)	(3)	(4)	(5)	(6)
$RGDP_{ijt-1}$	−0.01751 (−0.19)	0.01495 (0.18)				0.01298 (0.15)
$BALNCE_{ijt-1}$	0.00043 (1.17)		0.00042 (1.21)			
$REXCH_{ijt-1}$	0.10292 (0.77)			0.12673 (1.06)		
IMP_{ijt-1}	0.18159 (0.80)				0.13210 (0.62)	
RET_{ijt-1}	−0.00065 (−0.01)	0.01953 (0.32)	0.00665 (0.11)	0.01129 (0.19)	0.01796 (0.29)	
TFT_{ijt}	−0.08670 (−0.16)	−0.13874 (−0.29)	−0.06400 (−0.13)	−0.28335 (−0.57)	−0.08353 (−0.17)	−0.13208 (−0.27)
$TARIFF_{ijt-1}$	0.05298 (0.58)	0.00988 (0.20)	−0.003698 (−0.06)	0.00899 (0.14)	0.03896 (0.43)	0.0045 (0.07)
WTO_{ijt-1}	−0.01090 (−0.78)	−0.00870 (−0.63)	−0.00686 (−0.52)	−0.00894 (−0.63)	−0.01022 (−0.68)	−0.00799 (−0.56)
$WTO \cdot LAW$	1.98706*** (3.04)	1.73215*** (3.26)	1.79701*** (3.33)	1.64463*** (3.04)	1.91823*** (3.07)	1.74042*** (3.07)
$TIME$	0.03355 (0.26)	−0.01717 (−0.15)	−0.03215 (−0.29)	0.02408 (0.22)	0.01786 (0.15)	−0.00787 (−0.07)
Loglikelihood	−126.58269	−128.03875	−127.3531	−127.37052	−127.8607	−128.08633
Wald chi2	23.45	21.14	22.75	21.69	21.31	21.08
NO. of obs	209	209	209	209	209	209

注:*** 表示在 1% 的水平上显著;** 表示在 5% 的水平上显著;* 表示在 10% 的水平上显著。

附录2 中国针对发达经济体反倾销影响因素滞后三期模型

$FINJ_{ijt}$	(1)	(2)	(3)	(4)	(5)	(6)
$RGDP_{ijt-1}$	−0.04838 (−0.43)	−0.03053 (−0.35)				−0.05535 (−0.52)
$BALNCE_{ijt-1}$	0.00047 (1.19)		0.00049 (1.34)			
$REXCH_{ijt-1}$	0.10205 (0.70)			0.10724 (0.86)		
IMP_{ijt-1}	0.02685 (0.10)				−0.06587 (−0.26)	
RET_{ijt-1}	0.02581 (0.34)	0.05774 (0.52)	0.04513 (0.66)	0.05023 (0.71)	0.06472 (0.90)	
TFT_{ijt}	−0.52626 (−0.77)	−0.48310 (−0.78)	−0.34719 (−0.56)	−0.60192 (−0.99)	−0.47341 (−0.79)	−0.53863 (−0.89)
$TARIFF_{ijt-1}$	−0.06371 (−0.53)	−0.07339 (−0.65)	−0.07706 (−1.07)	−0.05778 (−0.79)	−0.09378 (−0.79)	−0.06987 (−0.95)
WTO_{ijt-1}	−0.00738 (−0.51)	−0.00665 (−0.47)	−0.00632 (−0.45)	−0.00957 (−0.60)	−0.00636 (−0.40)	−0.00647 (−0.41)
$WTO \cdot LAW$	2.03060** (2.45)	1.98976*** (3.48)	2.17868*** (3.39)	1.95935*** (3.03)	1.94948** (2.51)	1.85521*** (2.82)
$TIME$	−0.10349 (−0.64)	−0.11777 (−1.11)	−0.16444 (−1.32)	−0.08631 (−0.67)	−0.14843 (−1.06)	−0.08188 (−0.66)
Loglikelihood	−94.61897	−95.79254	−94.98242	−95.40940	−95.79662	−96.06618
Wald chi2	23.83	22.02	23.22	22.14	21.78	21.69
NO. of obs	125	125	125	125	125	125

注:＊＊＊表示在1%的水平上显著;＊＊表示在5%的水平上显著;＊表示在10%的水平上显著。

附录3　中国针对发达经济体反倾销影响因素滞后三期模型

$FINJ_{ijt}$	(1)	(2)	(3)	(4)	(5)	(6)
$RGDP_{ijt-1}$	0.28286 (1.57)	0.24954 (1.53)				0.24970 (1.50)
$BALNCE_{ijt-1}$	−0.01930 (−1.27)		−0.01768 (−1.36)			
$REXCH_{ijt-1}$	1.11348 (0.51)			1.22069 (0.74)		
IMP_{ijt-1}	−2.42883 (−0.61)				0.64473 (0.43)	
RET_{ijt-1}	−0.01368 (−0.09)	−0.07593 (−0.52)	−0.01286 (−0.09)	−0.04509 (−0.31)	−0.06031 (−0.42)	
TFT_{ijt}	1.31979 (0.81)	2.20334 (1.67)	0.88016 (0.59)	2.24797 (1.60)	2.01069 (1.53)	2.23234* (1.68)
$TARIFF_{ijt-1}$	0.37995 (1.49)	0.51659 (2.48)	0.37335** (2.11)	0.42832** (2.37)	0.45102** (2.33)	0.49536** (2.44)
WTO_{ijt-1}	−0.13348 (−0.60)	−0.17397 (−1.10)	−0.13354 (−0.71)	−0.17088 (−1.07)	−0.16177 (−0.96)	−0.17758 (−1.15)
$WTO \cdot LAW$	0.34473 (0.25)	0.87291 (0.72)	0.50153 (0.45)	0.48763 (0.45)	0.69534 (0.63)	0.64654 (0.57)
$TIME$	0.59365 (1.58)	0.67911 (2.11)	0.60185*** (2.01)	0.67755** (2.31)	0.66276** (2.21)	0.65506** (2.05)
Loglikelihood	−23.82367	−25.09265	−25.08861	−25.84891	−26.12145	−25.22906
Wald chi2	11.56	10.36	10.76	9.06	9.27	10.33
NO. of obs	84	84	84	84	84	84

注:***表示在1%的水平上显著;**表示在5%的水平上显著;*表示在10%的水平上显著。

附录 4　中国各行业进口渗透率表

	0	1	3	5	6	7	8
1998	0.066302	0.005016	0.061339	0.200466	0.115276	0.294011	0.252963
1999	0.06269	0.005647	0.072656	0.220534	0.102413	0.321013	0.281319
2000	0.076256	0.009406	0.160064	0.234338	0.130428	0.35129	0.331861
2001	0.071931	0.00969	0.102007	0.230984	0.116112	0.34886	0.359821
2002	0.064281	0.007941	0.102081	0.244609	0.118248	0.364301	0.397279
2003	0.058432	0.009075	0.125147	0.298427	0.112898	0.377145	0.400386
2005	0.052634	0.010656	0.121972	0.270185	0.078099	0.334879	0.445267
2006	0.045599	0.01181	0.137185	0.244997	0.06581	0.324098	0.407325
2007	0.038104	0.01235	0.130464	0.225274	0.057558	0.284737	0.369304
2008	0.032445	0.013059	0.155625	0.190091	0.044425	0.234857	0.294953
2009	0.027255	0.010779	0.105103	0.125281	0.042157	0.182768	0.21318
2010	0.031825	0.011056	0.123839	0.130235	0.040542	0.168591	1.027001

注:其中 0—食品和活畜;1—饮料和烟草;2—粗材料,不能实用,但可燃烧;3—矿物燃料、润滑剂以及相关材料;4—动物和植物油,油脂和蜡;5—化学品及有关产品;6—主要以材料分类的制成品;7—机械以及运输设备;8—杂项制品。

附录5 各经济体报复性反倾销比较表

		2002	2003	2004	2005	2006	2007	2008	2009	2010
中国（不含台湾）	倍数 a	1.7	2.41	1.81	2.33	7.2	15.5	5.43	4.53	5.75
	倍数 b	7.2	1.24	3.14	2.56	1.58	4	13.3	4.58	3.57
韩国	倍数 a	2.6	0.94	8	3	1.57	0.87	1.8	—	1.33
	倍数 b	13	5.5	1.3	2.67	1.25	—	0.67	1.75	—
美国	倍数 a	0.34	0.57	0.54	1	1.38	0.25	0.5	0.7	2.5
	倍数 b	0.37	0.5	0.71	0.72	1.8	0.8	0.3	0.33	1
中国台湾	倍数 a	—	6.5	—	—	2.4	—	—	11	3
	倍数 b	6.5	—	—	—	7	7	—	—	—
印尼	倍数 a	3	0.67	1.6	—	1.8	5	1.57	1.43	0.33
	倍数 b	—	12	0.25	1.75	5	—	1.2	7	—
日本	倍数 a	—	—	—	—	—	1	—	—	—
	倍数 b	2.5	—	—	—	—	—	1	—	—
泰国	倍数 a	0.57	2.33	3	—	2.67	4.5	13	8	2
	倍数 b	8	0.4	6	3	—	4	—	3.33	—
印度	倍数 a	0.2	0.3	0.38	0.5	0.17	0.09	0.11	0.23	0.06
	倍数 b	0.09	0.13	0.34	0.12	0.75	0.12	0.19	0.13	0.06
巴西	倍数 a	0.5	0.75	1.25	0.67	0.58	0.15	0.13	1.22	0.4
	倍数 b	1.2	2	0.6	1.67	—	0.22	0.18	0.19	0

注:该表中,倍数 a 为反倾销被申诉案与申诉案之比;倍数 b 为反倾销被实施案与实施案之比;表中的数据根据 WTO 计算得知。

4 我国遭遇反倾销的影响因素分析

中国已经连续多年成为遭遇反倾销调查最多的经济体。本章利用全球反倾销数据库,采用反倾销频度指标、Probit 和 Possion 面板模型分析方法,针对我国遭遇反倾销的影响因素问题展开宏观和微观两个层面研究。反倾销频度指标分析显示,我国遭遇发展中国家的反倾销频度明显大于发达国家,虽然发达国家发起反倾销数量也较多。本研究还发现:(1)中国的出口额和加入WTO 对外国反倾销行为存在显著正效应,而中国的对外反倾销会产生一定的遏制作用。(2)发达国家比发展中国家更倾向于发起反倾销调查,而发展中国家在发起数量和实质损害认定数量上已逐渐超过发达国家。(3)从行业层面来看,纺织业、塑料橡胶行业和机电行业的出口额对遭遇反倾销数量的正效应比贱金属行业更明显,而后者比化工行业更明显;而产业增加值对贱金属行业、塑料橡胶行业、纺织业、机电行业的负面影响比化工行业大。

4.1 我国遭遇反倾销的现状和特点

改革开放以来,我国对外贸易得到迅猛发展。随着国际贸易业务的逐渐频繁,中国自 2001 年加入 WTO 以来,国内外贸企业遭受国外反倾销诉讼的案件呈现不断增加的趋势,中国逐步成为全球贸易保护主义最大的实施对象。据 WTO 统计,1995 年至 2011 年 6 月,WTO 所有成员共发起反倾销调查3922 起,最终采取反倾销措施 2543 起,其中中国遭遇反倾销调查 825 起,最终采取措施的有 612 起,分别占全球总数的 21.04% 和 24.07%。

4.1.1　基于时期的分析

在 20 世纪 90 年代以前，基本上所有的反倾销都是由美国、加拿大、欧盟国家、澳大利亚等发达国家发起的，它们被称为"传统发起国"。90 年代以后，发展中国家逐步登上反倾销的历史舞台，通常被称为"新兴发起国"。尤其是印度，90 年代以来，印度推行了经济体制改革，由内向型进口替代发展战略向出口导向型经济发展战略转变，提高本国经济的开放程度，进口数量限制逐步消除，关税税率也大幅下降。为了降低其进口商品对国内消费者和生产商的消极影响，印度逐步增加了对外反倾销力度。

据统计，1995 年至 2011 年上半年，中国遭遇的反倾销调查总数为 825 起，其中排名前四位的发起者印度、美国、欧盟、阿根廷对中国发起的反倾销调查数分别为 144 起、106 起、102 起和 85 起。下面以印度和美国为例，简述这 15 年来中国遭遇反倾销的历程。

印度对中国的反倾销调查可分为两个时间段：1995—2000 年和 2001—2010 年。在 2000 年以前，印度对中国发起的反倾销数量都在 10 起以下，而在 2001 年中国加入 WTO 以后，印度对中国的反倾销在 2002 年达到顶峰，有 16 起，是 1995 年的 4 倍之多，充分反映了印度对中国"入世"的态度。

美国对中国的反倾销呈现波动的趋势，但有几个顶峰点，分别为 2003 年、2007 年和 2009 年。从 2001 年中国加入 WTO 开始，美国对华反倾销案件数呈现递增趋势，在 2003 年达到顶点，有 10 起之多；在 2007 年次贷危机爆发并逐步扩大时，美国对中国反倾销调查也出现了大幅增加，在 2007 年和 2009 年都达到了 12 起，创下新高。

从图 4.1 可以看出，历年来全球遭遇反倾销数量总体而言，呈现平稳增长的趋势。1995 年至 2011 年 6 月，中国共遭遇反倾销案件数 825 起，最终征收反倾销税的案件数 612 起，占比 74.18%。其中，2008 年金融危机爆发后至 2011 年 6 月，中国遭遇反倾销 217 起，仅 3 年便占了总数的 26.3%。

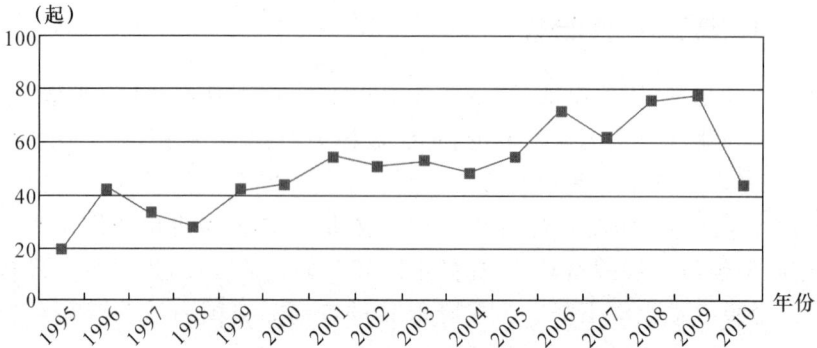

图 4.1 1995—2010 年中国遭遇反倾销数量

在全球金融危机爆发后,各国对华反倾销呈现出强劲的递增势头。在2008 年,印度对我国展开反倾销调查 15 起,占其对外发起反倾销调查总数(55 起)的 27.27%;阿根廷对我国展开反倾销调查 9 起,占其对外发起总数(19 起)的 47.37%;欧盟对我国展开反倾销调查 6 起,占其对外发起总数(19 起)的 31.58%。而在 2009 年,这三个比例又分别上升为 35.48%、67.86%和40.00%。这些数据足以表明,金融危机爆发导致各国贸易保护主义重新兴起,使它们积极对华实行反倾销。

4.1.2 基于国别的分析

从反倾销发起国的角度,可以分为反倾销的传统发起国和新兴使用国。而根据国家经济发达程度来分,又可以分为发达国家和发展中国家。

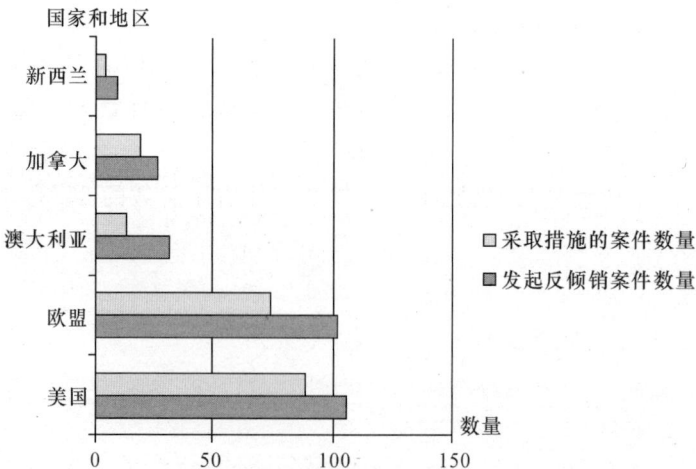

图 4.2 1995 年至 2011 年 6 月发达国家和地区对华反倾销案件数

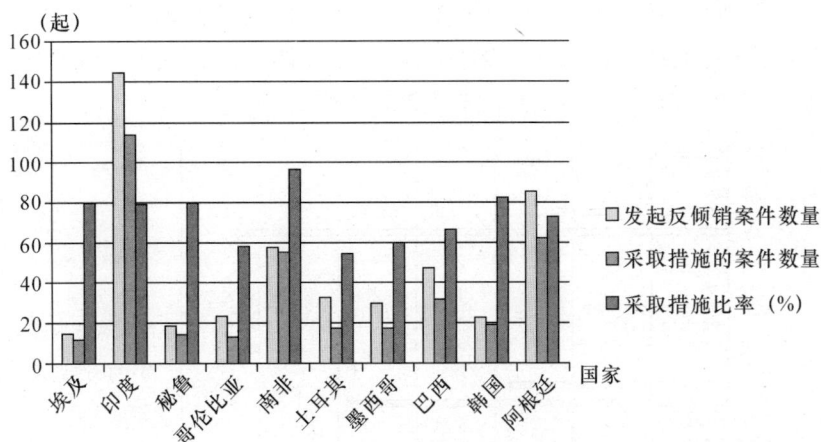

图 4.3 1995 年至 2011 年 6 月发展中国家对华反倾销案件数

我们选择了 1995—2010 年间对华反倾销总数排名前十的国家,其中发展中国家增速明显。印度作为发展中国家,逐步占据第一的位置,历年来反倾销数量增幅明显。同时,我们发现阿根廷、土耳其等新兴发展中国家也开始逐步占据反倾销的主体地位。发展中国家发起反倾销的数量逐步超过发达国家,成为反倾销发起舞台上的新主角。

图 4.2 显示,近 16 年来发达国家和地区对华发起反倾销数量较多,一些国家和地区反倾销采取措施比率严重偏高,尤其是在反倾销总数名列前五的国家中,美国、欧盟、加拿大分别对华发起反倾销案件 106 起、102 起和 26 起,案件采取措施比率分别达到 83.96%、72.55% 和 73.08%。但是,也有一些发达国家,比如澳大利亚和新西兰,虽然在数量上名列前茅,采取措施比率一直低于 50%。

与发达国家和地区相比,发展中国家的反倾销措施采取比率普遍较高,反倾销数量在发展中国家中名列前十的国家,该比例都高于 50%。尤其是名列前三的印度、阿根廷和土耳其,对华反倾销总数分别为 144 起、85 起和 58 起,而反倾销采取措施比率分别为 79.17%、72.94% 和 96.55%。这充分说明发展中国家对与其经济发达程度和商品结构类似的中国的遏制力度非常大。

4.1.3 基于行业的分析

图 4.4 是根据 HS 行业编码进行的分类。从图中可知,中国遭遇反倾销的行业分布基本上与全球一致。据 WTO 统计,1995 年至 2011 年上半年,贱

金属、化工、机电、纺织业、塑料和橡胶行业是中国遭遇反倾销的五大重要行业,涉及这些行业产品的反倾销案件数占反倾销调查总数的 72.73%。图 4.5 显示了各类产品占反倾销调查案件总数的比率。①

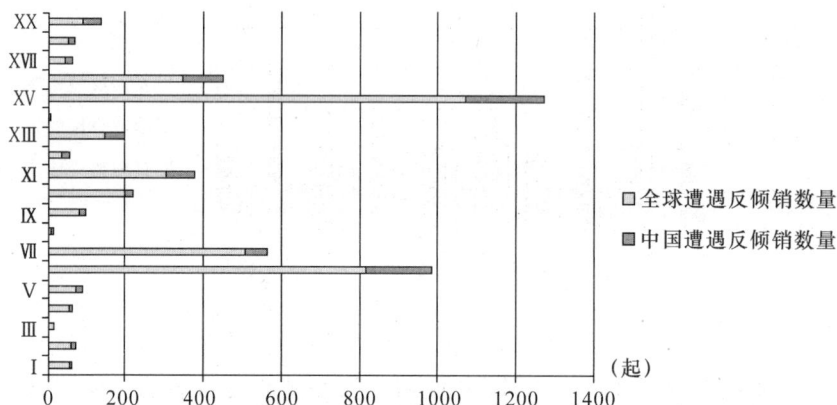

图 4.4 1995 年至 2011 年 6 月分行业发起反倾销数量

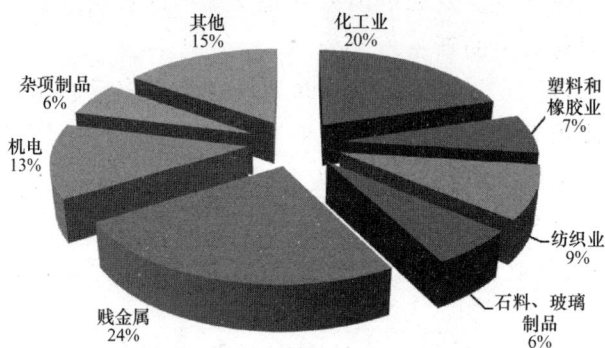

图 4.5 1995 年至 2001 年 6 月中国分行业遭遇反倾销比率

4.1.4 我国遭遇反倾销的特点

(1)中国遭遇的反倾销调查与制裁的数量远远高于其他 WTO 成员。

根据 WTO 统计,1995 年至 2011 年 6 月,中国遭遇 WTO 其他成员的反

---

① 海关编码(HS 编码)见附录。

倾销调查共计 825 起,比排在第二位的韩国高出 2 倍之多。同时,调查被制裁率达到了 74.18%,其余排在前 5 的国家除了日本为 71.60% 外,都在 65% 以下。这充分说明在全球反倾销中,中国是 WTO 成员中受害最大的国家。

表 4.1 1995 年至 2011 年 6 月各国遭遇反倾销数量 (单位:起)

遭遇反倾销经济体	遭遇反倾销调查数量(起)	采取反倾销措施	被制裁比例(%)
中国(不含台湾)	825	612	74.18
韩 国	278	169	60.79
日 本	162	116	71.60
印度尼西亚	161	98	60.87
印 度	153	93	60.78

(2)从国别情况来看,发展中国家对中国的反倾销调查数已经开始逐步超过发达国家和地区。

据统计,2010 年,我国出口居前十五位的国家和地区分别为欧盟、美国、日本、韩国、印度、澳大利亚、巴西、马来西亚、加拿大、印度尼西亚、泰国、墨西哥、土耳其、菲律宾、南非,而对中国发起反倾销居前十五位的国家和地区分别为印度、美国、欧盟、阿根廷、土耳其、巴西、南非、澳大利亚、墨西哥、加拿大、哥伦比亚、韩国、秘鲁、埃及、新西兰。另据统计,1995 年至 2010 年 6 月,前十五位发展中国家对华共发起反倾销调查 446 起,占总数的 61.94%;这些发展中国家对华采取反倾销措施 360 起,占全世界所有国家针对中国的反倾销措施总数的 64.4%,可见随着中国出口贸易的不断发展,发展中国家对中国出口商品发起的反倾销调查逐步超过发达国家和地区,而居于主导地位。

(3)自中国 2001 年加入 WTO 和 2008 年全球金融危机全面爆发以来,各国对华反倾销在短期内有较大增幅。

表 4.2 2000—2010 年我国遭遇反倾销制裁数 (单位:起)

年 份	2000	2001	2002	2003	2004	2006	2007	2008	2009	2010
制裁数(起)	30	32	36	41	44	38	48	53	56	53

从表 4.2 可以看出,相比于 2000 年,2002 年和 2003 年中国遭遇的反倾销制裁数分别增加了 6 起和 11 起,增幅为 20% 和 37%,2008 年和 2009 年分别比 2006 年增加了 15 起和 18 起,增幅近 40% 和 48%。

(4)遭遇反倾销商品由低附加值产品逐步向高附加值产品转变。

传统的对华反倾销调查主要集中在纺织品等低附加值的行业,而随着我国产业升级的推进,贱金属及其制品、化工、机电等行业的高附加值产品越来越多地遭遇反倾销。据 WTO 的统计,1995 年至 2011 年 6 月,中国遭遇反倾销调查居于前五位的行业为贱金属及其制品、化学及其相关产品、机电、纺织品、塑料和橡胶及其制品,共遭遇反倾销调查 600 起,最终采取措施的有 453 起,分别占总数的 72.73% 和 73.86%。

表 4.3　1995 年至 2011 年 6 月分行业遭遇反倾销数量

行　业	反倾销调查(起)	采取反倾销措施(起)	被制裁比例(%)
贱金属及其制品	199	141	70.85
化学及其相关产品	167	135	80.84
机　电	104	72	69.23
纺织品	75	64	85.33
塑料和橡胶及其制品	55	41	74.55
合　计	600	453	75.50

(5)我国成为动用反倾销规则较多的 WTO 成员的主要反倾销对象。

欧盟、美国、印度长期以来是对其他 WTO 成员进行反倾销的主要国家和地区。同时,它们也是对华反倾销数居前三位的国家。1995—2008 年,它们对我国出口商品共发起反倾销制裁 216 起,占 WTO 成员制裁总数的 45%,占其对外实施反倾销案件总数的比例平均在 23% 以上。

(6)对华反倾销制裁会发生消极连锁反应。

我国某项产品被某国反倾销调查或裁定存在倾销后,一些国家会紧随其后实施反倾销调查。比如,美国 2009 年 10 月对我国发起针对铜版纸的反倾销和反补贴调查后,欧盟在 2010 年 3 月初对我国铜版纸进行反倾销和反补贴立案调查。在美国轮胎特保案后,印度、阿根廷等国家也对我国的轮胎进行了反倾销调查。

4.2　我国遭遇反倾销频度的实证分析

4.2.1　我国遭遇反倾销影响因素的指标分析

为进一步解释各国别的反倾销程度,可以通过建立反倾销频度指标来分析。关于反倾销频度指标的构建,借鉴 Balassa(1965)提出的显示比较优势指数的计算方法,构建反倾销频度指标

$$AD = \frac{Xc/Xw}{Vc/Vw}$$

其中,AD 表示某个国家对华反倾销指控强度,Xc 表示某年某个国家对华反倾销立案调查数,Xw 表示某年全球对华反倾销立案调查数,两者数据来源于全球反倾销数据库,Vc 表示某年中国对某个国家出口贸易额,Vw 表示某年中国对全球出口贸易额,两者数据来源于历年《中国统计年鉴》。

若反倾销指控指数大,则表明中国被某国反倾销指控的强度大,即相对于中国对该国家的出口贸易额在中国出口贸易总额中的地位,受其反倾销影响更严重。

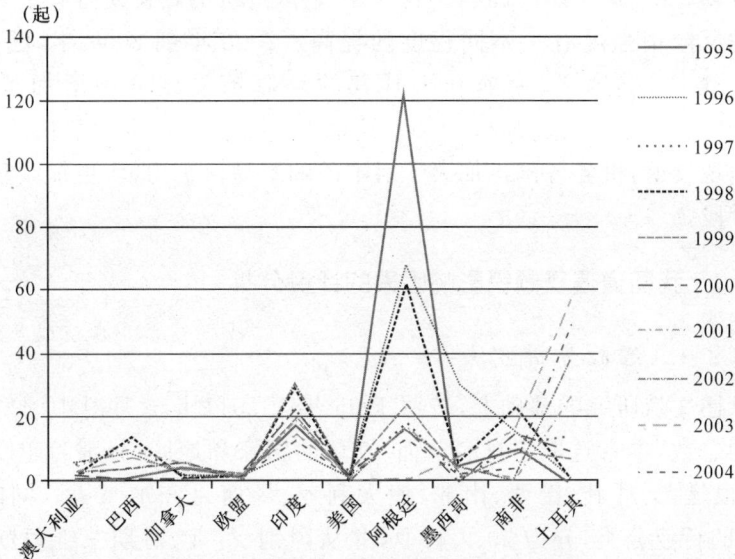

图 4.6　1995—2004 年各国对华反倾销频度

（起）

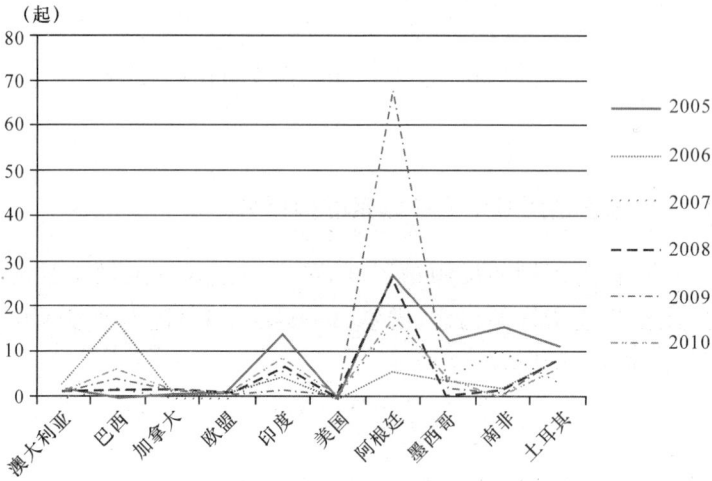

图 4.7 2005—2010 年各国对华反倾销频度

根据我们收集整理的数据,得到 1995—2010 年各国家和地区对华反倾销频度。由图 4.6 和图 4.7 可知,近 15 年来,中国遭遇反倾销频度一直偏高,除个别国家个别年份外,反倾销强度值都在 1 以上,有力地说明中国被反倾销指控的强度非常大。而分国别来看,阿根廷的反倾销强度在所选的 10 个国家中是最大的,在 1995 年达到了 120,历年平均值也达到 34.14,名列第一位。从图 4.7 可以看出,除了印度和澳大利亚外,金融危机的爆发使得其余 8 个国家和地区的反倾销强度有了不同程度的提高。2008 年到 2009 年,巴西、阿根廷、欧盟、美国、墨西哥、南非和土耳其的反倾销强度分别增加了 133%、154%、10%、9%、212%、2% 和 11%。这也表明随着全球金融危机的爆发,世界经济出现衰退,世界各国也加大了对本国的贸易保护力度,更加频繁地使用反倾销手段。

4.2.2 我国遭遇反倾销影响因素的计量分析

4.2.2.1 经验分析方法

在以往文献研究的基础上,按照 1995 年至 2011 年 6 月对中国发起反倾销案件的总数,本章选取了排名前面 10 位的国家和地区,分别为印度、美国、欧盟、阿根廷、土耳其、巴西、南非、澳大利亚、墨西哥和加拿大。同时,根据 HS 编码的行业分类,分为 20 大行业,并从国别、行业、时期三维角度分析我国遭遇反倾销的影响因素。重点分析中国历年来遭受反倾销较为频繁的五大行业,包括贱金属制造业、化工行业、塑料和橡胶行业、纺织业和机电及电子消费产品行业。本章在几个变量的研究上进行了创新,包括:某一年某一国是否针对中国发起反倾销、发起案件的数量、被采取反倾销措施的数量、某一年上述 10 个国家和地区对中国某一行业发起的反倾销数量。

(1)面板计数模型

当因变量 Y 表示事件发生次数,为数值较小的离散整数,而解释变量多为定性变量时,我们要用计数模型,其特点是因变量的条件均值受到回归变量的制约,公式可以表示为:

$$m(x,\beta) = E(y \mid x,\beta) = \exp(x'\beta) \qquad (4.1)$$

面板数据是指变量 y 关于 N 个不同对象的 T 个观测期所得到二维结构数据,可记作 $y_{it}(i=1,2,\cdots,N;t=1,2,\cdots,T)$,其中 i 表示 N 个不同的对象,t 表示 T 个观测期,面板数据模型的基本形式为:

$$y_{it} = \sum_{m=1}^{M} \beta_{mi} x_{mit} + u_{it} \qquad (4.2)$$

式中,y_{it} 是被解释变量对个体 i 在 t 时的观测值,x_{mit} 是第 m 个非随机解释变量对个体 i 在 t 时的观测值,β_{mi} 是待估系数,u_{it} 是误差项。

模型的一般形式为 $\ln\lambda_{it} = \mu_i + x'_{it}\beta$,其中 μ_i 是不可观测的个体效应。下面我们分别对固定效应和随机效应进行阐述。

首先,当 μ_i 是固定效应时,$E(y_i \mid x_i) = Var(y_i \mid x_i) = \lambda_{it} = \exp(\mu_t + x'_{it}\beta)$,连续变量 x_m 的边际效应是 $\partial E(y_{it} \mid x_{it})/\partial x_m = \lambda_{it}\beta_m$,则似然函数方程为:

$$L(\beta,\lambda_{it}) = \sum_{i=1}^{N} \sum_{t=1}^{T} [-\lambda_{it} + y_{it}(\mu_i + x_{it}\beta) - \ln y_{it}!] \qquad (4.3)$$

一阶条件为:

$$\partial L(\beta,\lambda_{it})/\partial \beta = \sum_{i=1}^{N} \sum_{t=1}^{T} (y_{it} - \lambda_{it})x_{it} = 0 \qquad (4.4)$$

$$\partial L(\beta,\lambda_{it})/\partial \mu_i = \sum_{t=1}^{T} (y_{it} - \lambda_{it})x_{it} = \sum_{t=1}^{T} (y_{it} - e^{\mu_i}e^{x_{it}\beta}) \qquad (4.5)$$

对于 $i=1,2,\cdots,N$,μ_i 可表示为:

$$\mu_i = \ln(\sum_{t=1}^{T} y_{it} / \sum_{t=1}^{T} e^{x_{it}\beta}) \qquad (4.6)$$

由于参数分别为 λ_{it} 的 T 个独立泊松分布变量的和服从参数为 $\sum_{t=1}^{T}\lambda_{it}$ 的泊

松分布,即

$$P_r\left(\sum_{t=1}^{T}y_{it}\right)=\exp\left(-\sum_{t=1}^{T}\lambda_{it}\right)\left(\sum_{t=1}^{T}\lambda_{it}\right)^{\left(\sum_{t=1}^{T}y_{it}\right)}/\left(\sum_{t=1}^{T}y_{it}\right) \tag{4.7}$$

所以,$(y_{i1},y_{i2},\cdots,y_{iT})$ 的联合概率函数可表示为:

$$P_r\left(y_{i1},y_{i2},\cdots,y_{iT}\right)=\exp\left(-\sum_{t=1}^{T}\lambda_{it}\right)\prod_{t=1}^{T}\lambda_{it}^{y_{it}}/\prod_{t=1}^{T}y_{it}! \tag{4.8}$$

综上所述,条件似然函数为:

$$P_r\left(y_{i1},y_{i2},\cdots,y_{iT}\right)=\frac{\exp\left(-\sum_{t=1}^{T}\lambda_{it}\right)\prod_{t=1}^{T}\lambda_{it}^{y_{it}}}{\prod_{t=1}^{T}y_{it}!}\cdot\frac{\left(\sum_{t=1}^{T}y_{it}\right)}{\exp\left(-\sum_{t=1}^{T}\lambda_{it}\right)\left(\sum_{t=1}^{T}\lambda_{it}\right)^{\sum_{t=1}^{T}y_{it}}}$$

$$=\left(\sum_{t=1}^{T}y_{it}\right)/\sum_{t=1}^{T}y_{it}!\prod_{t=1}^{T}P_{it}^{y_{it}} \tag{4.9}$$

其中,

$$P_{it}=\frac{\lambda_{it}}{\sum_{t=1}^{T}\lambda_{it}}=\frac{e^{\mu_i x_{it}'\beta}}{\sum_{t=1}^{T}(e)^{\mu_i x_{it}'\beta}}=\frac{e^{x_{it}'\beta}}{\sum_{t=1}^{T}(e)^{x_{it}'\beta}} \tag{4.10}$$

该函数与 μ_i 无关,且 $t=0$ 的技术对其不提供任何信息。

其次,当 μ_i 是随机效应时,我们同样用以上方法求极大似然函数估计量。

在 μ_i 为随机效应的前提下,联合概率函数可以表示为:

$$P_r\left(y_{i1},y_{i2},\cdots,y_{iT}/\mu_i\right)=\prod_{t=1}^{T}P_r\left(y_{it}/\mu_i\right)\lambda_{it}^{y_{it}} \tag{4.11}$$

对该函数关于 μ_i 求积分,得:

$$P_r\left(y_{i1},y_{i2},\cdots,y_{iT}/\mu_i\right)=\int\left(y_{i1},y_{i2},\cdots,y_{iT}\right)d\mu_i=\int\left(y_{i1},y_{i2},\cdots,y_{iT}/\mu_i\right)g(\mu_i)d\mu_i \tag{4.12}$$

假设 $P_r(y_{it}/\mu_{it})$ 服从泊松分布 $[\lambda_{it}=\exp\left(\mu_i+x_{it}'\beta\right)]$,$e^{\mu_i}$ 服从 Gamma(1, θ) 分布,服从负二项分布。由于

$$P_r\left(y_{i1},y_{i2},\cdots,y_{iT}/\mu_i\right)=\frac{\exp\left(-\sum_{t=1}^{T}\lambda_{it}\right)\prod_{t=1}^{T}\lambda_{it}^{y_{it}}}{\prod_{t=1}^{T}y_{it}!}$$

$$=\frac{\exp\left(-e^{\mu_i}\sum_{t=1}^{T}r_{it}\right)\left(\prod_{t=1}^{T}r_{it}^{y_{it}}\right)\left(e^{\mu_i}\right)^{\sum_{t=1}^{T}y_{it}}}{\prod_{t=1}^{T}y_{it}!} \tag{4.13}$$

其中,$r_{it}=e^{x_{it}'\beta}$。

假设 $\varepsilon_i=e^{\mu_i}$ 服从 Gamma(1,θ) 分布,那么

$$g(\varepsilon_i) = \frac{\theta^\theta}{\Gamma(\theta)}\varepsilon_i^{\theta-1}\exp(-\theta\varepsilon_i) \tag{4.14}$$

由于 $\varepsilon_i > 0$，所以

$$P_r(y_{i1},y_{i2},\cdots,y_{iT}/\mu_i) = \frac{\theta^\theta(\prod\limits_{t=1}^{T}r_{it}^{y_{it}})}{\Gamma(\theta)(\prod\limits_{t=1}^{T}y_{it}!)}\int_0^{+\infty}\exp\left[-\varepsilon_i(\theta+\sum\limits_{t=1}^{T}r_{it})\right]\varepsilon_i^{(\theta+\sum\limits_{t=1}^{T}y_{it})-1}d\varepsilon_i$$

$$= \frac{\theta^\theta(\prod\limits_{t=1}^{T}r_{it}^{y_{it}})\Gamma(\theta+\sum\limits_{t=1}^{T}y_{it})}{\Gamma(\theta)(\prod\limits_{t=1}^{T}y_{it}!)(\theta+\sum\limits_{t=1}^{T}r_{it})^{\theta+\sum\limits_{t=1}^{T}y_{it}}} \tag{4.15}$$

令 $N_i = \theta/(\theta+\sum\limits_{t=1}^{T}r_{it})$，那么：

$$P_r(y_{i1},y_{i2},\cdots,y_{iT}) = \frac{(\prod\limits_{t=1}^{T}r_{it}^{y_{it}})\Gamma(\theta+\sum\limits_{t=1}^{T}y_{it})}{(\prod\limits_{t=1}^{T}y_{it}!)\Gamma(\theta)(\sum\limits_{t=1}^{T}r_{it})^{\sum_{t=1}^{T}y_{it}}}N_i^\theta(1-N_i)^{\sum\limits_{t=1}^{T}y_{it}} \tag{4.16}$$

上式服从负二项分布。

由于外国对华反倾销发起数量、采取措施的案件数和认定实质损害的案件数都是非负整数，本章采用面板计数模型，包括泊松面板模型和负二项面板模型来分析，以确保结果的稳健性。

泊松模型的一般形式可表示为：

$$P_r(Y_{it}=y_{it}|x_{it}) = \frac{e^{-\lambda_{it}}\lambda_{it}^{y_{it}}}{y_{it}!} \tag{4.17}$$

其中，$y_{it}=0,1,2,\cdots,n$ 代表发起反倾销的国家，i 代表发起反倾销的国家或者遭遇反倾销的行业，t 代表发起反倾销的年份。

由泊松分布的特点，我们可以得到以下方程：

$$E(y_i) = Var(y_i) = \lambda_i \tag{4.18}$$

负二项模型是泊松模型的拓展，由于

$$E(y_i|x_i,\beta) = m(x_i,\beta) \tag{4.19}$$

$$Var(y_i|x_i,\beta) = m(x_i,\beta)[1+\eta^2 m(x_i,\beta)] \tag{4.20}$$

因此，变量条件均值小于条件方差。

(2) Probit 模型

Probit 模型是广义的线性模型，服从正态分布。其最简单的形式是，被解释变量 Y 是一个 $0-1$ 变量，事件发生的概率主要依赖解释变量，公式为：

$$P(Y=1) = f(X) \tag{4.21}$$

其中,$f(\cdot)$ 服从标准正态分布,如果其服从累计分布函数,则为 Logit 模型。

本章中是否发起反倾销的变量(Ini)属于 $0-1$ 变量,因此我们运用 Probit 模型进行估计,同时运用 Logit 方法来检验结果的稳健性。

综上所述,本章的计量模型形式如下:

$$Ini_{it} = f(Exchange, Exp, Dep, Dis, Chwto, Chiall_{t-1}) + \varepsilon_{1,it} \qquad (4.22)$$

$$ADT_{it} = f(Rgdp, Exchange, Exp, Dep, Dis, Chwto, Wec, Chiall_{t-1}, Chioth_{t-1}) + \varepsilon_{2,it} \qquad (4.23)$$

$$ADM_{it} = f(Rgdp, Exp, Chwto, Chiall_{t-1}, Chioth_{t-1}) + \varepsilon_{3,it} \qquad (4.24)$$

$$ADI_{it} = f(Rgdp, Exchange, Exp, Dep, Chwto, Chiall_{t-1}, Chioth_{t-1}) + \varepsilon_{4,it} \qquad (4.25)$$

$$IAD_{ijt} = f(Roptsr, Iex, Chin_{t-1}) + \varepsilon_{4,ijt} \qquad (4.26)$$

其中,ADT 表示外国对华反倾销总数,ADM 表示外国对华反倾销中采取措施的案件数,ADI 表示外国对华反倾销中认可造成实质性损害的案件数,IAD 表示中国分行业遭遇反倾销数量,下标 i 表示申诉国,j 表示某行业,t 表示年份,ε 表示残差项。解释变量包括 $Exchange$、Exp、Dis、$Chiall$、$Rgdp$、$Chioth$、$Roptsr$、Iex 和 $Chin$ 分别表示汇率、出口额、距离、中国对外发起的反倾销总数、GDP 增长率、除申诉国外的其他国家对中国发起的反倾销数量、行业利润率、分行业出口额和中国对某个行业发起的反倾销数量。另外还有三个虚拟变量 Dep、$Chwto$ 和 Wec,分别表示是否为发达国家、中国是否加入 WTO 和是否已经发生金融危机。

4.2.2.2 变量说明及数据描述

基于本章关于发起反倾销原因的描述,我们主要选择 16 个解释变量来研究美国、印度、阿根廷等 10 个国家和地区对中国各行业的反倾销问题。本章选取的考察国家和地区是历年累计对中国发起反倾销案件数排名前十,同时案件采取措施比率也较高的国家和地区。本章的实证研究是基于时间、国家和行业三个维度的,因此基准模型包括 16 年、10 个国家和地区、20 个行业的观测值。

我们分析在反倾销行为的不同阶段,包括反倾销的发起、采取反倾销措施和认定造成实质性损害,关注五个被解释变量:是否发起反倾销、发起反倾销数量、采取措施的反倾销案件数、认定造成实质损害的案件数以及分行业遭遇反倾销数量。数据均来源于 Chad P. Bown(2010)的全球反倾销数据库和中国贸易救济网。其中,全球反倾销数据库包含 WTO 成员的相关反倾销信息,尤其是1995—2010年涉案商品信息。我们根据HS编码分类法,将涉案商品整理归入20大行业,具体行业分类见附录1。

关于中国遭遇反倾销的影响因素,即本章的解释变量,需要分别从中国国内和发起国的宏观和微观因素来考虑。从发起国出发,选取宏观经济现状、经济周期、进口结构等,从本国出发,选取国内出口结构、宏观经济现状、中国对各国的反倾销报复能力等,同时综合考虑汇率变化、国际经济现状等因素,作为我国遭遇反倾销可能的影响因素。

A. 实际GDP增长率

当一国经济萧条的时候,国内企业倾向于运用贸易保护手段来抢夺市场份额和销售额。而且,当国内企业的利润率下降的时候,进口国发起反倾销时更容易证明其造成了实质性的损害(姜鹏,2013)。根据实际情况,自全球金融危机发生以来,美国经济陷入萧条,为了保护国内经济增长和产业安全,极大地提高了反倾销频度,仅2007—2009年就对中国发起反倾销35起,占1995—2010年总数的35%。综上,实际GDP增长率下降会导致对外反倾销数量增加。各国实际GDP增长率的数据主要来自于IMF数据库。

B. 失业率

失业率不仅是表现经济周期的宏观经济指标,而且是代表一国国内政治压力的指标。当一国失业率较高时,经济较为萧条,政府压力也会增大,因此反倾销发起数量和最终采取措施的案件数都会增加。历年世界各国失业率的数据主要来自于国际劳工组织和IMF数据库。

C. 各国和中国之间的实际汇率

各国的货币升值会降低国内企业的竞争力,导致国内企业寻求贸易保护手段,并且更易证明造成了实质性的损害。但由于国内货币升值使得进口产品是否低于正常价值更难判断,因此货币贬值对发起反倾销的净影响在理论上是不明确的。各国与中国之间的实际汇率原始数据来自于美国农业部经济研究局网站,我们以1单位外币能兑换的人民币数量来表示两国间的实际汇率。

D. 进口渗透率

进口渗透率是指各国从中国的进口量占其GDP的比重。假设一国GDP不变,进口渗透率越高,中国对其造成的竞争压力就越大。假设该国总进口不变,进口渗透率反映了中国企业对该国企业造成的竞争压力的相对水平。来自中国不断增加的竞争压力促使国外企业对中国的进口产品实行贸易保护主义。综上,进口渗透率越高,反倾销发起数量越多。历年各国从中国的进口数据来自于《中国海关统计年鉴》,各国 GDP 数据来自于 IMF 数据库。

E. 出口额

出口激增,出口商品所占国外市场份额会增加,导致外国企业通过贸易保护手段来保护行业市场份额和产业安全。本章统计了 1995—2010 年中国分国别和分行业的出口额。行业是根据 HS 编码分类的,数据来自于历年《中国统计年鉴》。由于出口数额较大,我们通过取对数进行非线性压缩,同时可以避免与汇率高度相关的多重共线性,我们预计该变量的影响符号为正。

F. 反倾销报复能力

本章主要通过中国出口集中度、中国在上一年对外发起的反倾销数量、申诉国在上一年遭遇的反倾销案件数、上一年中国对申诉国是否发起反倾销四大指标来衡量反倾销报复能力。

(1) 出口集中度

从国家层面来看,如果中国对一国出口额占其市场份额比重非常大,那么中国会非常关注自己的出口。如果中国对从该国进口的产品征收反倾销税,中国会预期该国在下一年会对自己实行反倾销报复,那么中国会更不情愿对进口的产品发起反倾销。也就是说,如果一个国家是反倾销手段的频繁使用者,并且是另一国的重要出口市场,那么这个国家会减少对该重要出口市场的反倾销案件。Blonigen 和 Bown(2001)指出,一国对其反倾销发起国的出口集中度较低时,即一国出口对其发起反倾销国家的市场依赖程度较低时,该国具有较强的反倾销报复能力。

本章采用目前文献中较常使用的指标 Gini-Hirschman 系数,来衡量出口商品和出口地理集中度。

出口商品集中度和出口地理集中度的计算公式可分别表示为:

$$C_t = \sqrt{\sum_{i=1}^{n} \left(\frac{X_{it}}{X_t} \right)^2} \tag{4.27}$$

其中,C_t 是 t 年的商品集中度,X_{it} 代表第 i 类产品在第 t 年的出口额,X_t 代表第 t 年的总出口额。C_t 的值区间为 $\left[\frac{100}{\sqrt{n}}, 100 \right]$,其值愈趋于 100,说明商品集中度越高。

出口商品数据来自于联合国数据库,根据 SITC(国际贸易标准分类法),将出口商品分为十大类,根据历年《中国海关统计年鉴》和网站的数据整理得到。

表 4.4　中国历年出口商品集中度

年　份		1995	1996	1997	1998	1999	2000	2001	2002
商品集中度系数	总出口	0.486	0.490	0.500	0.510	0.515	0.515	0.517	0.529
	初级产品出口	0.568	0.573	0.577	0.599	0.609	0.599	0.603	0.612
	工业制成品出口	0.560	0.565	0.569	0.568	0.570	0.569	0.570	0.577
年　份		2003	2004	2005	2006	2007	2008	2009	2010
商品集中度系数	总出口	0.544	0.553	0.558	0.564	0.567	0.562	0.576	0.576
	初级产品出口	0.615	0.604	0.607	0.615	0.618	0.610	0.629	0.623
	工业制成品出口	0.588	0.592	0.595	0.596	0.595	0.593	0.607	0.606

表 4.5　中国历年出口地理集中度

年　份	1995	1996	1997	1998	1999	2000	2001	2002
地理集中度	0.392	0.357	0.356	0.346	0.342	0.333	0.329	0.329
年　份	2003	2004	2005	2006	2007	2008	2009	2010
地理集中度	0.321	0.312	0.306	0.291	0.277	0.258	0.265	0.329

（2）中国在上一年对外发起的反倾销数量

中国在上一年对外发起的反倾销数量越大，对于其他国家对华发起反倾销行为有着双面影响。一方面，对于频繁使用反倾销手段的中国，其他国家会因为害怕遭到反倾销报复而减少对中国使用反倾销；另一方面，Prusa 和 Skeath(2004)认为，该变量的平均数值越大，中国越会被认为是反倾销的频繁使用者，那么其他国家会更倾向于对中国实行反倾销以进行自我保护。因此，该变量的影响方向是不确定的。需要指出的是，中国在 1997 年才开始有对别国反倾销行为的记录，因此本章只获取 1997—2010 年间中国对外发起反倾销数量的数据，来自于 WTO 官网。

（3）申诉国在上一年遭遇的反倾销案件数

该变量显示申诉国反倾销报复的总体水平，其意味着，如果上一年该国频繁遭遇其他国家发起的反倾销，那么该年它会发起更多的反倾销。该变量数据来自 WTO 官网。

（4）上一年中国对申诉国某行业发起的反倾销数量

如果上一年中国对申诉国某行业发起过反倾销，则当年可能会招致申诉国对华在该行业的反倾销报复，该变量的数据来自于 Bown 教授的全球反倾销数据库。

G. 其他控制变量

（1）上一年中，除申述国外的其余所有国家发起对华反倾销案件总数

发起反倾销案件会使贸易流向其他地方，导致更多的贸易保护主义。我们通过该变量来检验反倾销贸易偏转效应的存在可能性。Bown 和 Crowley（2006）发现，当日本对美国的出口减少时，出口贸易会流向欧洲，这会使欧洲市场上，向日本商品数量增加，价格降低，引起欧盟对日本的反倾销。因此，该变量的影响预期为正，数据来自于全球反倾销数据库。

（2）在上一年某国对中国出口产品发起的反倾销数量

早期的反倾销发起经历会导致更多的反倾销发起数量，同时案件更有可能被采取措施。Blonigen（2006）发现这个结论至少对很多美国企业来说是成立的，公司有前期发起反倾销的经历使它们发起反倾销的成本更低，更容易对外发起反倾销。我们对因变量进行一年滞后分析来观察经验效应，两者的关系系数预期为正，数据来自于全球反倾销数据库。

（3）中国与申诉国的距离

以往一些研究文献有提到，距离对贸易流动存在着负面影响。一方面，距离减少了贸易流动，从而减少了反倾销发起数量，同时对于距离较远的两个国家，进口国的企业对于出口国企业了解甚少，发起反倾销的可能也较低；另一方面，较长的距离会造成较大的交易成本，从这会使得进口竞争企业更容易控制成本，而使反倾销数量增加。因此，距离对反倾销的影响方向并不明确。我们将两国之间的距离简化为两国首都的直线距离，数据来自于 http://www.geodistance.com/。

（4）行业利润率

一国内部较高的利润率会吸引商家进入，产量的提升速度会大于国内需求的增加速度，从而使得出口增加。当不断增加的出口对国外市场造成负面影响时，会遭到反倾销。因此，国内企业现状是影响反倾销发起并实施最终措施的重要因素。我们用行业销售利润率来表示 1995—2011 年中国遭遇反倾销居前几名的行业现状。数据主要根据国泰君安数据库整理得到，预期影响方向为正。

H. 虚拟变量

WTO 于 1995 年 1 月正式运作，本章研究的时间段从 WTO 成立后开始，

中国是在 2001 年 12 月正式加入 WTO 的，因此我们对 2001 年设置虚拟变量 $Chwto$。同时，考虑到 2008 年全球金融危机的爆发导致全球经济衰退，引起各国贸易保护主义的盛行，我们对 2008 年也设置了虚拟变量，记为 W_{EC}。另外，本章还分国别作了比较研究，我们用 Dep 来表示国家类别。

$$Chwto=\begin{cases}1,ijt\geq2001\\0,ijt<2001\end{cases} \qquad (4.28)$$

$$Wec=\begin{cases}1,ijt\geq2008\\0,ijt<2008\end{cases} \qquad (4.29)$$

$$Dep=\begin{cases}1,i\text{ 是发达国家}\\0,i\text{ 是发展中国家}\end{cases} \qquad (4.30)$$

表 4.6 显示了本章 10 个回归模型中，所有可能选择的解释变量及其平均值、方差和预期符号。从表中我们可以看出，解释变量普遍拥有较大的协方差，表明变量具有较大的变动率。另外，"是否对华发起反倾销"变量的平均值为 0.8760，说明我国遭遇反倾销概率是非常大的。选择样本中的某一起案件，被采取措施的概率为 69.11%，被认定造成实质损害的概率为 71.78%。IAD 变量的平均值明显高于其他几个解释变量，是因为我们选取了遭遇反倾销较集中的五大行业。

表 4.6 变量描述和预期影响方向

变 量	含 义	平均值	标准差	预期符号
被解释变量				
Ini	是否对华发起反倾销	0.8760	0.3309	
ADT	对华反倾销数量	3.8313	3.6998	
ADM	对华反倾销采取措施数量	2.6478	3.0108	
ADI	对华反倾销认定实质损害数量	2.75	3.2389	
IAD	分行业遭遇反倾销总数	5.275	4.8024	
解释变量				
$Rgdpg$	实际 GDP 增长率	3.3975	3.3254	—
$Uner$	失业率	10.5472	7.7404	+
$Exchange$	实际汇率	3.0002	4.1248	?
Exp	中国对申诉国出口额	294.9796	632.0862	+

续表

变 量	含 义	平均值	标准差	预期符号
解释变量				
Iex	分行业出口额	872.743	1378.634	＋
$Impe$	进口渗透率	0.0103	0.0121	＋
$Roptsr$	行业销售利润率	4.5394	1.4720	＋
$Excom$	出口商品集中度	0.5416	0.0256	＋
$Excog$	出口地理集中度	0.3134	0.0297	＋
$Chiall_{t-1}$	上一年中国发起的反倾销数	13.6642	9.0824	?
$Chin_{t-1}$	上一年中国对申诉国某行业发起的反倾销数量	0.675	1.6364	＋
$Chioth_{t-1}$	上一年,除申诉国外的其余国家对华发起的反倾销案件数	49.1533	13.9631	＋
$Inich_{t-1}$	上一年申诉国对中国发起的反倾销数量	10982.96	4656.252	＋
Dis	中国与申诉国的距离	0.7153	0.4529	?
Dep	是否为发达国家	0.4	0.4914	?
$Chwto$	中国是否加入 WTO	0.2044	0.4047	?
Wec	金融危机是否爆发	3.3975	3.3254	?

注:"?"表示影响方向不明确;"＋"表示对 AD 有正效应;"－"表示对 AD 有负效应。

4.2.2.3 实证模型分析

本章研究的时间跨度为 1995—2010 年。我们根据 HS 编码将商品分为 20 大行业,根据统计的相关数据,我们重点选择了 5 个代表性的行业,包括贱金属、化工、塑料和橡胶、纺织、机电,进行比较分析。根据反倾销数量,我们选择了 10 个代表性的国家和地区,包括印度、美国、欧盟、阿根廷、土耳其、巴西、南非、澳大利亚、墨西哥和加拿大。据统计,1995 年至 2011 年上半年,该 10 个国家和地区对华反倾销数量占总数比率达到 80.36%。

由于反倾销发起数量、采取措施的数量和认定造成实质损害的反倾销案件数是非负离散型的,因此我们采取面板数据统计中的泊松模型和负二项回归模型进行计量分析,来检验稳健性。考虑到反倾销调查过程持续时间较长,一般在 1 年以上,我们根据 Ketter 和 Prusa(2003)的方法,将中国对外发起反倾销的变量 Chiall 和除申诉国外的其余国家对华发起的反倾销案件数

Chioth 进行 1 年的滞后期处理。

尽管 WTO 提供了每个国家每年对所有国家发起反倾销案件的总数,本章还需要每个国家每年分别对中国发起的反倾销案件数,这个国家层面的数据可以从全球反倾销数据库得到,中国的反倾销数据也可以从中国贸易救济信息网获得补充。

中国遭遇的反倾销案件数量在近年来有明显的上升趋势,主要集中于贱金属、化工产品、塑料和橡胶、纺织业和机电行业。主要反倾销实施国中,绝大部分是发展中国家,且主要集中于 10 个国家和地区,因此我们主要研究这 10 个国家和地区对中国 5 大行业的反倾销影响因素,即选择行业利润率(*Roptsr*)、行业出口额(*Iex*)和上一年中国分行业对 10 个国家和地区发起的反倾销数量(*Chin*)为解释变量,以 1995—2010 年间历年中国五个行业遭遇 10 个国家和地区反倾销数量(*IAD*)为被解释变量,展开实证分析。

4.2.3 计量结果分析

首先,我们对因变量 *Ini*"是否对华发起反倾销"的变量展开 Probit 模型和 Logit 模型回归,经验分析结果可见表 4.7。

表 4.7 对华反倾销影响因素的估计结果(1)

被解释变量 解释变量	*Ini*		*ADT*	
	(1)	(2)	(3)	(4)
Rgdp	—	—	0.0301**	0.0269
			(0.1402)	(0.0225)
Exchange	0.1577***	0.281***	0.0476***	0.0577***
	(0.0598)	(0.1076)	(0.0138)	(0.0219)
Exp	−0.0005	−0.0008	0.0003***	0.0003**
	(0.0005)	(0.0008)	(0.0001)	(0.0001)
Dep	1.0868*	1.8178*	−0.2629**	−0.2538*
	(0.5586)	(0.9842)	(0.1176)	(0.1880)
Dis	−0.0001*	−0.0001*	−0.00002***	0.00002*
	(0.0001)	(−0.0001)	(0.0001)	(0.0001)

续表

被解释变量 解释变量	Ini		ADT	
	(1)	(2)	(3)	(4)
Chwto	1.4002***	2.4478***	0.9669***	1.0254***
	(0.5029)	(0.9456)	(0.1817)	(0.3069)
Wec	—	—	0.1669	0.2331
			(01472)	(0.2537)
Chiall	−0.0134	−0.0244	0.0118**	−0.0141
	(0.0255)	(0.0495)	(0.0068)	(0.0118)
Chioth	—	—	−0.0186***	−0.0193**
			(0.0054)	(0.0093)
估计方法	Probit	Logit	泊松模型	负二项模型
样本数	139	139	139	139
对数似然数	−41.3856	−41.8643	−371.8760	−326.4475

注:括号内为标准差;***表示在1%的水平上显著;***表示在5%的水平上显著;*表示在10%的水平上显著。

表 4.8 对华反倾销影响因素的估计结果(2)

被解释变量 解释变量	IDM		ADI	
	(5)	(6)	(7)	(8)
Rgdp	0.0365**	0.0323	−0.5134***	−0.0381*
	(0.0268)	(0.0172)	(0.0273)	(0.0163)
Exchange	—	—	0.0616***	0.0658**
			(0.1787)	(0.0281)
Exp	0.0005***	0.0005***	0.0004***	0.0004**
	(0.0001)	(0.0001)	(0.0001)	(0.0002)
Dep	—	—	−0.5078***	−0.4934**
			(0.1457)	(0.2445)
Dis	—	—	—	—

续表

被解释变量 解释变量	IDM		ADI	
	(5)	(6)	(7)	(8)
Chwto	1.1478***	1.0573***	1.6390***	1.6095***
	(0.2110)	(0.3681)	(0.2078)	(0.3901)
Wec	—	—	—	—
Chiall	−0.0259***	−0.0223*	−0.0340***	−0.0360**
	(0.0076)	(0.0141)	0.0073	(0.0368)
Chioth	−0.0287***	−0.0293***	−0.0373***	−0.0368***
	(0.0057)	(0.0100)	0.0056	(0.0104)
估计方法	泊松模型	负二项模型	泊松模型	负二项模型
样本数	139	139	139	139
对数似然数	−340.9907	−289.5775	−343.1123	−291.3058

注:括号内为标准差;*** 表示在 1% 的水平上显著;*** 表示在 5% 的水平上显著;* 表示在 10% 的水平上显著。

从表 4.8 可以看出,在考察各国是否对华发起反倾销(Ini)的影响因素时,Logit 回归和 Probit 回归的结果基本一致。中国对该国实际汇率(Exchange)的效应,显著为正,这也验证了人民币贬值会使中国遭遇更多的反倾销案件的假设。当人民币相对于某进口国的货币贬值时,会使中国对该国的出口激增,而中国的出口商品在国际市场上更具成本优势,在数量和价格上占据优势的中国出口商品在与当地厂商竞争中胜出,从而损害到进口国企业的利益。并且,进口企业可能由于市场份额缩减而造成本国失业率上升等社会问题,为了保护市场份额和产业安全,进口国企业会努力说服本国政府实行反倾销的贸易保护手段。

出口额(Exp)的估计系数与预期相反,但是不显著,这可能是因为出口的增加导致国内经济增长率较高,而人们生活提高又使得劳动成本上升,遭遇反倾销裁决的可能性下降。实证结果表明,两国的距离(Dis)对反倾销的影响是负面的,但不是很显著。这是由于距离会造成出口商品运输成本上升,同样地,被裁定以低于商品价值的价格销售的概率会下降,反倾销的发起率也就随之降低。

中国对外发起的反倾销($Chiall$)系数为负,说明中国的反倾销报复对外国对华反倾销行为有一定的遏制作用。但由于中国对外反倾销数量的统计是从 2007 年开始的,而且数量很少,所以导致实证结果的不显著。

Dep 的系数为正,但不是非常显著,说明 WTO 成立以来,发展中国家正在逐步登上反倾销的舞台,但发达国家仍然是传统的反倾销手段使用者,在"是否发起反倾销"的问题上,比发展中国家要果断。中国是否加入 WTO 变量($Chwto$)显著为正,表明中国加入 WTO 以后反倾销数量逐步增加,这可能是与近年来国际间反倾销案件总数的持续增长有关。

仅观察是否发起反倾销案件的影响因素只是停留在定性分析上,我们要通过深入地定量分析反倾销案件数量、采取措施数量、认定是指损害数量等变量,来寻找外国对华实施反倾销行为的深层原因。

以国外对华发起的反倾销数量(ADT)为被解释变量时,我们增加了一些解释变量,从实证结果来看,基本上非常显著。汇率($Exchange$)仍然显著为正。此时,出口额(Exp)显著为正,与预期相符,由于出口的增加给进口国企业造成了激烈的竞争,Dis 和 $Chwto$ 显著为负。为了保护自身利益,进口国企业会通过反倾销来避免竞争伤害。Dep 为负,说明近年来发展中国家发起反倾销的总体数量逐渐增多,开始超过发达国家。金融危机是否爆发(Wec)变量的系数为正,但不显著,说明全球经济危机使各国经济陷入衰退,为了保护本国企业的利益而实行反倾销,金融危机在一定程度上确实增加了各国对外发起反倾销的频度,但不是很明显。中国对外反倾销数量($Chiall$)的系数显著为正,说明中国的反倾销报复能力对国外的反倾销行为形成一股强大的遏制力量,在保护本国出口企业的利益上有了一定成效。与预期相反,除申诉国外的其余国家对中国发起的反倾销数量($Chioth$)的系数显著为负,这可能是由于各国的反倾销惯性,它们频繁地对中国发起反倾销,对中国市场的熟悉程度已较高,发起成本降低,导致对华频繁发起反倾销的国家始终集中于几个国家。该实证结果对以往文献中反倾销偏转效应的存在产生了一定质疑。

而在对反倾销案件采取措施和实质损害认定的影响因素问题上,表 4.8 给出了答案。各个国家和地区实际 GDP 增长率($Rgdp$)越低,经济越低迷,贸易保护主义越强,对华反倾销案件采取措施数量和认定损害数也越多。中国对各国的出口增加,会显著提高国外对华反倾销案件采取措施和确认损害的比例。同样地,人民币贬值会显著提高对华反倾销案件的损害认定数量,而且中国加入 WTO 以后,裁定机构确定反倾销及损害的可能性增加,中国对外反倾销力度对国外的反倾销裁定行为有一定的威慑作用。*Chioth* 系数显著为正,表明频繁对华发起反倾销的传统国家更容易对案件采取措施和损害认定。

Dep 显著为负,说明发展中国家更倾向于对中国的反倾销进行实质损害认定,这表明与中国具有类似发展程度的国家会通过反倾销来遏制中国商品在国际市场上的竞争力,即发展中国家对华出口商品打击会更严厉。

表 4.9　对华反倾销影响因素的估计结果(3)

被解释变量 / 解释变量	IAD		IAD	
	(9)	(10)	(11)	(12)
Roptsr	0.1402***	0.1406*	0.0236	0.0269
	(0.449)	(0.1005)	(0.0842)	(0.1217)
lnIex	0.1918***	0.2131*	0.3469**	0.3911**
	(0.0521)	(0.1196)	(0.1423)	(0.2023)
Chin	0.1078***	0.1288*	0.0473*	0.0516*
	(0.0265)	(0.0689)	(0.0350)	(0.0526)
*Dummy*1	—	—	1.0106***	1.1550***
			(0.2465)	(0.3655)
*Dummy*2	—	—	0.8621**	0.9799**
			(0.4114)	(0.5947)
*Dummy*3	—	—	−0.9718**	−0.8221**
			(0.4623)	(0.5914)
*Dummy*4	—	—	−0.9814	−0.2354
			(0.8217)	(0.2701)
估计方法	泊松模型	负二项模型	泊松模型	负二项模型
样本数	56	56	56	56
对数似然数	−188.7913	−154.1136	−134.8141	−130.5550

注:括号内为标准差;*** 表示在1%的水平上显著;** 表示在5%的水平上显著;* 表示在10%的水平上显著。

表 4.9 展现了我国分行业遭遇反倾销的影响因素的实证结果,分行业出口额、中国分行业对10个国家和地区发起的反倾销数量都显著为正。分行业

出口延续了整体出口额的影响方向,五大行业出口额的增加会导致整个行业遭遇反倾销数量的上升;行业利润率较高的行业容易招致反倾销,而中国的反倾销会使各国对华实行报复作用行为($Chin$)显著增加。

通过对各行业设置虚拟变量,$Dummy1$ 表示是否是贱金属行业,$Dummy2$ 表示是否是化工行业,$Dummy3$ 表示是否是塑料和橡胶行业,$Dummy4$ 表示是否是纺织品行业。实证结果显示,贱金属行业和化工行业的系数显著为正,表明这两个行业占中国遭遇反倾销数总的比重很大,行业出口额、利润率对其遭遇反倾销数量影响较大,塑料和橡胶行业及纺织品行业的系数都为负,说明它们不是反倾销遭遇的主要行业。

4.3 结论及政策建议

本章通过分析中国遭遇反倾销的现状,得出以下结论:

发展中国家对华发起的反倾销调查和最终采取反倾销措施的案件量已经超过了发达国家。发展中国家对华反倾销呈现数量多、涉及行业广、采取措施率高的特点。

外国对华频繁发起反倾销的原因主要包括以下几方面:首先,当今世界政治经济形势造成各国贸易保护主义盛行;其次,中国偏高的出口集中度、相对不完善的反倾销法律法规、WTO 反倾销规则上存在的不少缺陷;最后,世界各国受经济危机和汇率波动等影响,相应调整了对外反倾销力度。

针对我国如何有效应对外国发起的反倾销行为,我们可以从三个方面来采取措施:首先,政府要充分发挥宏观调控能力,并加快出口结构的优化调整,完善反倾销法律法规,培养大批相关人才;其次,商会和行业协会要充分履行协调管理职能,保持与其他国家行业协会的沟通,为国内企业提供重要信息;最后,企业要综合分析出口国市场,加大技术创新,协调好出口商品数量与价格之间的关系,并发挥主观能动性,充分利用专业人才和完善的财务证据开展积极应诉。

在具体的政策建议上,应对反倾销申诉案件时,我们要充分形成政府、企业、行业协会的"三体联动"机制,发挥各自的作用,提高我国积极应对反倾销的成效,并有效地规避国外的反倾销调查。政府应主要负责从宏观上关注遭遇反倾销企业的应诉并发挥引导作用,对企业采取激励政策以提高其应诉积极性;企业主要是要提高对反倾销的快速反应能力;行业协会主要是要发挥其在行业间的综合协调能力。

4.3.1 政府要积极发挥宏观调控作用

在"三体联动"机制中,政府更应关注反倾销涉案企业的应诉,并给予宏观层面的指导,对一些国家的歧视性政策和不公平待遇,坚决予以抵制,加大分析出口国的市场需求,学习其对于反倾销的相关法律,同时也要激励企业积极应诉,以最大限度地保护国内出口商的正当权益。

4.3.1.1 加大沟通与宣传,早日争取市场经济地位、待遇

要改善我国企业在反倾销调查中的被动地位,我国政府首先要积极利用国内外媒体,对我国的市场经济地位加强友好地沟通与宣传,转变其他国家对我国的偏见,通过不断的努力,我国政府获得了不少成就。根据我国商务部统计,截至 2011 年,全球已有俄罗斯、澳大利亚、新西兰、瑞士等 81 个国家承认中国的市场经济地位,其中主要的发展中国家有巴西、南非、埃及等,而美国、欧盟、日本仍然没有承认。其实,根据 WTO 相关规定,中国加入 WTO15 年后,即在 2016 年将自动获得完全市场经济地位,但早点承认中国的市场经济地位,是对中国友好往来的一种表现。作为全球最大的发展中国家之一,中国应当重视与其他发展中国家的经济合作和往来,通过资源共享、技术合作、物资援助等方式寻求与发展中国家合作的共同利益。在贸易摩擦问题上,我们可以和一些发展中国家共同建立自由贸易区,通过限制使用反倾销手段等规则的制定来解决滥用反倾销措施的问题,从而减少实施反倾销的机会。同时,我们要加大推进经济体制改革的步伐,转变政府职能,减少政府的宏观调控,使得各项经济和管理活动符合 WTO 相关规则的要求,促进企业成本要素、产品定价由市场决定,从本质上脱离"非市场经济地位"。

4.3.1.2 积极扩大内需,转变经济增长方式,促进出口产业转型升级

我国经济的高速发展,离不开对外贸的严重依赖。而全球金融危机的爆发,使得出口市场需求下降,出口贸易衰退,同时我国长期作为发达国家中转加工基地,出口产品主要集中在劳动密集型行业,贸易增长方式较为粗放,不仅利润低,还不断遭遇大量反倾销调查,对我国经济发展造成较大的负面影响。

因此,一方面,政府要及时出台相关扶持政策,促进出口企业增长方式实现转型,由低附加值产品向高附加值产品转变,从源头上避免反倾销。另一方

面,我国应积极关注国内市场,实施内外市场并举的发展战略,不仅要鼓励国内产品走向国际市场,同时也要积极开发国内市场,在出口产品外销受阻的时候,可以转为国内销售。

4.3.1.3 主动分析出口国市场,保护国内出口企业的利益

我国要加强对出口市场的分析,了解本国出口占出口国市场的份额,同时了解对出口国出口占我国出口总额比重,全面综合地考量我国的出口现状。另外,我国要对历年的出口集中度加以反思,降低对单一或几个出口市场的依赖度,提高对外的反倾销报复能力,对国外企业产生威慑作用,起到保护本国出口商利益的作用。

4.3.1.4 充分利用WTO规则,加快完善国内反倾销相关法律

中国在2001年加入WTO,这意味着,作为WTO正式成员,我国在受到反倾销指控的时候,有权向WTO争端解决机构(DSB)提出诉请,以遏制对方的行为。同时,可以利用WTO反倾销委员会成员身份,联合其他发展中国家,争取对发展中国家更多的保护措施。另外,要切实学习出口国反倾销相关法律条款,关注各国在反倾销相关法律上的动态,熟悉反倾销各个阶段博弈的重要规则,不断更新、修改和完善本国的反倾销法律法规,增加谈判筹码,减轻摩擦造成的伤害,保障我国出口商的利益,确保我国产业的有序发展。

4.3.1.5 抓紧人才培养,提高应诉的专业水平

21世纪的竞争是人才的竞争,我国要将反倾销专业人才的培养提上议事日程。由于反倾销立法晚,实践经验少,我国熟悉反倾销法规的人才比较缺乏。因此,要加强设置反倾销法律法规的相关专业和课程,让更多的年轻人学习和认识反倾销,也可以选择从事相关行业的人才进行强化培训,使其成为我国有效应对反倾销的后备军。

要加快反倾销人才队伍建设,抓紧培养出一批从事国际反倾销应诉的专门人才,树立反倾销应诉的专业形象,提高我国应对国外反倾销的力度。反倾销应诉固然离不开企业的积极态度,但熟悉反倾销法律的人才也是必不可少的。人才为应诉提供专业建议,企业提供切实有效的证据,反倾销的抗辩才有取得胜诉的可能性。

4.3.2　企业要扎实提高应诉能力

4.3.2.1　逐步转变国际营销战略

在政府分析出口市场的同时,企业要对国际市场进行深入调研和总体把握,全面分析市场消费水平与消费结构,而不能单纯依靠低价格的国际营销模式,因为这不仅会造成同行恶性竞争,也会给进口造成"低价倾销"的假象。同时,积极摸索学习进口国的社会风俗、消费习惯和消费心理,对产品不断进行技术创新和后续改进,出口适应当地消费市场的产品,并积极调节数量与价格之间的平衡。

4.3.2.2　提高应诉积极性

在国外对中国的反倾销案件中,经常出现因无人应诉而使得发起国"不战而胜",同时"屡战屡胜"的现状也使得国外反倾销的发起更加疯狂。因此,我国出口企业要改变应诉率低的现状,在积极做好搜集证据工作的前提下,通过聘请精通 WTO 规则和反倾销相关法律法规的律师,为胜诉增加筹码。

在应对国外反倾销的时候,可以聘请有经验的当地律师进行申辩和负责处理案件。反倾销规则是依据 WTO 的协议制定的,无论是实体规定还是程序规定都很细致明确。一般说来,法律程序越细致、越复杂,就越是离不开相关法律专家的帮助。一些发达国家的反倾销法相当复杂,因此,在绝大多数中国企业对外应诉的案件中都应聘请一位起诉国当地的律师。这不仅是因为当地律师与有关当局有众多业务联系,更重要的是他们熟悉当地法律和复杂的诉讼程序,且一般而言,只有当地律师才有权经宣誓调阅与本案有关的档案和资料,尤其是保密性的材料(陈静,2003)。

在积极应诉时,首先要弄清自己是否是涉案企业。判断涉案企业的标准有两个:一是对方指控的产品与本企业出口(包括通过外贸公司出口)到起诉国的产品是否相同;二是出口业务是否发生在起诉国规定的"调查期"内。其次,要迅速反应,及时报名。虽然反倾销案件的整个审理时间可能长达 12~15 个月,但开始阶段的时限要求却非常紧,这一点应诉企业应当引起高度重视。再次,要快速组成应诉小组,认真回答问卷。认真回答问卷实际上也是利害关系人进行申辩的主要形式,这是目前减少损失的最好办法。否则,根据"现有最佳材料"做出裁定对我国企业是极其不利的,这种裁定本身对反倾销发起国就是一种惩罚(陈静,2003)。

4.3.2.3 加强财务管理,完善会计资料

认定产品是否存在倾销行为的基本标准是出口价格是否低于正常价值。在反倾销调查中,一般要求出口企业出具有关产品成本的数据,作为确定正常价值和倾销幅度的依据。这些数据包括原材料费用、工资、管理费用、销售费用(陈静,2003);过去几年的资产负债表和损益表、涉诉产品过去3~5年的生产能力、产量、销售量(包括内销、外销),甚至涉及车间领料表、工资考勤表等原始单据。只有与国际接轨的财务制度和规范化的企业管理,才能为企业提供翔实、可信的数据资料。

4.3.2.4 取得进口商的支持

采取反倾销措施影响到的不仅是我国企业,还包括进口国的进口商。出口商希望通过应诉保持出口市场,而进口商也希望能继续进口以赚取利润,在面临反倾销诉讼的时候,涉诉产品出口商和进口商的立场基本上是一致的。因此,在应对反倾销的时候,出口企业应加强与进口商的联系,取得进口商的支持。

4.3.2.5 积极应诉抗辩

按照WTO规则,对进口产品实行反倾销制裁有三个基本条件。一般说来,只要中国企业能够多方提供数据和充分的证据,证实自己的产品不存在倾销,或是没有对某一国家的产业造成"实质性损害"或"损害性威胁",或者产业损害与倾销之间没有因果关系,那么其涉诉产品可能免征或是少征倾销税。

4.3.3 商会、行业协会要充分履行协调功能

4.3.3.1 积极建立反倾销预警机制

在行业协会或主管部门的指导下,搜集相关信息、资料,建立重要产品的生产数量、消费以及价格变化的预测分析系统,对可能发生的反倾销指控提前预警并及时制订相应对策。采取放慢出口速度、提高出口价格等措施,以争取产业保护的主动权(陈静,2003)。

4.3.3.2 积极发挥商会和行业协会的沟通协调作用

行业协会及商会在沟通政府与出口企业的关系上起着承上启下的桥梁和纽带作用,在反倾销调查中具有政府及企业不可替代的规范和协调作用。目前,我国的行业协会数量少、规模小、组织结构也比较松散,在反倾销的应诉方

面,我国的行业协会在反倾销应诉中发挥的作用也有限(蔡保兴,2006)。所以,我们应在以下几个方面加强行业协会或商会的协调作用。

首先,引导行业内企业有序竞争。商会和行业协会应对行业内企业给予指导、管理并引导其进行有序竞争。当行业内企业在国外的销售临近进口国的反倾销标准时,行业协会应该及时对企业发出警告,完善切实可行的保障机制。

其次,建立出口价格协调机制。目前,我国大多数企业已经在市场经济环境下采取独立经营、自负盈亏的模式,产品也是自主定价。行业协会作为某行业所有企业的共同组织也担当着一个桥梁的角色,起到连接并沟通政府和出口企业的作用。相比较而言,行业协会比较了解本行业的整体情况,所以在协助国内企业应对反倾销诉讼时行业协会能够起到举足轻重的作用。行业协会应该依据国际反倾销最新的信息和相关国家的反倾销动态,避免企业为争夺国际市场而竞相压价,最终导致恶性竞争情况的发生(石佩艳,2010)。

最后,提高其为企业提供信息、反馈信息的能力。行业协会,尤其是各地方行业协会,在应对反倾销时所具有的特殊职能是政府和单个企业所不具备的。例如,作为一个行业所有企业的代表,行业协会对本行业的了解是全局性的,因为其成员都为同行业企业,所以具有信息优势。行业协会组织要负责信息的收集和传递工作,通过对本行业企业的出口产品的数量、价格以及进口国市场变动的情况等进行适当监控,并将所得相关信息、数据进行科学统计、筛选,并及时提供给国内企业。具体的方法包括建立数据库、构建信息系统等。

参考文献

[1] Aggarwal A. Macro Economic Determinants of Antidumping: A Comparative Analysis of Developed and Developing Countries [J]. World Development, 2004, 32 (6):1043-1057.

[2] Blonigen B, Bown C. Antidumping and Retaliation Threats[J]. Journal of International Economics, 2003, 60(2): 249-273.

[3] Blonigen B, Prusa T. Antidumping [M]. Handbook of International Trade, Blackwell, Oxford, 2003.

[4] Blonigen B A. Evolving Discretionary Practices of U. S. Antidumping

Activity[J]. Canadian Journal of Economics, 2006(39):874-900.

[5] Bown C. China's WTO Entry: Antidumping, Safeguards and Dispute Settlement[D]. NBER Working Paper No. 13349, 2007.

[6] Cheng L K, Qiu L D, Wong K P. Anti-Dumping Measures as Tool of Protectionism: A Mechanism Design Approach[J]. Canadian Journal of Economics, 2001(34):639-660.

[7] Egger B, Douglas N. How Bad Is Antidumping? Evidence from Panel Data[D], Research Paper, 2007.

[8] Falvey R, Nelson D. 100 years of Antidumping[J]. European Journal of Political Economy, 2006,22(3): 545-553.

[9] Feinberg R, Reynold K. Tariff Liberalization And Increased Administered Protection: Is There a Quid ProQuo[J]. The World Economy, 2007,30(6):948-961.

[10] Finger M J. Antidumping: How It Works and Who Gets Hurt[M]. University of Michigan Press,1993.

[11] Finger M J, Hall H K, Nelson D R. The Political Economy of Administered Protection[J]. American Economic Review,1982,72(3):452-66

[12] Hansen W L. International Trade Commission and the Politics of Protectionism[J]. American Political Science Review, 1990,84(1):21-46.

[13] Ketter M, Prusa T J. Macroeconomic Factors and Antidumping Filings: Evidence from Four Countries [J]. Journal of International Economics, 2003, (6):11-17.

[14] Konings J, Vandenbussche H. Antidumping Protection Hurts Exporters: Firm-level Evidence[D]. CEPR Discussion Paper, 2009.

[15] Leidy M P. Macroeconomic Conditions and Pressures for Protection under Antidumping and Countervailing Duty Laws: Empirical Evidence from the United States [D]. International Monetary Fund Staff Paper,1997.

[16] Moraga-Gonzalez J L, Jean-Marie V. Dumping in Developing and Transition Economies [D]. CESifo Working Paper, 2004.

[17] Moore M, Maurizio Z. Trade Liberalization and Antidumping: Is There a Substitution Effect? [J]. Review of Development Economics, 2008.

[18] Moore M O，Fox A. Why Don't Foreign Firms Cooperate in U. S. Antidumping Investigations? An Empirical Analysis[D]. Working Paper, Department of Economics，George Washington University，2007.

[19] Moore M. Rules or Politics? An Empirical Analysis of ITC Anti-dumping Decisions [J]. Economic Inquiry，1992，30(3)：449—466.

[20] Narayanan，P. Anti-dumping in India-Present State and Future Prospects[J]. Journal of World Trade，2006，40(6)：1081-1097.

[21] Prusa T J，Skeath S. The Economic and Strategic Motives for Antidumping Filings[J]. Review of World Economics，2002，138(3)：389—413.

[22] Vandenbussche H，Maurizio Z. The Chilling Effects of Antidumping Proliferation[J]. European Economic Review，2010.

[23] Vandenbussche H，Maurizio Z. What Explains the Proliferation of Antidumping Laws? [J]. Economic Policy，2008，23：98-103.

[24] 鲍晓华.反倾销措施的贸易救济效果评估[J].经济研究，2007(2)：71—84.

[25] 蔡保兴.沉着应对"反倾销"[J].经济，2006(6)：46—48.

[26] 陈静.中国对应反倾销研究[D].陕西师范大学硕士学位论文，2003.

[27] 段国蕊.国外反倾销研究最新发展及特点分析[J].国际贸易问题，2009(2)：113—120.

[28] 姜鹏.中国与印度反倾销对称性研究[D].天津财经大学硕士学位论文，2013.

[29] Gandolfo.国际贸易理论与政策[M].上海：上海财经大学出版社，2005.

[30] 李娜，袁晓军.2004—2010年欧盟反倾销实质性损害认定裁决的实证研究[J],国际贸易问题，2010(9)：123—128.

[31] 李晓翼.我国出口贸易面临国际反倾销原因的深度分析[J],国际贸易问题，2010(7)：75—80.

[32] 潘圆圆.中国被反倾销的实证分析[J].经济科学，2008(5)：58—68.

[33] 沈国兵.美国对中国反倾销的宏观决定因素及其影响效应[J].世界经济，2007(11)：11—23.

[34] 石佩艳.发展中国家对华反倾销问题研究[D].东北财经大学硕士学位论文，2010.

[35] 王伦强，孙尚斌.如何通过行业协会促进公平贸易秩序的构建[J].经济

研究,2006(20):55—57.

[36] 王瑾.发展中国家对华反倾销的影响与动因——与发达国家的比较分析[J].国际贸易问题,2008(8):49—55.

[37] 王晰,张国政.1995—2007年欧盟对华反倾销实践定量分析[J].国际贸易问题,2009(6):123—128.

[38] 向洪金,柯孔林,冯宗宪.反倾销产业损害认定的理论与实证研究——基于COMPAS模型的分析[J].中国工业经济,2009(1):42—52.

[39] 谢建国.经济影响、政治分歧与制度摩擦——美国对华贸易反倾销实证研究[J].管理世界,2006(12):8—17.

[40] 杨仕辉.对华反倾销的国际比较[J],管理世界,2000(4):25—32.

[41] 杨仕辉.外国对华出口商品反倾销比较研究[J].统计研究,2000(1):16—22.

[42] 杨仕辉.反倾销的国际比较、博弈与我国对策研究[M].北京:科学出版社,2005.

[43] 朱钟棣,鲍晓华.反倾销措施对产业的关联影响——反倾销税价格效应的投入产出分析[J].经济研究,2004(1):83—92.

附 录

HS 编码解释

HS 编码	编码解释
第一类	活动物;动物产品
第二类	植物产品
第三类	动、植物油、脂及其分解产品;精制的食用油脂;动、植物蜡
第四类	食品;饮料、酒及醋;烟草及烟草代用品的制品
第五类	矿产品
第六类	化学工业及其相关工业的产品
第七类	塑料及其制品;橡胶及其制品
第八类	生皮、皮革、毛皮及其制品;鞍具及挽具;旅行用品、手提包及类似容器;动物肠线(蚕胶丝除外)制品
第九类	木及木制品;木炭;软木及软木制品;稻草、秸秆、针茅或其他编结材料制品;篮筐及柳条编结品
第十类	木浆及其他纤维状纤维素浆;纸及纸板的废碎品;纸、纸板及其制品
第十一类	纺织原料及纺织制品
第十二类	鞋、帽、伞、杖、鞭及其零件;已加工的羽毛及其制品;人造花;人发制品
第十三类	石料、石膏、水泥、石棉、云母及类似材料的制品;陶瓷产品;玻璃及其制品
第十四类	天然或养殖珍珠、宝石或半宝石、贵金属、包贵金属及其制品;仿首饰;硬币
第十五类	贱金属及其制品
第十六类	机器、机械器具、电气设备及其零件;录音机及放声机、电视图像、声音的录制和重放设备及其零件、附件
第十七类	车辆、航空器、船舶及有关运输设备
第十八类	光学、照相、电影、计量、检验、医疗或外科用仪器及设备、精密仪器及设备;钟表;乐器;上述物品的零件、附件
第十九类	武器、弹药及其零件、附件
第二十类	杂项制品

5 贸易政策(反倾销)和企业创新

本章的模型建立在不同国家企业的创新能力存在异质性的基础上,主要目标是研究在各种贸易政策冲击下企业层面的创新行为。考虑到两个国家的企业在创新效率上存在异质性,研究发现,贸易自由化和贸易保护(反倾销)给不同企业带来的利益有所不同。得到的结论是,反倾销会降低受保护国高创新效率企业的生产率,同时提高该国低创新效率企业的生产率。模型的预测和经验研究发现相一致。

5.1 引　言

关于企业异质性和贸易的研究文献表明,产业内企业的生产率存在很大差异。其中,一些文献侧重于研究贸易政策和企业层面生产率的关系。Melitz(2003)认为企业的生产率在一定时间内是外生和独立的,只有高生产率的企业从事出口,因为这些企业有足够的利润来弥补出口的固定成本。贸易政策的冲击会改变出口企业的数量,但不会改变企业层面的生产率。越来越多的研究已经将企业的生产率内生化。例如,Lileeva 和 Trefler(2007)表明贸易自由化如何导致一些本国企业投资于提高生产率的领域。Ederington 和 McCalman(2007)在包含两个国家的模型中研究企业提高生产率的激励。他们研究了在垄断竞争条件下,贸易自由化在企业决定是否引进提高生产率技术中的作用。

在本章中,我们同样采用包含两个国家、生产率内生化的模型,分析的重点在于各种贸易政策的冲击和提高生产率的投资水平之间的关系。本章研究方法的创新点在于企业之间的战略互动效应。基于此目的,本章增加了相互倾销模型(Brander and Krugman,1983;Schmitt,Anderson and Thisse,1995)和创新的标准 IO 模型(d'Aspremont and Jacquemin,1988)。在第一阶段,企业投资于可提高生产率的领域;在第二阶段,企业销售差异化产品,并进行价格竞争。模型中的企业在国内市场和国外市场销售产品。本章首先考虑单边贸易保护的情况,随后研究当外国企业跟风采取贸易保护形成双边贸易保护时,企业的投资决策将发生的变化。

本章结论表明,企业层面对单边贸易政策和双边贸易政策的不同反应取决于企业创新的效率。单边贸易保护会降低高创新效率企业的生产率,提高低创新效率企业的生产率。生产率的内生化已经成为产业经济学很多研究的关注主题。因此,本章的研究结论可以和最近的一些文章(如 Boone,2000;Aghion et al.,2005)相联系。它们都表明企业对于竞争的反应取决于企业本身的效率水平。例如,Aghion 等(2005)在理论和实证上都得出了市场竞争的加剧将减弱落后者创新动力的结论。

关于创新和贸易保护的现有研究文献中,大多假设公司是对称的(Gao and Miyagiwa,2005)。在不存在异质性的企业中,G-M 模型表明企业层面的 R&D 投资是战略性替代品。本章的模型通过引入创新效率的异质性拓展了 G-M 模型,研究发现 R&D 投资既可以是战略性替代品,也可以是战略性互补品,这取决于企业的创新能力。G-M 模型发现单边贸易保护通常会减弱受保护企业的创新动力;相比于自由贸易,双边贸易保护会提高两国企业的 R&D 投资。本章的模型包含 G-M 模型的结果,同时还得出贸易政策对企业层面 R&D 投资各种影响的可能性。更具体地说,本章发现单边贸易保护会促进低创新效率企业的创新能力,减少高创新效率企业的创新能力;同时,双边贸易保护对企业层面 R&D 投资的影响既可能使 R&D 投资高于自由贸易下的 R&D 投资,也有可能使 R&D 投资低于自由贸易下的 R&D 投资,这取决于企业的创新能力。

本章的理论结论与前沿的实证结论(Konings and Vandenbussche,2007)相一致。实证结果表明,反倾销保护对企业生产率的影响取决于企业的初始生产率。在贸易政策保护下,高生产率"领先企业"的生产率降低,低生产率的"落后企业"的生产率增加。Konings 和 Vandenbussche(2007)认为生产率变化的原因是在贸易保护期间,落后企业的 R&D 投资与销售额之比增加。

另外一种解释本章结论的方式是,将低创新效率的企业比喻为发展中国家,将高创新效率的企业比喻为发达国家。由此,本章的结果表明,大多数低创新能力的发展中国家有动力去保护它们的本国产业。近年来,中国和印度等创新能力急剧增长的国家,已经在某些产业中获得了更大的比较优势。本章的模型预测,相比于发展中国家,发达国家在这些产业中已经失去了优势。为了保护本国企业,发达国家将在这些失去优势的产业中采取贸易保护措施。本章结论的上述解释,与 Acemoglu 等(2003)的预测相一致。他们发现,越来越多的落后经济体受益于产品市场竞争的限制,而这种限制是为了促进本国企业与世界前沿技术接轨。对于落后经济体,旨在保护本国企业的贸易政策会提高生产率所带来的益处,这种益处是通过使企业得以收回初始投资成本来实现的。

5.2 理论模型

5.2.1 基准(自由贸易)模型

5.2.1 调整

考虑世界包含国家 A 和国家 B,各有企业 a 和企业 b。企业参加两阶段博弈。企业首先选择可降低成本的 R&D 投资水平 g,随后在市场中进行价格竞争。具体地说,在第一阶段,企业 a 和企业 b 同时、独立地选择可降低成本的、以平方形式存在的 R&D 投资水平 $\gamma(g^2)/2$。参照 d'Aspremont 和 Jacquemin(1988),我们假设 R&D 投资环境是确定的,在下一阶段,给定每个企业不变的边际生产成本,企业 a 的边际生产成本为 $c_a = \overline{c_a} - g_a$,企业 b 的边际生产成本为 $c_b = \overline{c_b} - g_b$。这里,$g_a$ 是企业第一阶段在 R&D 上的投资水平。与 Miyagiwa 和 Gao(2005)类似,我们假设 $\overline{c_a} = \overline{c_b} = \overline{c}$ 为每个企业的初始边际生产成本[①],随着加入可降低成本的 R&D 投资水平,每个企业的边际生产成本不同。我们的主要假设是企业的创新效率是不同的。在第二阶段,类

---

① 本章的计算结果表明,边际成本的初始水平是不相关的,每个公司的初始边际成本使计算更加复杂,但得到的结果却是一致的。

似于 Anderson 等(1995),假设企业生产差异化产品[①],并进行价格竞争。此外,假设国内市场和国外市场之间存在贸易壁垒,并且没有套利机会,每个企业的市场被分割。

用 * 表示企业出口的变量,那么 x_a^* 和 p_a^* 分别表示企业 a 的出口需求量和价格,x_a 和 p_a 分别表示国内的需求量和价格。我们假设需求在国家 A 和国家 B 是线性且对称的。因此,企业 a 的本国需求和出口需求分别为:

$$x_a(p_a, p_b^*) = \alpha - p_a + \beta p_b^* \tag{5.1}$$

$$x_a^*(p_b, p_a^*) = \alpha - p_a^* + \beta p_b \tag{5.2}$$

式中,α 是表示需求函数的参数,不失一般性地标准化为 1;β 是两个企业生产的产品之间的差异化程度,假设取值区间为 $[0,1]$,故两个企业生产的产品是可替代的。

5.2.2 第二阶段(产品市场)博弈

在第二阶段,企业边际生产成本 $c_a = \overline{c_a} - g_a$ 在第一阶段已经被 R&D 投资水平所确定。市场被贸易壁垒所分割,$\overline{t}_A$ 表示企业 b 的每单位运输成本,$\overline{t}_B$ 表示企业 a 的每单位运输成本。贸易壁垒可以是运输成本或者非关税壁垒。[②]

给定贸易壁垒,企业 a 第二阶段的利润为

$$\pi_a(p_a, p_a^*, p_b, p_b^*; c_a) \equiv [p_a - c_a]x_a(p_a, p_b^*) + [p_a^* - c_a - \overline{t}_B]x_a^*(p_b, p_a^*) \tag{5.3}$$

给定竞争对手在两个市场的产品价格,企业独立选择每个市场上的价格,使其利润最大化。企业 a 利润最大化的一阶条件为:

对于国内市场

$$1 + c_a - 2p_a + \beta p_b^* = 0 \tag{5.4}$$

对于国外市场

$$1 + c_a - 2p_a^* + \beta p_b + \overline{t}_B = 0 \tag{5.5}$$

等式(5.4)和等式(5.5)分别代表企业 a 在国内市场和国外市场的最佳反应函数,分别写为 $p_a = r_a(p_b^*, c_a)$ 和 $p_a^* = r_a^*(p_b, c_a, \overline{t}_B)$。

---

① Brander 和 Krugman(1983)表明,在企业之间进行伯川德(Bertrand)竞争时,同质产品之间并不会发生相互倾销。

② 非关税壁垒(NTB)是类似于技术、政府或法律问题的贸易问题,可引起贸易壁垒。

贸易壁垒的存在使两个国家的市场被有效分割,分别考虑两个市场,可以得到市场均衡。在等式(5.5)中,将 a 和 b 互换得到企业 b 在国外市场的最优反应函数,将其同时与等式(5.4)联立求解,可以得到市场 a 的纳什均衡:

$$p_a = \frac{2(1 + c_a - g_a) + \beta(1 + c_b - g_b + \bar{t}_A)}{4 - \beta^2}$$

$$p_b^* = \frac{2(1 + c_b + \bar{t}_A - g_b) + \beta(1 + c_a - g_a)}{4 - \beta^2} \tag{5.6}$$

式中,以 $*$ 表示基准均衡。

在这个模型中,存在互相倾销,表明每个企业都会将产品倾销到对方市场。倾销幅度定义为企业产品的出口销售价格 p_a^* 和本国销售价格 p_a 之间的差额。出厂价格是企业 a 的产品离开企业时的理论价格。从另外一个角度定义,出口价格是国外市场价格扣除所有进入国外市场成本的价格($p_a^* - \bar{t}_B$),即企业 a 可以获得的价格。那么,倾销幅度可以定义为:

$$\Delta_a = p_a - (p_a^* - \bar{t}_B) \tag{5.7}$$

显然,倾销幅度对于企业 a 是正向的,或者说 $\Delta_a = \frac{\beta \bar{t}_A + (2 - \beta^2)\bar{t}_B}{4 - \beta^2} > 0$ 。对于企业 b 也是同样的,由此便发生了互相倾销。

$$\frac{\partial \Delta_a}{\partial \beta} = \frac{(4 + \beta^2)\bar{t}_A - 4\beta \bar{t}_B}{(4 - \beta^2)^2} > 0 \text{ ,若 } \bar{t}_B < \frac{(4 + \beta^2)\bar{t}_A}{4\beta} \tag{5.8}$$

式中, $\bar{t}_A$ 和 $\bar{t}_B$ 并不是相差很多。倾销幅度是关于 β 的增函数(随着产品差异化递减),表明产品差异化程度越低,企业竞争越激烈,从而使企业更倾向于将产品倾销到对方市场中。

将均衡价格代入利润函数中,得到企业 a 的均衡利润

$$\pi_a(c_a, c_b) \equiv [p_a(c_a, c_b) - c_a]x_a(c_a, c_b) + [p_a^*(c_a, c_b) - \bar{t}_B - c_a]x_a^*(c_a, c_b) \tag{5.9}$$

提供给国内市场和国外市场的均衡产出:

$$x_a(c_a, c_b) = \frac{(2 + \beta) - (2 - \beta^2)c_a + \beta(c_b + \bar{t}_A)}{4 - \beta^2} \tag{5.10}$$

$$x_a^*(c_a, c_b) = \frac{(2 + \beta) - (2 - \beta^2)(c_a + \bar{t}_B) + \beta c_b}{4 - \beta^2} \tag{5.11}$$

等式(5.10)和等式(5.11)表明,不论是在本国市场还是在外国市场,企业 a 的市场占有率随着边际成本增加而减少,随着竞争者边际成本增加而增加。不难得出以下结论,即企业 a 有动力增加可降低成本的 R&D 投资水平,从而

增加市场占有率。

5.2.3　第一阶段(R&D)博弈

将式 $c_a = \bar{c} - g_a$ 代入均衡利润(5.9)和均衡产出(5.10)、(5.11)中,得到关于 R&D 投资水平的函数:

$$\pi_a(g_a, g_b) = \frac{1}{A^2}((B + \beta(C + \bar{t}_A)^2) + (B - 2\bar{t}_B + \beta(C + \beta\bar{t}_B)^2) \quad (5.12)$$

相应的均衡产出水平:

$$x_a(g_a, g_b) = \frac{B + \beta(C + \bar{t}_A)}{A} \quad (5.13)$$

$$x_a^*(g_a, g_b) = \frac{B - 2\bar{t}_B + \beta(C + \beta\bar{t}_B)}{A} \quad (5.14)$$

式中, $A = 4 - \beta^2$, $B = 2 + \beta + (\beta^2 - 2)\bar{c} + 2g_a$, $C = \bar{c} - \beta g_a - g_b$ 。

在这个阶段,企业同时独立地选择 R&D 投资水平 g_a ,最大化利润:

$$\Pi_a = \pi_a(g_a, g_b) - \frac{\gamma_a}{2}(g_a)^2$$

$$= \frac{1}{A^2}((B + \beta(C + \bar{t}_A))^2) + (B - 2\bar{t}_B + \beta(C + \beta\bar{t}_B)^2)$$

$$- \frac{\gamma_a}{2}(g_a)^2 \quad (5.15)$$

其中,等式右边第二项是 R&D 的成本函数,是根据 d'Aspremont 和 Jacquemin (1988)得到,平方是用来表明创新的规模效应递减(获得创新越来越有难度)。为了获得 g_a 的创新水平(降低边际产出成本),企业必须投资 $\frac{\gamma_a}{2}(g_a)^2$ 。与 Gao 和 Miyagiwa(2005)不同的是,设定企业层面的创新效率参数, γ_a 是表示企业 a 的创新效率参数, γ_b 是表示企业 b 的创新效率参数,目的是为了获得企业不对称创新能力的效应。

总体利润函数 Π_a 对 R&D 投资水平 g_i 求差分,可得到:

$$\frac{\partial \Pi_a}{\partial g_a} = \frac{1}{A^2}2(2 - \beta^2)(2(B - \bar{t}_B) + \beta(2C + \bar{t}_A + \beta\bar{t}_B)) - A^2 g_a \gamma_a \quad (5.16)$$

令等式(5.16)等于 0。从一阶条件,得到最优解:

$$g_a = \frac{2(\beta^2 - 2)(4 + 2\beta + \beta(2(\bar{c} - g_b) + \bar{t}_A) + (\beta^2 - 2)(2\bar{c} + \bar{t}_B))}{4(\beta^2 - 2)^2 - (\beta^2 - 4)^2 \gamma_a}$$

$$\frac{-b \pm \sqrt{b^2 - 4ac}}{2a} \tag{5.17}$$

求解企业 a 对于企业 b 的 R&D 投资选择是如何反应的，g_a 对 g_b 求差分，得到：

$$\frac{\partial g_a}{\partial g_b} = \frac{4\beta(2 - \beta^2)}{4(\beta^2 - 2)^2 - (\beta^2 - 4)^2 \gamma_a} \tag{5.18}$$

当且仅当 $\gamma_a < \bar{\gamma} = \dfrac{4(\beta^2 - 2)^2}{(\beta^2 - 4)^2}$ 时，$\dfrac{\partial g_a}{\partial g_b} > 0$。这表明，如果企业 a 的创新足够有效率，那么企业 a 的最优 R&D 投资水平就会随着企业 b 的 R&D 投资水平增加，否则将减少。

命题 1：假如企业 a 的创新足够有效率（$\gamma_a < \bar{\gamma}$），那么企业 b 的 R&D 投资对于企业 a 的 R&D 投资来说是互补品；假如企业 a 的创新效率低（$\gamma_a > \bar{\gamma}$），那么企业 b 的 R&D 投资对于企业 a 的 R&D 投资来说是替代品。

直觉上来说，贸易伙伴 B 对企业 a 的 R&D 水平变化如何做出反应，取决于企业 a 的创新效率。或者说，当国家 A 发现其创新很容易的时候，国家 A 增加 R&D 水平将会增加贸易伙伴 B 的 R&D 投资。这就是所谓的 R&D 互补性。然而，当国家 A 的创新能力很低，即创新成本很高的时候，国家 A 增加 R&D 水平将会降低贸易伙伴的 R&D 投资。这就是所谓的 R&D 替代性。

由此可见，企业对于外国竞争者的 R&D 投资水平变化的反应取决于其本身在创新能力上是否有效。或者说，当企业 a 发现自己很容易创新的时候，企业 b 增加 R&D 投资水平会促使企业 a 增加 R&D 投资水平。这就是所谓的 R&D 互补性。然而，当企业 a 的创新能力很低时，也就是其面临的创新成本很高时，企业 b 增加 R&D 投资水平将会减少企业 a 的 R&D 投资水平。这就是所谓的 R&D 替代性。

当两个企业具有同等效率的创新效率，即 $\gamma_a = \gamma_b$ 时，Gao 和 Miyagiwa（2005）表明公司层面的 R&D 投资是战略性替代品。但是，一旦企业之间的创新效率具有异质性，就存在一个门槛值 $\bar{\gamma}$，作为 R&D 互补性和 R&D 替代性的分界点。这个代表企业创新效率参数的门槛值随着产品差异化程度的变化而变化。当产品变得更加相似的时候（β 增加），这个门槛值随着 R&D 互补性转变为R&D替代性而减少,如图5.1所示。[①] 或者说,当β越来越接近1的时候,每个企业的R&D投资会更加具有战略替代性。其经济学解释是:产品差异化程度越深,企业竞争越不激烈。

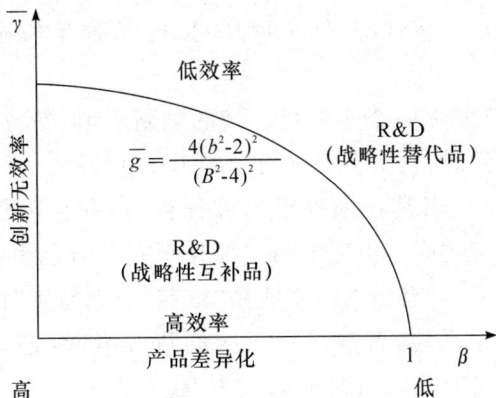

图5.1

推论1:给定某一企业的创新效率水平,当产品差异化程度增加时(β下降),该企业的R&D投资对于另一企业的R&D投资来说是战略性互补品。

5.2.4 R&D和贸易政策

上述讨论的基准模型表明,出现相互倾销是因为两个国家之间存在贸易壁垒。为了分析贸易政策(单边和双边)的影响,区分初始贸易壁垒(基准水平)$\overline{t_A}$和国家i实施贸易政策对贸易壁垒的影响t_A,其中t_A取值可为正也可为负。因此,受贸易政策影响的模型中,贸易壁垒的总量为$\overline{t_A}+t_A$。当t_A为正数时,表明贸易壁垒增加,比如国家A采取反倾销保护措施。[②] 显而易见,$t_A+\overline{t_A}$是t_A和$\overline{t_A}$的简单线性表达式。那么,之前得到的所有结论都可以扩展到新贸易政策领域,只需要用$t_A+\overline{t_A}$作为新税率替换到相应的等式中。然而,本章的基准模型只是一个特殊例子,即$t_A=t_B=0$。不失一般性地,我们进一步假设$\overline{t_A}=\overline{t_B}$和$t_A=t_B=0$,即两个国家有同样的贸易壁垒水平,这就是

---

① β的取值范围在0和1之间,$\overline{\gamma}$的取值范围在4/9和1之间。当β等于0(产品差异化程度很高),$\overline{\gamma}$的相应值为1。当β增加时,$\overline{\gamma}$减少。当β增加到1(产品差异化程度很低),$\overline{\gamma}$的相应值为4/9。

② 原则上说,本章结论中的t_A是连续的,类似于Blonigen和Haynes(2002),我们将反倾销税t_A设置为倾销幅度Δ_b。

我们的基准水平。将它们代入相应的均衡等式中,得到基准水平下相关的均衡值。

引理1:当且仅当 $\gamma_a < \bar{\gamma}$ 时,企业 a 的 R&D 投资随着外国关税 t_B 的增加而增加;当且仅当 $\gamma_a > \bar{\gamma}$ 时,企业 a 的 R&D 投资随着本国关税 t_A 的增加而增加。

直觉上来说,只要本国企业是"优秀"的创新者,创新成本低,那么当其在国外市场被征收关税时,它就会增加自身的 R&D 投资。反之,当本国企业是"糟糕"的创新者,那么当其在国外市场被征税时,它会降低自身的 R&D 投资。我们称之为直接效应。引理的第二部分研究本国企业被本国关税保护的情况。在这种情况下,只有当本国企业是"糟糕"的创新者时,它才会有动力去增加 R&D 投资。相反地,若本国企业的创新成本低,它就会减少 R&D 投资。我们称之为间接效应。当国家 A 对从国家 B 进口的产品征收关税的时候,关税 t_A 并不是直接影响企业 a,而是通过竞争企业 b 的 R&D 投资决策,对企业 a 的 R&D 投资决策产生间接影响。

就规模而言,很容易证明,相比较本国关税,外国关税对 R&D 水平的影响更大。换言之,相比于间接影响,直接效应对 R&D 投资的影响更大。这从等式(5.19)中可以看出:

$$\left| \frac{\partial g_a}{\partial t_B} \right| = \left| \frac{2(\beta^2 - 2)^2}{4(\beta^2 - 2)^2 - (\beta^2 - 4)^2 \gamma_a} \right| > \left| \frac{2\beta(\beta^2 - 2)}{4(\beta^2 - 2)^2 - (\beta^2 - 4)^2 \gamma_a} \right|$$

$$= \left| \frac{\partial g_a}{\partial t_A} \right| \tag{5.19}$$

这表明,相比于 t_A 来说,企业 a 的投资更容易受到 t_B 的影响。

引理2:相比于本国关税,外国关税对于企业均衡 R&D 投资水平的影响更大,即直接效应强于间接效应。

在等式(5.17)中,将 a 和 b 互换得到企业 b 的关于 R&D 决策的最佳反应函数,将其同时与(5.17)联系求解

$$g_a = \frac{2(\beta^2 - 2)(D + E + F)}{4(\beta^2 - 2)^2 [4(1 - \beta^2) + (\beta^2 - 4)\gamma_b] - (4 - \beta^2)\gamma_a [4(\beta^2 - 2)^2 - (\beta^2 - 4)^2 \gamma_b]} \tag{5.20}$$

其中,$D = 2(1 + c(\beta - 1))((\beta^2 - 4)(2 + \beta)\gamma_b - 4(1 + \beta)(\beta^2 - 2))$ 和 $F = (\beta^2 - 4)(\beta t_A + (\beta^2 - 2)t_B)\gamma_b$。

在等式(5.20)中,将参数 a 和 b 互换,得到企业 b 的均衡 R&D 水平。将

均衡 R&D 投资水平代入之前的式子,得到均衡产出和均衡利润。但在本章的其余部分,我们将专注于 R&D 投资的激励,同时测度贸易保护政策(单边和双边)对 R&D 投资水平的影响。

5.3 单边贸易保护政策

首先分析单边贸易保护,即只有一个国家实施贸易保护政策。不失一般性地,我们假定国家 A 提高针对国家 B 的关税。在国家 A 实施单边贸易保护政策的情况下,假定针对国家 B 出口到国家 A 的产品关税并非很高,所以即使存在贸易保护措施,国家 B 还是会将产品出口到国家 A。

在后面的分析中,引理 1 和引理 2 非常重要。从引理 1 中,我们可以知道,当国家 A 对进口产品征收关税时,关税对国家 A 的企业 R&D 投资水平的影响取决于企业的创新效率。如果国家 A 的企业是有效率的创新者,那么贸易保护将会降低其 R&D 投资。若国家 A 的企业是"落后者"并且创新成本高,那么关税将会增加其 R&D 投资。就贸易伙伴的 R&D 投资而言,引理 1 告诉我们国家 B 的企业针对国家 A 贸易保护的 R&D 投资反应取决于国家 B 的企业的创新效率。如果国家 B 的企业是有效率的创新者,当出口遭遇贸易保护的时候,会增加 R&D 投资。然而,当国家 B 的企业是无效率的创新者,国家 A 的贸易保护将会减少 R&D 投资。

引理 2 指出,国家 A 实施的贸易保护会改变国家 A 的企业和国家 B 的企业的 R&D 投资,其中对国家 B 的影响大于对国家 A 的影响。这对于接下来的图形分析是很重要的,因为它会限制由于国家 A 贸易保护而引起的企业 R&D 投资最优反应函数移动的相对幅度。

我们讨论以下四种情况。

5.3.1 单边贸易保护:"发达国家针对发达国家"

首先考虑国家 A 和国家 B 的企业的创新都有效率,即它们的创新成本低于门槛值, $\gamma_a < \bar{\gamma}$ 和 $\gamma_b < \bar{\gamma}$。命题 1 指出,每个企业竞争者的 R&D 投资对于自身的 R&D 投资都是一种战略性互补品。因此企业 a 和企业 b 都有倾斜向上的反应函数,如图 5.2(a)所示, R_a 是企业 a 的反应曲线, R_b 是企业 b 的反应曲线, E 是初始基准均衡。当国家 A 实施单边贸易保护措施时,企业 b 的反

应曲线往外(向右)移动到 R'_b,企业 a 的反应曲线往内(向左)移动到 R'_a。因此,得到新的均衡点 E',国家 A 企业减少 R&D 投资,国家 B 企业增加 R&D 投资,即 $g_a^{E'} < g_a^E$,$g_b^{E'} > g_b^E$。

当两个国家的企业创新能力较强时,单边贸易保护将会降低本国企业的创新投入,增加外国企业的创新投入。这就是我们在现实中所观察到的情形。为了理解这种思路,假定某个产业中的美国企业和欧盟企业的创新都比较高效率。即使美国和欧盟每隔一段时间都会出现反倾销诉讼,但是相比于它们对发展中国家发起反倾销的次数,它们之间的反倾销次数相对较少(Vanden-bussche and Zanardi,2007)。

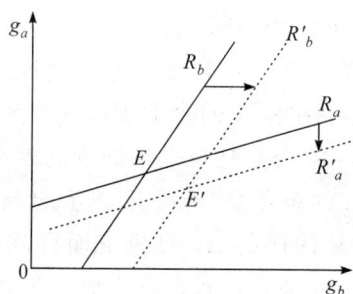

图 5.2(a)

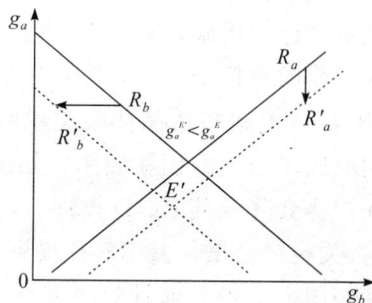

图 5.2(b)

5.3.2　单边贸易保护:"发达国家针对发展中国家"

假设国家 A 是发达国家,国家 B 是发展中国家,国家 A 的企业在创新上比国家 B 的企业更加有效。从命题 1 可以知道,对于国家 A 的有效率的创新者来说,国家 B 的企业的 R&D 投资是战略性互补品,从而形成倾斜向上的最优反应函数。对于国家 B 的企业来说,国家 A 的企业的 R&D 投资是战略性替代品,从而形成向下倾斜的最优反应函数。图 5.2(b)描述出企业 a 和企业 b 的反应函数,E 是基准情况下的初始均衡点。由引理 1 可得,因为国家 A 的单边贸易保护措施,企业 b 的反应函数往内(向下)移动,企业 a 的反应函数往外(向右)移动,得到新的均衡点 E'。此时,企业 a 减少 R&D 投资,企业 b 也减少 R&D 投资,$g_a^E < g_a^E$ 和 $g_b^E < g_b^E$。

换言之,发达国家没有动力针对发展中国家实施贸易保护措施。发达国家采取贸易保护会降低本国企业的 R&D 投资水平,这并不是令人满意的结果。因此,发达国家在具有创新优势的部门并不会采取贸易保护措施。我们更加期望发达国家对发展中国家具有优势的产业采取贸易保护措施。大部分的贸易保护措施集中在相对标准化的产品上,诸如中国等国家在这类产品的生产上具有优势。

5.3.3　单边贸易保护:"发展中国家针对发达国家"

假设发展中国家 A 的创新效率低,发达国家 B 的创新效率高。为了分析的完整性,考虑当国家 A 对国家 B 实施单边贸易保护的时候,两个国家的企业 R&D 投资水平将会如何变化。这种情况和 5.3.2 所描述的情况正好相反。发展中国家 A 的单边贸易保护将会同时增加本国企业和发达国家 B 的企业的 R&D 投资水平。

5.3.4　单边贸易保护:"发展中国家针对发展中国家"

考虑两个国家的创新都需要很高成本的情况,即两个发展中国家存在互相竞争。从命题 1 知道,国家 A 的企业的 R&D 投资对于国家 B 的企业的 R&D 投资是战略性替代品,国家 A 的企业和国家 B 的企业的最优反应函数向下倾斜。正如图 5.2(c)所示,E 是基准水平(自由贸易)的初始均衡。当国家 A 实施单边贸易保护政策,国家 B 的企业的反应曲线往内(向左)移动,国家 A 的企业的反应曲线往外(向右)移动,得到新的均衡点,此时国家 A 的企业增加 R&D 投资,国家 B 的企业减少 R&D 投资。$g_a^{E'} > g_a^E$ 和 $g_b^{E'} < g_b^E$。换言之,低创新效率的发展中国家都有动力采取贸易保护政策。

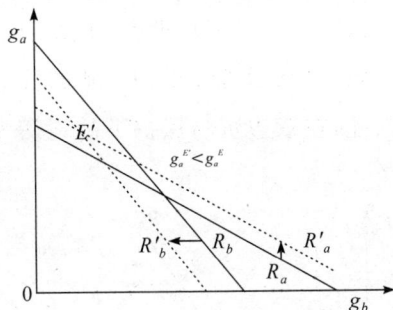

图 5.2(c)

5.4 双边贸易保护政策

现在我们考虑双边贸易保护的情况,假设国家 A 和国家 B 的关税相等,即 $t_A = t_B$。同样地,假设关税并不是很高,即使存在双边贸易保护,两个国家之间依旧存在贸易。

从引理 1 和引理 2 可知,当且仅当国家 B 的企业创新效率低时,国家 B 的关税才会增加国家 B 的企业的 R&D 投资水平。国家 B 的关税对国家 A 的企业的 R&D 投资水平的影响取决于国家 A 的企业的创新效率。如果国家 A 的企业创新有效,那么国家 B 的关税将会提高国家 A 的企业的 R&D 投资水平,否则会降低 R&D 投资水平。另外,相比于间接效应,直接效应更占优势。对于国家 A 的企业而言,国家 B 征收关税对其 R&D 投资水平的影响大于国家 A 征收关税对其 R&D 投资水平的影响。这个结论适用于国家 B 的企业。我们讨论以下四种情况。

5.4.1 双边贸易保护:"发达国家和发达国家"

如果两个国家创新都有效率,那么企业的最优反应函数将倾斜向上,如图 5.3(a)所示。在单边贸易保护的情况下,国家 A 采取贸易保护措施,若国家 B 同样采取保护措施,比如增加 t_B,那么国家 B 的企业的反应函数将会左移,但移动幅度较小(从引理 2 得到),新的反应曲线为 R_b'';国家 A 的企业的反应函数向上移动,但移动幅度较大(从引理 2 得到),新的反应曲线为 R_a'',位于初始反应曲线 R_a 的上方。因此,在双边贸易保护下的均衡为 E'',同时 $g_a^E < g_a^{E'} < g_a^{E''}$,$g_b^E < g_b^{E''} < g_b^{E'}$。

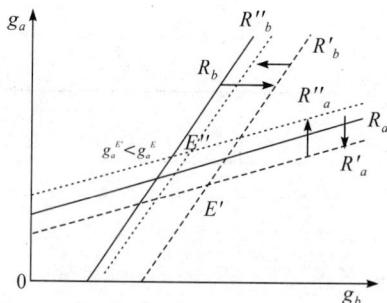

图 5.3(a)

若发达国家 B 采取贸易保护措施,则国家 A 的企业会增加 R&D 投资,而国家 B 的企业会减少 R&D 投资。然而,相比于没有任何反倾销的基准情况,双边贸易保护情况下的 R&D 总投资水平更高。对于两个国家的企业而言,双边贸易保护对于 R&D 投资水平的净效应是正向的。

5.4.2 双边贸易保护:"发达国家和发展中国家"

假设发达国家 A 存在一个高效率创新企业 a,发展中国家 B 存在一个低效率创新企业 b。企业 a 和企业 b 的反应函数如图 5.3(b)所示。在单边贸易中,发达国家 A 采取贸易保护措施,当发展中国家 B 报复性地采取贸易保护措施,比如增加 t_b 时,企业 b 的反应曲线向右移动,新的反应曲线为 R_b'';企业 a 的反应曲线向上移动到初始反应曲线 R_a 的上方,新的反应曲线为 R_a''。因此,在双边贸易保护下的均衡为 E'',同时 $g_a^{E'} < g_a^E < g_a^{E''}$ 和 $g_b^{E'} < g_b^{E''} < g_b^E$。所以,当发展中国家采取贸易保护措施时,两个国家的企业都会增加 R&D 投资水平。然而,与基准均衡对比,国家 A 的创新高效率企业的 R&D 投资水平更高,而国家 B 的创新低效率企业的 R&D 投资水平更低。因此,对于国家 A 的企业而言,双边贸易保护的净效应为正向;对于国家 B 的企业而言,双边贸易保护的净效应为负向,即 $g_a^{E'} < g_a^E < g_a^{E''}$ 和 $g_b^{E'} < g_b^{E''} < g_b^E$。

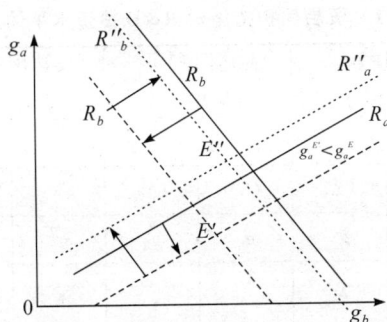

图 5.3(b)

5.4.3 双边贸易保护:"发展中国家和发展中国家"

考虑两个拥有低创新效率企业的发展中国家的情况。企业倾斜向下的最优反应函数如图 5.3(c)所示。在单边贸易保护中,国家 A 采取贸易保护措施。如果国家 B 同样采取贸易保护措施,比如增加 t_b,那么企业 b 的反应曲线向右移动,新的反应曲线为 R_b'';企业 a 的反应曲线向下移动,位于初始反应曲线 R_a 的下方,新的反应曲线为 R_a''。因此在双边贸易保护下的均衡为 E'',同时 $g_a'' < g_a^E < g_a^{E'}$ 和 $g_b^E < g_b^{E'} < g_b^E$。所以,当国家 B 采取贸易保护措施,国家 A 的企业降低 R&D 投资水平,国家 B 的企业增加 R&D 投资水平。然而,与基准均衡对比,两个国家的企业的 R&D 投资水平都降低。因此,对于两个国家的企业而言,双边贸易保护对于 R&D 投资水平的净效应为负向。

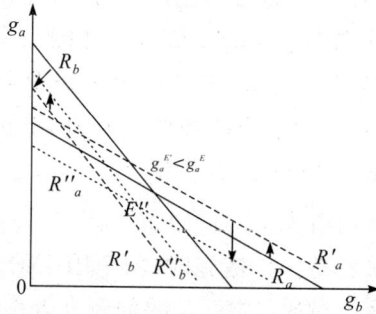

图 5.3(c)

我们将上述结论归纳在表 5.1 中。

表 5.1　贸易保护措施对 R&D 投资水平的效应

	发达国家 vs. 发达国家		发达国家 vs. 发展中国家		发达国家 vs. 发达国家		发达国家 vs. 发达国家	
创新效率	$\gamma_a < \bar{\gamma}, \gamma_b < \bar{\gamma}$		$\gamma_a < \bar{\gamma}, \gamma_b > \bar{\gamma}$		$\gamma_a > \bar{\gamma}, \gamma_b < \bar{\gamma}$		$\gamma_a > \bar{\gamma}, \gamma_b > \bar{\gamma}$	
	(1)	(2)	(3)	(4)	(5)	(6)	(7)	(8)
R&D 投资	g_a	g_b	g_a	g_b	g_a	g_b	g_a	g_b
国家 A 单方面贸易保护(a)	↓	↑		↓	↑	↑	↑	↓
国家 B 报复(b)	↑	↓	↑	↑	↓	↓	↓	↑
(a) 和(b)净效应	⊕	⊕	⊕	⊖	⊖	⊕	⊖	⊖

注:国家 A 贸易自由化,意味着相比于基准均衡,t_A 减少;国家 A 贸易保护,意味着相比于基准均衡,t_A 增加。"净效应"行表明本章将企业在双边贸易保护和基准均衡两种情况的反应做了对比。

5.5 结果和启示

本章的结果表明,贸易保护措施对不同企业 R&D 投资水平的影响是不同的。国家 A 采取单边贸易保护措施,会提高本国低效率企业的生产率,降低本国高效率企业的生产率。

有趣的是,单边贸易保护会使本国企业增加 R&D 投资。一旦外国企业出于报复目的而采取贸易保护措施,即形成双边贸易保护措施,这些本国企业对于 R&D 投资的决策将存在不确定性。这可以从表 5.1 第 5 列和第 7 列最后一行(净效应)中得到验证。因此,当一国倾向于通过采取反倾销措施保护本国低效率企业时,若贸易伙伴采取报复性行为,则会导致 R&D 净投资水平比基准水平(不存在反倾销保护)更低。表 5.1 的结论表明,当贸易伙伴不存在报复性行为时,在创新能力落后于其他国家的产业中,一国倾向于采取单边贸易保护措施(反倾销保护)增加 R&D 投资。然而,一旦可能发生贸易伙伴的报复行为,一国就会限制采取反倾销保护。这是因为双边贸易保护下的 R&D 投资水平比基准水平更低。

近年来,发展中国家的反倾销立法剧增,使得这些国家之间的报复能力大大增强(Prusa,2001)。Zanardi(2004)指出,1980 年共有 37 个国家拥有反倾销法,2000 年拥有反倾销法的国家数增长到 93 个。而且,并不是只有特定区域的反倾销法增加,来自亚洲、拉丁美洲、前东欧发展中国家的反倾销法也在增加,且主要是出于报复的动机。特别地,以往出口很容易遭受反倾销诉讼的国家,更有可能通过贸易保护立法(Vandenbussche and Zanardi,2008)。在反倾销法频繁被使用之前,只有若干国家单边采取反倾销保护。这些国家包括美国、欧盟国家、澳大利亚、加拿大和新西兰。反倾销的传统使用者主要是针对拉丁美洲、亚洲和前东欧的欠发达国家。以往,反倾销的传统使用者面临报复的风险很小,因此反倾销案例数目较多。近年来,传统使用者发起的反倾销数在逐渐下降,如图 5.1 中的实线行所示;同时,反倾销的新兴使用者发起的反倾销数却在增加,如图 5.1 中的虚线行所示。

传统使用者发起的反倾销数在减少,这和本章模型的预测相一致。基于本章的结论,当报复性行为很可能发生的时候,传统使用者发起的反倾销数将会减少。

5.6 结 论

本章研究贸易政策和企业创新激励之间的关系。本章建立两个国家、两个企业的模型,每个企业在本国市场和国外市场销售产品。本章的结论表明,在创新效率较低的产业内,一国倾向于采取单边贸易保护措施增加产业内企业的 R&D 投资水平。但单边贸易保护措施会降低创新效率较高企业的 R&D 投资水平。对于近年来发展中国家贸易保护立法剧增的现象,本章提出若干新的解释。本章的模型预测,反倾销的传统使用者(如美国、欧盟国家、澳大利亚和加拿大)之间的报复能力将会减弱它们采取贸易保护的动力,因为双边贸易保护措施会降低国内企业的 R&D 投资水平。因此,基于本章模型,我们预测传统使用者发起的反倾销数将会递减,实证结果也已经验证了本章模型的预测。

参考文献

[1]Aghion,P. ,Bloom,R. Blundell, R. Griffith and P. Howitt. Competition and Innovation: An Inverted-U Relationship[J]. Quarterly Journal of Economics, 2005,120, 701-728.

[2]Anderson,S. , N. Schmitt and J. Thisse . Who Benefits from Antidumping Legislation [J]. Journal of International Economics, 1993, 38, 321-337.

[3]Belleflamme, P. Oligopolistic Competition, IT Use for Product Differentiation and the Product Paradox[J]. International Journal of Industrial Organization, 2001, 19,227-248.

[4]Blonigen, A. and S. Haynes. Anti-dumping Investigations and the Pass-through of Anti-dumping Duties and Exchange Rates[J]. American Economic Review, 2002, 92, 1044-1061.

[5]Brander, J. and P. Krugman. A "Reciprocal Dumping"Model of International Trade[J]. Journal of International Economics, 1983, 15, 313-321,

[6]Boone,J. Competitive Pressure: The Effects on Investments in Product and Process Innovation[J]. Rand Journal of Economics, 2000, 31, 549-569.

[7]Cheng, L. , L. Qiu and K. Wong. Anti-dumping Measures as a Tool of Protectionism: A Mechanism Design Approach[J]. Canadian Journal of Economics, 2001, 34, 639-690.

[8]d'Aspremont,C. and A. Jacquemin. Cooperative and Non-cooperative R&D in Duopoly with Spillover[J]. American Economic Review, 1988, 78, 1133-1137.

[9]Ederington, J. and P. McCalman. Endogenous Firm Heterogeneity and the Dynamics of Trade Liberalization[J]. Journal of International Economics, 2007.

[10]Gao, X. and K. Miyagiwa. Anti-dumping Protection and R&D Competition[J]. Canadian Journal of Economics, 2005, 38, 211-227(17).

[11]Lileeva, A. and D. Trefler. Improved Access to Foreign Markets Raises Plant Level Productivity for Some Plants[D]. NBER Working Paper Series,2007.

[12]Melitz, M. The Impact of Trade on Intra-industry Reallocations and Aggregate Industry Productivity[J]. Econometrica, 2003, 71, 1695-1725.

[13]Prusa, J. On the Spread and Impact of Anti-dumping[J]. Canadian Journal of Economics, 2001,34, 591-611.

[14]Spencer, J. and J. Brander. International R&D Rival and Industrial Strategy[J]. Review of Economic Studies, 1983,50, 702-722.

[15]Vandenbussche, H and M. Zanardi. "What Explains the Proliferation of Antidumping Laws?"[J]. Economic Policy , 2008, 53.

[16]Zanardi, M. Anti-dumping: What are the Numbers to Discuss at Doha? [J] The World Economy, 2004, 27(3), 403-433.

6 反倾销的产业效应

2012年,欧盟对我国光伏产品发起反倾销反补贴调查,我国对欧盟光伏产品出口额约210亿欧元,占我国同期出口欧盟贸易额的7%,出口的光伏组件占中国总产量的70%。这次贸易争端是至今为止,世界范围内涉及单个产业领域金额最高的贸易争端。欧盟的反倾销给中国光伏出口企业造成巨大损失,使其难以生存,也给该产业整体造成发展阻碍,同时因为涉案企业多,相关产业就业人数多,这也影响了整体的社会福利。本章将分析和评估欧盟反倾销对我国光伏产业的影响。

6.1 光伏产业总体概况

6.1.1 光伏产业链构成

光伏产业的一个显著特征是其清晰的产业链环节划分。首先,我们对其产业链进行概念方面的简单介绍,光伏产业链包括上、中、下游三个环节,即硅材料供应环节、太阳能电池制造环节、系统集成环节。这三个环节又可以细分为:上游包括原材料和各种生产设备供应商,中游包括太阳能电池制造和组件封装环节的生产商,下游包括蓄电池和逆变器等在内的零部件开发商和并网或离网发电系统。如图6.1所示。

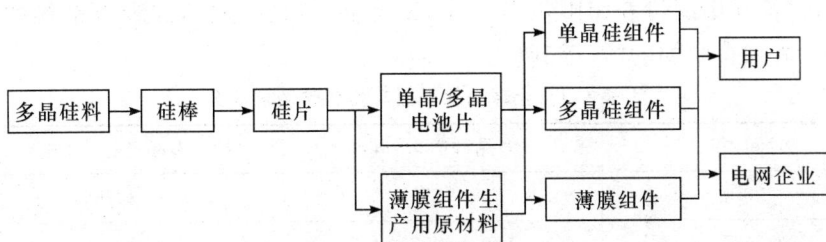

图 6.1　光伏产业链

6.1.2　光伏产业需求分析

6.1.2.1　原材料供应环节的供求分析

由于技术成熟、原料丰富,多晶硅一直占据着太阳能电池原材料的主导地位,硅的纯度越高,光电的转换效率就越高。多晶硅材料的生产,投入大、周期长、技术复杂。与此同时,对于多晶硅的需求,却伴随着光伏产业近些年的迅猛发展而日益增加。因此,多晶硅的供应长期来难以满足光伏产业中下游环节的发展。但是,自 2010 年之后,多晶硅的产能开始超过市场需求,比如,单单世界四大多晶硅巨头——中国保利协鑫能源、韩国 OCI、美国哈姆洛克和德国 Wacker 的产量就可以满足全球总共约 20 万吨的多晶硅需求。因此,多晶硅的价格基本上在这些巨头企业的成本价格上下波动。欧盟对华的反倾销过后,中国政府密集出台了一些扶持光伏产业发展的政策,比如国务院出台的《促进光伏产业发展的正式意见》与国家发改委和财政部出台的有关光伏地面发电上网补贴等政策以及国家税务总局出台的税收优惠政策等,我国光伏产业回暖,多晶硅的价格不断上涨。据生意社统计,2013 年 12 月到 2014 年 2 月,国内多晶硅价格从 13.30 万元/吨涨至 16.10 万元/吨,涨幅高达 21.05%,其中 2014 年 1 月份涨幅达 11.73%,2014 年 2 月份涨幅达 7.07%。但是,在多晶硅市场需求增长有限而产能又过剩的情况下,多晶硅价格的回升幅度有限。图 6.2 为全球范围内多晶硅的供求状况。

我国是世界上最大的光伏产业中间环节产品(光伏组件)制造基地,因而是全球最大的多晶硅需求市场,对多晶硅价格有较大的影响。在美国和欧盟先后在 2011 年和 2012 年对我国光伏组件进行反倾销和反补贴调查后,我国也对一些国家采取了反措施,对从美国、韩国和欧盟进口的多晶硅进行反倾销和反补贴调查。美国、韩国和欧盟的企业也一直在逃避中国"多晶硅双反"的制裁,包括在中国设仓库囤积多晶硅,先大批进口再分销,或者以来料加工的方式规避来自中国的"双反"制裁。

表 6.1　全球光伏产业对多晶硅供求状况

时间(年)	多晶硅需求(吨)	多晶硅产量(吨)
2006	49777	33760
2007	58957	40655
2008	68931	55578
2009	117179	91066
2010	166327	182361
2011	167700	240650
2012	232000	240000
2013	249000	250000

数据来源:(1) 2006—2008 年数据来自于中国光伏产业发展研究报告;(2) 2008 年数据根据赛迪顾问整理;(3)2009—2013 年数据根据成都夏舞科技发展公司研究报告整理而得。

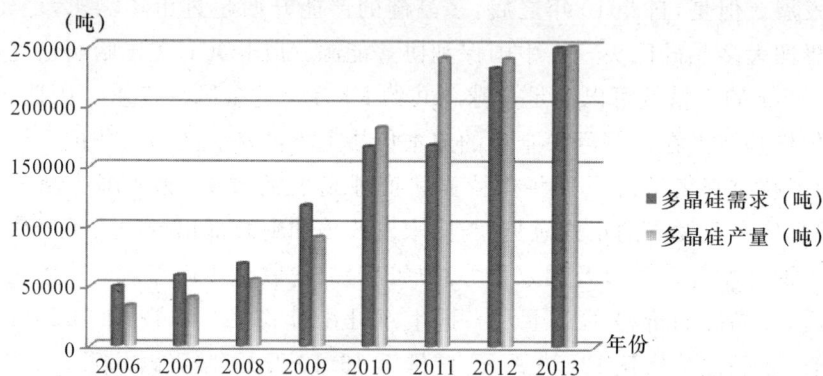

图 6.2　全球光伏产业对多晶硅供求状况

资料来源:根据表 6.1 的数据绘制。

6.1.2.2　太阳能电池和组件的供求分析

我国大部分光伏企业集中在太阳能电池制造和组件封装环节,太阳能电池的产量在全球位于前列,占据全球 80% 的市场份额。但是,由于国内需求不大,太阳能电池基本上出口国外市场而非满足国内需求,在欧盟对华反倾销之前,国内企业生产的太阳能产品 90% 出口国外市场。

MW（兆瓦）

	2006	2007	2008	2009	2010	2011	2012
需求	2500	4000	6400	9058	12460	14469	16331
供给	8560	12300	13010	13641	14367	15689	17631

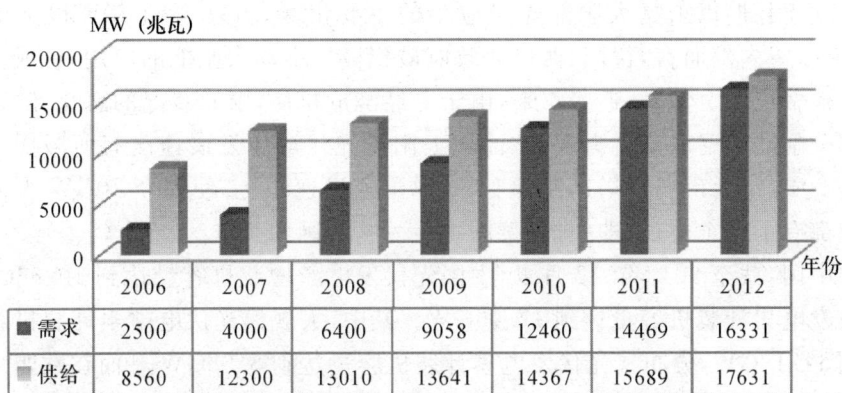

图 6.3   2006—2012 年全球太阳能电池供求状况

数据来源：EPIA REPORT，东北证券研究所。

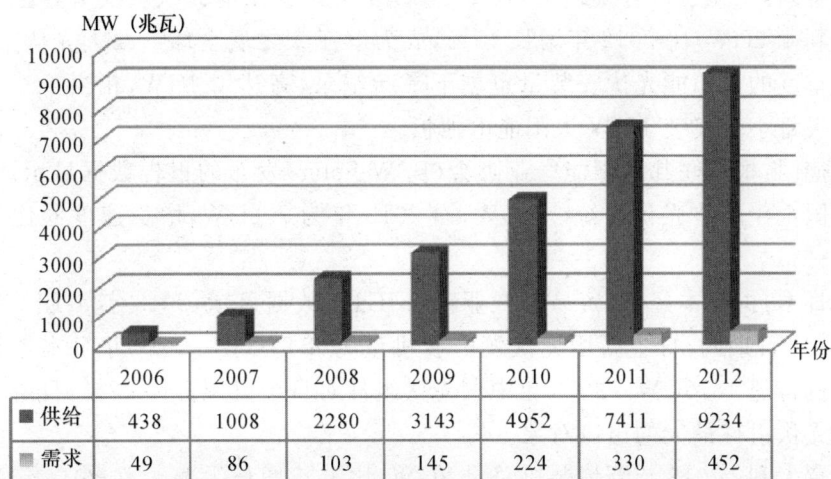

MW（兆瓦）

	2006	2007	2008	2009	2010	2011	2012
供给	438	1008	2280	3143	4952	7411	9234
需求	49	86	103	145	224	330	452

图 6.4   2006—2012 年中国太阳能电池供求状况

数据来源：EPIA REPORT，东北证券研究所。

6.1.2.3　系统集成环节的供求分析

系统集成环节包括离网发电和并网发电两方面。其中，并网发电主要是电网发电，应用于各个产业和居民用户等，装机量占整个系统集成环节的90%；而离网发电主要包括太阳能产品、通信和工业运用等。因此，电网发电的装机量很大程度上影响着整个系统集成环节的供求情况。

欧盟长期以来是太阳能光伏应用的主要市场,占据全球 70％以上的份额,就欧盟内部而言,德国、西班牙政府最积极地推动太阳能的应用,也成为主要的消费市场。但是,近些年来,由于受经济危机后,财政状况的恶化,欧盟国家部分削减了财政支持力度,该区域太阳能光伏应用发展速度有所减缓。尤其是 2014 年后市场格局迅速转变,其他国家迅速跟上,使如今 10GW 太阳能俱乐部有了五个成员,即中国、德国、意大利、美国和日本。

中国:截至 2013 年 12 月末,中国光伏发电新增装机容量达到 10.66GW,光伏发电累计装机容量达到 17.16GW。其中,大规模光伏电站累计装机容量达到 11.18GW,分布式光伏发电累计装机容量达到 5.98GW。①而在欧盟采取"双反"之后,我国国务院在 2013 年 7 月 15 日出台了《国务院关于促进光伏产业健康发展的若干意见》,设定了到 2015 年总装机容量达到 35GW 的目标。这个装机容量甚至超过了 2012 年全球总装机容量。

美国:累积装机容量超 10GW。2013 年美国太阳能光伏新安装量创纪录地达到 4.2GW,比 2012 年增长 15％,成为继亚太之后全球第二大光伏市场。第四季度的太阳能光伏安装量也创下了新纪录,高达 1.4GW,相当于三个月中白天每小时安装 1MW 太阳能电池板。

德国:根据联邦太阳能产业协会(BSW-Solar)发布的报告数据显示,2013 年德国全年新装光伏系统 3.3GW,而 2012 年为 7.6GW,增长速度同比下降 56.58％。

日本:据日本经济、贸易与产业部(METI)数据显示,2013 年 4 月 1 日至 10 月 31 日期间,日本新增光伏发电装机量为 3.97GW。2016 年日本累计光伏装机将超 18.5GW。2013 年中国光伏组件对日出口额占比 22％,日本成为我国光伏组件最大的出口对象。

意大利:2013 年新增装机总量 2GW,比上年增长 19％。在 2011 年达到最高增长的 9.2GW 后,意大利的增长速度已下降。意大利的光伏装机曾一度超过德国。2013 年意大利的太阳能电力满足了全年 7％的电力需求,该比例是全世界最高的。

6.1.3　光伏产业要素投入分析

首先,原材料生产需要环节要素投入分析。原材料生产需要掌握高纯硅

---

① 资料来源:http://www.eepw.com.cn/article/2158.htm。

提纯技术并投入大量的资本,一方面,晶体硅产业存在规模经济,需要在较长的周期内投入较大的资金,存在进入行业的资金壁垒;另一方面,硅原料的提纯生产技术复杂,存在很大的技术壁垒。因而,该生产环节属于资本密集型和技术密集型,目前为止该环节主要由国外企业掌控。

其次,太阳能电池制造和组件封装环节要素投入分析。太阳能制造和组件封装环节,技术上经过长期发展已基本成熟,因而技术门槛比较低;就资金投入而言,相对于上游原材料供应环节,要求也比较低,但是该环节能吸收比较多的劳动力,属于劳动力密集型的生产环节。这也是我国发展光伏产业链上该环节的生产活动的优势所在,事实上,我国光伏产业的企业也大都集中于这个环节。这样的产业分布的一个结果是我国在光伏产业上出现了两头在外的哑铃模式。

最后,系统集成环节要素投入分析。系统集成环节具体可细分为离网发电和并网发电,属于资源密集型环节,尤其是并网发电。这是由于光伏发电一方面需要较为丰富的太阳能资源;另一方面,光伏发电需要大型电网设施,而电网设施的建设需要丰富的土地资源。

6.1.4 光伏产业市场竞争结构分析

首先,原材料供应环节市场竞争结构。由于原材料生产环节的资金壁垒和技术壁垒比较高,全球仅有少数几家企业掌握晶体硅原材料生产的核心技术。因此,这个环节市场集中度较高,基本上是寡头垄断的竞争结构,企业的市场势力强大。

其次,太阳能电池制造和组件封装环节市场竞争结构。处于中游的太阳能电池制造和组件封装环节,技术基本上已经成熟,因而技术门槛比较低;同时,资金投入要求相对于原材料供应环节而言也比较低,因此存在比较多的生产商,市场竞争相对比较激烈;但是,由于光伏产业总体上存在规模经济,同时该产业相对于其他产业,技术变革比较快,研发强度比较大,只有那些具有一定实力的企业才能进入该产业并生存下来,因而企业数量不至于太多,市场也不会趋于完全竞争。总体而言,市场竞争结构可归类于垄断竞争型。

最后,系统集成环节市场竞争结构。由于系统集成环节属于资源密集型,尤其是需求较多的土地资源,而稀缺的土地资源掌握在地方政府手中;同时,电网系统在我国也是由政府所掌控。因此,系统集成环节的市场竞争结构为政府垄断型。这也从另一侧面说明了光伏产业发展的政策扶植需求比较强。

6.2 欧盟反倾销对我国光伏产业的影响: 一个简单的分析框架

6.2.1 欧盟对华光伏产品反倾销大事记

表 6.2 欧盟对华光伏产品反倾销大事记①

2012 年 7 月 24 日	欧洲光伏制造商向欧盟提起对华反倾销调查申请
2012 年 8 月 13 日	英利、尚德、天合以及阿特斯光伏企业巨头向商务部提交紧急报告
2012 年 8 月 31 日	欧盟对中国企业出口欧洲的太阳能电池及其组件发起反倾销调查
2012 年 9 月 6 日	欧盟委员会对中国光伏产业反倾销调查的正式立案
2012 年 11 月 8 日	欧盟正式启动对华光伏产品反补贴调查
2013 年 5 月	中国机电商会和商务部先后就价格承诺问题同欧盟委员进行磋商
2013 年 5 月 24 日	欧盟成员国投票表决,至少 14 个国家反对对华"双反"议案
2013 年 5 月 26 日	国务院总理李克强在访问德国时强调,中国政府坚决反对"双反"调查
2013 年 6 月 5 日	欧盟对原产于中国的晶体硅光伏组件及关键零部件作出反倾销初裁
2013 年 8 月 13 日	欧盟接受 97 家中国企业的价格承诺
2013 年 12 月 5 日	欧盟对原产于中国的晶体硅光伏组件及关键零部件作出反倾销和反补贴终裁,并接受 121 家中国企业的价格承诺,2013 年 12 月 6 日正式生效,2015 年 12 月 7 日到期

6.2.2 贸易效应的理论分析

6.2.2.1 按反倾销影响划分

1.贸易破坏效应

反倾销的贸易破坏效应是指,当进口国针对倾销产品向出口国发起反倾销指控时,不论是临时反倾销税还是终裁反倾销税都会使被指控的出口国的产品价格提高,涉案产品在指控发起国失去价格竞争优势,指控发起国企业出于盈利的考虑会减少从反倾销对象国的进口,涉案产品市场会萎缩,指控对象

① 部分信息来自舟丹(2013)和邢梦宇(2013)。

国会减少向发起国的出口。如图 5.5 所示,指控发起国 A 向指控对象国 B 发起反倾销,B 向 A 的涉案产品出口贸易流量降低,这就是贸易破坏效应。

2.贸易转向效应

由上述分析可知,反倾销的贸易破坏效应使得指控发起国从对象国的进口量减少,为了维持国内对涉案产品正常的市场需求,反倾销发起国从指控对象国之外的其他国家进口更多的该产品;因而,非涉案出口国相对于被征收反倾销的出口国,产品更具价格优势,从而第三国的出口量会增加,这就是反倾销的贸易转向效应。从遭遇反倾销国家的涉案产品贸易转向了非涉案第三国的涉案产品贸易。在图 5.5 中,反倾销指控发起国 A 从非指控对象国 C 进口了更多的涉案商品,这种效应即贸易转向效应。

3.贸易偏转效应

贸易偏转效应是针对反倾销指控对象国来说的,当该国的出口在反倾销指控发起国受阻,本国的企业会被迫积极寻求新的替代市场,向其他国家出口更多的涉案产品。因而,从某种意义来说,贸易偏转效应和贸易转向效应都是贸易创造的表现。图 5.5 是这样反映贸易偏转效应的,指控对象国 B 在遭遇指控发起国 A 的反倾销指控后,向非指控对象国 C 出口涉案产品的贸易流量增加。

4.贸易抑制效应

贸易抑制效应可以从产业链的角度来解释。当出口国处于产业链下游的产品遭遇反倾销,贸易破坏效应发生,该国对产业链上游的原材料产品的进口

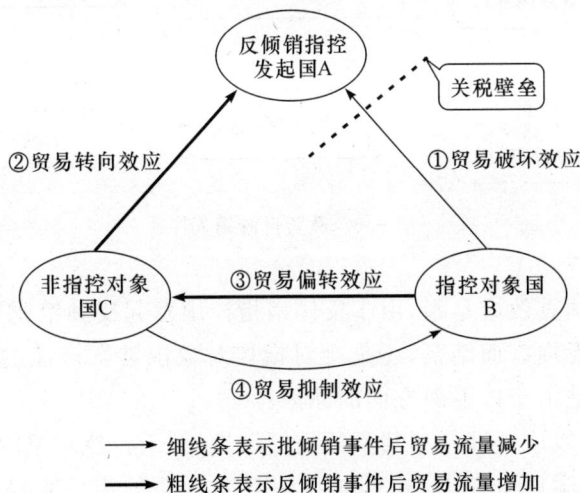

图 6.5 反倾销的贸易效应

需求自然会减少。也就是说,指控对象国对涉案产品的原材料的进口贸易流量减少。如图 6.5 所示,反倾销指控使得指控对象国 B 对涉案产品上游产品从其他国家 C 的进口减少,即发生贸易抑制效应。这也可以看成是反倾销措施外部性的一个很重要的表现。

6.2.2.2　按反倾销程序划分

欧盟反倾销程序分为三个重要阶段(见图 6.6):调查阶段、初裁阶段和终裁阶段。这里我们按划分反倾销的影响调查效应、初裁效应和终裁效应。需要指出的是,这三种效应还是以贸易破坏效应、贸易转移效应、贸易偏转效应和贸易抑制效应来体现的,但是这些效应在欧盟反倾销程序的不同阶段的具体表现可能不一样。

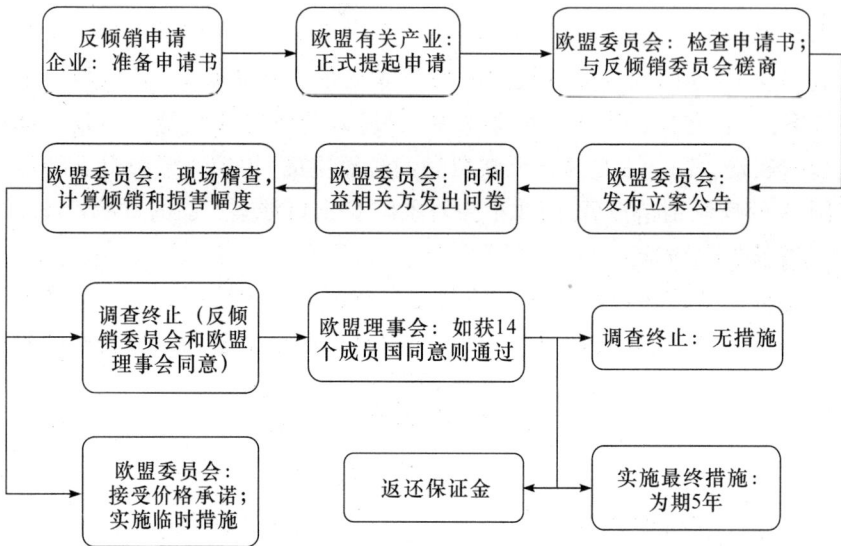

图 6.6　欧盟反倾销程序

1.调查效应

反倾销的调查效应是指,由于反倾销指控国发起反倾销调查,即使反倾销的调查结论是无损害而结案,还是会对指控对象国涉案产品的出口造成破坏效应。这主要是由于以下两方面的原因:

其一,威慑效应。即使初裁不征反倾销税,由于指控对象国受到可置信的征税威胁,在立案调查期内,指控对象国涉案企业的出口贸易流量还是会减少,甚至开始开拓涉案产品的新兴市场。

其二,预期效应。在反倾销调查前,进口国的企业预期到要增加反倾销税,会增加进口涉案产品,前提是从指控对象国进口该商品比从本国和非指控对象国的第三国购买的成本要低,这个前提在涉嫌倾销的条件下一般都存在。由于反倾销调查前的进口贸易量激增,调查期内贸易流量自然会下降。

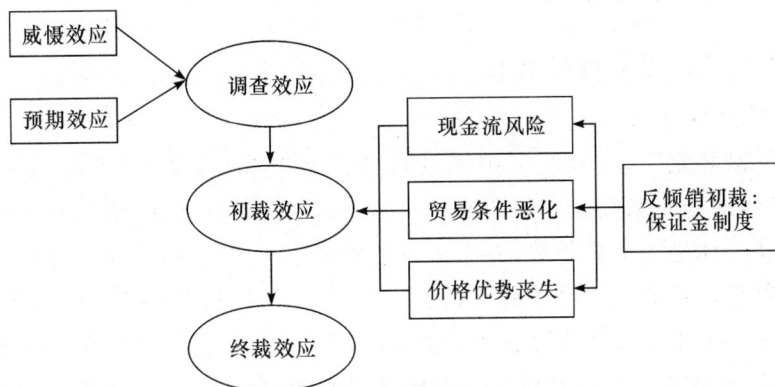

图 6.7 反倾销的调查效应、初裁效应和终裁效应

2.初裁效应

对于肯定性初裁,即本国(经济体)企业遭受倾销的损害,欧盟会采取价格承诺和征收临时反倾销税的措施,临时反倾销税是以指控对象国企业缴纳保证金的形式来征收的。肯定性初裁对于贸易流量的影响可解释如下:

其一,保证金制度使得指控对象国企业面临现金流风险,企业经营风险增加,影响企业的经营能力,包括销售能力,因此会降低出口贸易。其二,临时反倾销税使得贸易条件恶化,价格优势丧失,之前的贸易伙伴会减少从遭受反倾销指控企业的进口,因而涉案产品的贸易流量会受到破坏。其三,价格优势丧失,出口企业不得不提高价格,指控发起国的需求方会转向其他国家的出口商和本国生产商。

3.终裁效应

肯定性终裁会导致贸易破坏效应、贸易转向效应、贸易偏转效应和贸易抑制效应。一般来说,反倾销税的征收期为 5 年,并且会在 5 年后评估是否需要延长,因而终裁会在比较长的时间内影响涉案产品的贸易。特别值得一提的是,欧盟针对肯定性终裁的反倾销案例的一种通常做法是要求涉案企业实行价格承诺,即这些企业在欧盟销售产品时不能低于一个事先达成的协议价格,而愿意接受这个价格承诺协议的企业可免于缴纳反倾销税的惩罚。事实上,就本章所分析的光产品案例,基本上都是以中方企业接受价格承诺协议的方式结案的,最终有近 100 家企业接受价格承诺的方式,若以产能来衡量,这些企业市场占比 80％以上。

6.2.3　贸易效应的经验分析

6.2.3.1　贸易破坏效应

1. 统计性描述

贸易破坏效应,以欧盟从中国进口的涉案产品(欧盟 CN8 编码 8541 40 90)贸易量的变化来反映。如图 6.8 所示,2012 年 5 月之前,欧盟从中国进口涉案产品总体呈现上升趋势,并于该月达到峰值。之后,欧盟从中国进口的涉案产品贸易量呈显著下降的趋势:其中,2012 年 6 月到 7 月的下降幅度最大,达 45％;2013 年 7 月的下降幅度次之,为 37.3％;2013 年 9 月更是达到了最低点。而 2012 年 7 月正是欧盟企业申请反倾销的时间点,2013 年 6 月欧盟作出反倾销的肯定性初裁,8 月中国与欧盟达成了价格承诺。对于 2012 年 5 月贸易量的小幅攀升,可以通过本章所述的"预期效应"来解释。

通过统计性描述,可以看出,欧盟对华反倾销对涉案产品存在贸易破坏效应,欧盟从中国进口的光伏产品大幅减少,这种效应在调查阶段和初裁之后明显存在,即存在调查效应和初裁效应。下面将通过简单的计量方法进行实证考察。

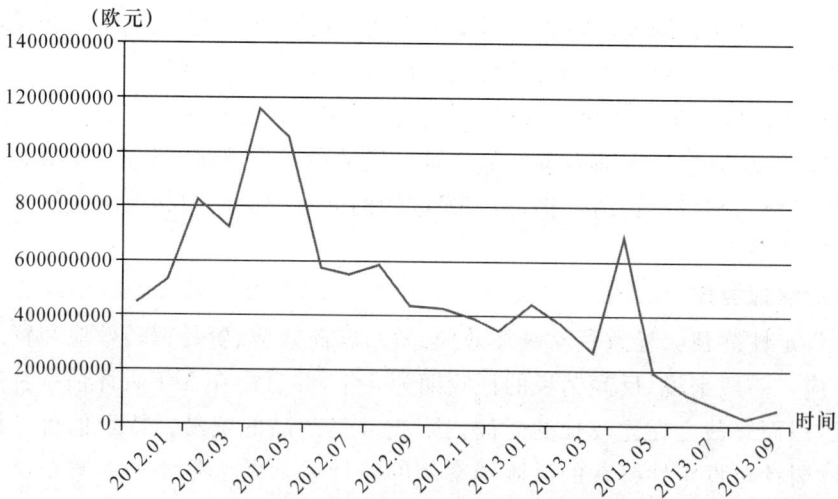

图 6.8　欧盟从中国进口的涉案产品贸易额变化

数据来源:欧盟统计局数据库(Eurostat)。

2.实证分析

(1)研究对象与样本数据

本章研究贸易破坏效应,以欧盟从我国进口涉案产品进口的为研究对象,对于按反倾销程序划分的贸易效应——调查效应和初裁效应,对贸易的影响方向也是相同的,都会带来进口贸易量的下降。

这里,被解释变量是欧盟从我国进口的涉案产品贸易量,样本数据包括从2012年1月到2013年10月的月度数据,涵盖反倾销的整个时间过程以及反倾销调查之前的对照阶段。数据来源于欧盟统计局数据库(Eurostat)。

(2)变量的选取

根据经济学理论,一国的进口贸易量由该国国内的需求来决定。Krupp和Pololard(1996)的研究认为,对某种产品的进口贸易量由最终用途需求(end-use demand),即进口商品被用于最终用途的需求来决定,最终用途需求引致了对商品的进口贸易需求。在 Krupp 和 Pololard(1996)的研究中,还有一个重要变量是汇率,但是,汇率变动对进口商品价格的传递是不完全的,而且相对于倾销价格以及反倾销指控对价格的影响,汇率对进口价格的影响并不显著。此外,在本章研究的较短时间阶段内,汇率与进口贸易量不存在长期协整关系,更为重要的是,本章主要关注调查阶段和初裁阶段的贸易效应。因此,我们选取的主要解释变量是涉案产品的最终用途需求和表示调查阶段、初裁阶段的时间虚拟变量。

由于涉案产品(欧盟 CN 编码 8541 40 90)是光敏半导体器件,包括光伏电池,其最终用途是太阳能发电,故我们以欧盟市场内使用的太阳能发电量作为最终用途需求的代理变量。欧盟对太阳能发电量需求的增加会增加对光伏组件的需求,进口贸易量随之增加,反之亦然。此外,我们认为,上一期的太阳能发电量和本期的太阳能发电量,都有可能对光伏电池的进口产生影响,因此,在本期的发电量基础上将上一期的发电量也纳入解释变量,并且预期其对于光伏产品的进口贸易有正向影响。

在研究反倾销的调查效应和初裁效应时,本章引入两个时间虚拟变量来分别表示反倾销调查(2012年1月到2013年5月)、肯定性初裁(2013年6月到10月)的效应。这两个以程序阶段划分的贸易效应反映的是贸易破坏效应,因此预期其对进口有负向的影响。

至于另一个重要的解释变量,即上一期的涉案产品进口贸易量,一方面,从经济学的意义来看,上一期的进口可能会作为存货影响本期的进口;另一方面,从计量经济学的角度来看,本期和上一期的进口量可能是自相关的,如图6.9所示,涉案产品进口量存在显著的一阶正相关。

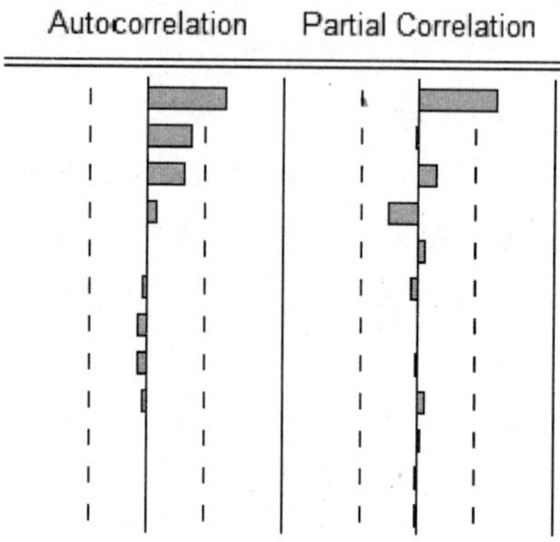

Autocorrelation	Partial Correlation		AC	PAC	Q-Stat	Prob
		1	0.585	0.585	8.6001	0.003
		2	0.328	-0.021	11.443	0.003
		3	0.272	0.134	13.493	0.004
		4	0.059	-0.231	13.596	0.009
		5	-0.008	0.056	13.598	0.018
		6	-0.026	-0.056	13.620	0.034
		7	-0.077	-0.003	13.828	0.054
		8	-0.071	-0.020	14.019	0.081
		9	-0.030	0.046	14.056	0.120
		10	-0.002	0.020	14.056	0.170
		11	0.000	-0.020	14.056	0.230
		12	0.000	-0.016	14.056	0.297

图 6.9　变量 IMP 自相关检验

(3)模型的建立

为了建立分析模型,我们首先对变量进行协整分析,发现变量之间存在协整关系,即长期均衡关系,并以这种关系构成误差修正项。然后,将误差修正项看作一个解释变量,连同其他反映短期波动的解释变量一起,建立短期模型,即建立误差修正模型如下:

$$\ln(imp_t) = \beta_0 + \beta_1 \ln(imp_{t-1}) + \beta_2 \ln(ele_t) + \beta_3 \ln(ele_{t-1}) + \beta_4 S_1 + \beta_5 S_2 + \varepsilon_t \tag{6.1}$$

Engle 和 Granger (1987)提出了著名的格兰杰表述定理。如果变量 X 与 Y 是协整的,则它们间的短期非均衡关系总能由一个误差修正模型来表述:

$$\Delta Y_t = \text{lagged}(\Delta Y, \Delta X) - \lambda \mu t_{-1} + \varepsilon t \tag{6.2}$$

式中,$\lambda \mu t_{-1}$ 是非均衡误差项,或者也可以说是长期均衡偏差项,λ 是短期调整参数。

对于此处的回归分析,选择误差修正模型基于如下考虑:一阶差分项的使用可以消除涉案产品进口贸易额和用于欧盟市场的太阳能发电量之间可能存在的趋势因素,从而避免虚假回归;消除模型可能存在的多重共线性问题;由于误差修正项本身的平稳性,使得该模型可以用 OLS 经典回归方法进行估计。

计量分析中选择半对数模型基于两方面考虑:一方面,imp_t 和 ele_t 数值比较大,而时间虚拟变量的数值比较小;另一方面,半对数模型可以估计出时间虚拟变量对被解释变量影响的大小。具体说明列表如下：

表 6.3　被解释变量和解释变量说明以及预期影响

	变量	说　明	预期
被解释变量	imp_t	进口国在 t 期对产品的进口量,取对数形式	
解释变量	imp_{t-1}	进口国在 $t-1$ 期对产品的进口量,取对数形式	＋
	ele_t	进口国太阳能发电量,衡量涉案产品的最终用途需求	＋
	ele_{t-1}	进口国在 $t-1$ 期的太阳能发电量	＋
	S_1	时间虚拟变量,表示反倾销过程中的调查阶段	－
	S_2	时间虚拟变量,表示反倾销过程中的初裁阶段	－

表 6.4　样本数据

时间	imp(欧元)	ele(千瓦时)	S_1	S_2
2012.01	445599052	3044	0	0
2012.02	531066668	4417	0	0
2012.03	824043357	6815	0	0
2012.04	721984993	6673	0	0
2012.05	1154840138	9323	0	0
2012.06	1053936194	8910	0	0
2012.07	575836061	9270	1	0
2012.08	555285694	9549	1	0
2012.09	577349193	7376	1	0
2012.10	438421589	5851	1	0
2012.11	433026222	3684	1	0
2012.12	401768221	3261	1	0
2013.01	341915583	3471	1	0
2013.02	443973686	4291	1	0
2013.03	367613459	6615	1	0
2013.04	267243991	18772	1	0
2013.05	697,494,904	9613	1	0

续表

时间	imp(欧元)	ele(千瓦时)	S_1	S_2
2013.06	190,808,765	11214	0	1
2013.07	119,665,165	9350	0	1
2013.08	73,015,809	8871	0	1
2013.09	24,040,880	7963	0	1
2013.10	56,895,009	5761	0	1

数据来源:根据欧盟统计局数据库(Eurostat)整理而来。

（4）回归结果与分析

表 6.5   回归结果

变　量	系　数	标准差	t 统计量	显著性水平
C	10.33484	2.586353	3.995912	0.0012
$\mathrm{Log}[impt_{-1}]$	0.408154	0.123746	3.298325	0.0049
$\mathrm{Log}[ele_t]$	-0.265003	0.241026	-1.099478	0.2889
$\mathrm{Log}[ele_{t-1})]$	0.490096	0.228790	2.142125	0.0490
S_1	-0.531592	0.189162	-2.810250	0.0132
S_2	-1.897227	0.322541	-5.882132	0.0000

回归结果分析如下：

第一,表示调查阶段的虚拟变量 S_1 的系数为负,而且在 5% 的显著性水平上显著,说明贸易破坏效应在调查期显著存在,即欧盟反倾销调查使得其从中国对涉案产品的进口量显著减少,即产生了调查效应。

第二,反映初裁阶段的虚拟变量 S_2 的系数为负,且在 1% 的显著水平上显著,而且系数的绝对值比 S_1 的要大,统计结果也更显著。可见,临时反倾销税和价格承诺使得出口国较大幅度地减少了涉案产品的出口量。所以,反倾销的肯定性初裁的确存在初裁效应,其贸易破坏效应尤其显著。

第三,上一期的太阳能发电量需求对涉案光伏产品的本期进口量有显著的正向影响。

综上,实证结果表明,欧盟对华反倾销有显著的贸易破坏效应、调查效应和初裁效应。

6.2.3.2 贸易转向效应

现在,我们研究欧盟对华光伏产品反倾销后,是否发生贸易转向效应。首先,选取欧盟对涉案光伏产品的其他主要贸易进口国,如印度、美国和日本,观察欧盟是否从这些第三方替代国进口更多的涉案产品;其次,分析欧盟对涉案光伏产品的进口在世界范围内是否发生变化。

由图 6.10 可以看出,欧盟对涉案产品的进口在调查阶段和初裁阶段发生明显的贸易偏转。比如,对于印度而言,从 2013 年 6 月开始,即欧盟对华反倾销作出肯定性初裁之后,欧盟从印度的进口量呈现增长的趋势,尤其是 2013 年 8 月欧盟要求中国企业做出价格承诺之后,印度的相关产品出口欧盟的贸易额增长率也在增加,10 月的增加率达到最高的 46.10%。可见,欧盟将涉案产品的进口市场转向了印度等其他国家,欧盟对华反倾销的肯定性初裁产生了明显的贸易转向作用。

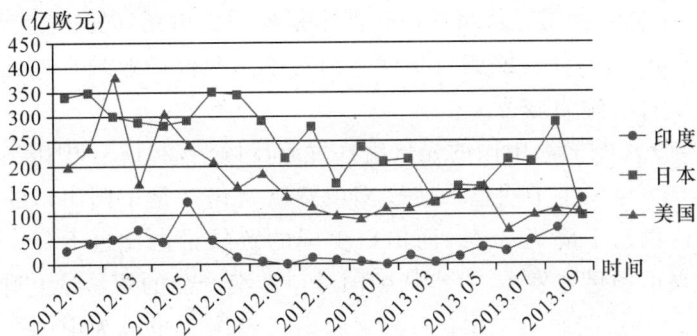

图 6.10　欧盟从印度、日本和美国进口涉案产品贸易额变化

数据来源:欧盟统计局数据库(Eurostat)。

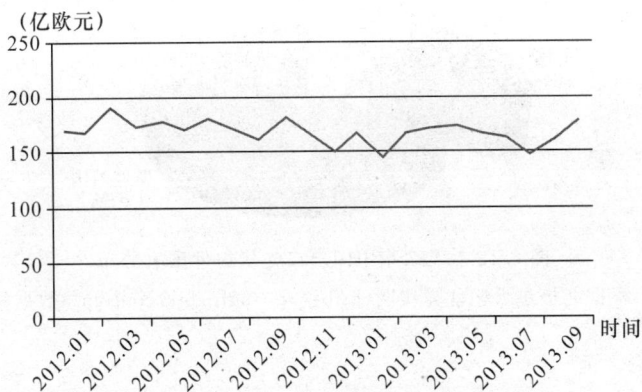

图 6.11　欧盟进口涉案产品总贸易额变化

数据来源:欧盟统计局数据库(Eurostat)。

从对欧盟进口涉案产品总贸易额的变化来看,在反倾销调查发起的 2012 年 9 月以及作出对华反倾销肯定性初裁的 2013 年 6 月,进口额呈现较大幅度下降,可见在欧盟对涉案产品的进口中,中国占有相当的比重,而且贸易破坏效应要大于贸易转向效应。2013 年 8 月之后,欧盟进口涉案产品总贸易额开始大幅度攀升,在对中国贸易破坏效应仍然显著存在的情况下,据此可以推断欧盟已经向其他新兴的光伏产品第三方生产国,如印度、美国等进口大量光伏涉案产品,这在一定程度上抵消了贸易破坏效应,表明贸易转向效应较为明显的存在。

6.2.3.3 贸易偏转效应

图 6.12 和图 6.13 分别表示 2012 年和 2013 年我国出口光伏组件的市场分布。在 2012 年,我国光伏组件出口严重依赖欧美市场,尤其是欧盟市场,占比 65%。正是这样,使得欧盟对华反倾销对中国光伏产业带来如此巨大的影响,贸易破坏效应颇为显著。

2012 年 9 月欧盟对中国的光伏组件发起反倾销,2013 年中国出口的国家分布比之 2012 年发生了明显的改变。虽然欧盟仍然是中国出口的第一大市场,但所占比例已下降为 30%,而出口美国的贸易量占比也下降了一半。与此同时,新兴市场迅速发展:日本从中国进口涉案产品的贸易量上升到占中国出口总量的 22%,跃居第二位;而印度和南非等国家也成为中国的重要出口市场。

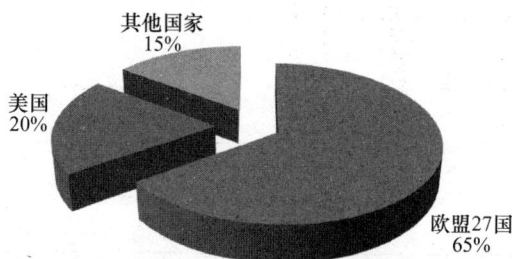

图 6.12 2012 年中国出口光伏组件国家分布

数据来源:根据北极星太阳能光伏网(http://guangfu.bjx.com.cn/)数据整理而得。

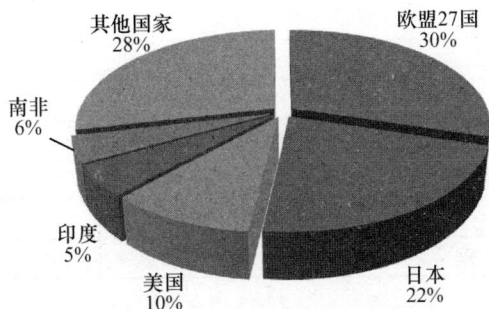

图 6.13 2013 年中国出口光伏组件国家分布

数据来源：根据北极星太阳能光伏网（http://guangfu.bjx.com.cn/）数据整理而得。

至此，我国光伏产品的出口市场更加多元化，从贸易效应的角度来看，欧盟对我国光伏产品的反倾销，使得中国的出口发生了明显的贸易偏转，即由欧盟向日本、印度和南非等国家和新兴市场偏转。[①]

6.2.3.4 贸易抑制效应

现在，我们从产业链的角度来考察贸易抑制效应，即对于下游出口产品的反倾销，会使得反倾销对象国减少上游原材料的进口。

光伏的产业链由上游的多晶硅原料、中游的硅片和光伏组件以及下游的装机用户构成。我国遭遇反倾销的涉案产品基本上处于产业链的中游。那么，欧盟对我国光伏组件的反倾销，是否会影响我国对上游的多晶硅原料的进口呢？

图 6.14 反映，中国从美国和韩国这两个主要多晶硅出口国的贸易额的变化。在 2011 年之前，由于我国在光伏产业中游环节的迅速发展，多晶硅原料供不应求，中国从这两个国家进口多晶硅逐年攀升。但到 2012 年，进口量大幅下降，可见 2012 年的欧盟对华反倾销，已经对我国从上述生产处于上游的多晶硅国家的进口产生了抑制的作用。

由此可见，欧盟对中国出口的作为中游产品的光伏电池组件的反倾销，在影响涉案产品贸易流量的同时，也使得中国对上游产品即多晶硅料的进口下降，即存在明显的贸易抑制效应。

---

① 值得一提的是，为了应对欧盟针对我国光伏产品的反倾销，我国政府也随即在 2013 年密集出台了一些产业和贸易政策。受此影响，国内对光伏产品的需求快速增加，中国市场在全球光伏产品市场版图上的重要性增强，也缓减了国内相关企业对国外市场的过度依赖。

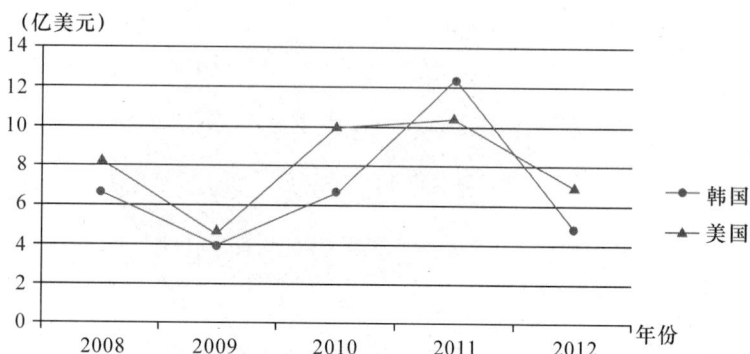

图 6.14 中国从美国和韩国进口太阳能级多晶硅贸易额变化

数据:根据 UN Comtrade 数据库整理得来。

6.3 结 论

首先,欧盟对华光伏产品的反倾销,存在显著的贸易破坏效应,具体而言,存在贸易破坏效应、贸易偏转效应和贸易转向效应。

其次,在整个欧盟对华光伏反倾销案的持续时间内,调查效应和初裁效应显著,对贸易量产生了显著的负面影响。

再者,欧盟对华光伏产品反倾销从企业层面来看,带来了破坏效应和创造效应。前者指反倾销使得相关出口企业利润和综合经营能力下降;后者表明,对华反倾销使得出口企业开发了新市场,同时在产业链上进行延伸和产业链节的提升,并积极研发和生产新产品。

最后,需要指出的是,从国家层面来看反倾销的效应,欧盟对华光伏产品的反倾销使得欧盟和中国的总产出和就业都下降,即存在负面的产出和就业效应;面对欧盟对华反倾销,遭受反倾销的我国也对欧盟发起了报复性的反倾销,而印度以及澳大利亚等第三国对我国发起了响应式的反倾销[1],这可称为反倾销的行为效应,而且效应比较明显。

---

① 响应式反倾销是指这样的反倾销行为,当一国发起反倾销指控时,第三国也同样效仿,对指控对象国针对涉案产品发起反倾销。响应式反倾销主要基于这样的原因:可以说是第三国对贸易转向效应的行为反应,第三国防止反倾销对象国将涉案产品的贸易出口转向本国,从而对本国产业造成损害,因此,跟随指控发起国发起反倾销。

参考文献

［1］ Baldwin R, Evenett S. The Collapse of global Trade, Murky Protection-ism and the Crisis: Recommendations for the G20［M］. A VoxEU. org Publication. 2009(1)37-39.

［2］ Blonigen B A, Prusa T J. Antidumping［R］. National Bureau Of Eco-nomic Research, 2001.

［3］Blonigen B A, Prusa T J. The Cost of Antidumping: the Devil is in the Details［J］. Policy Reform, 2003, 6(4): 233-245.

［4］ Blonigen B A, Park J H. Dynamic Pricing in the Presence of Antidumping Policy: Theory and Evidence ［J］. American Economic Review, 2004: 134-154.

［5］ Bown C P, Crowley M A. Trade Deflection and Trade Depression［J］. Journal of International Economics, 2007, 72(1): 176-201.

［6］ Brenton P. Anti-dumping Policies in the EU and Trade Diversion［J］. European Journal of Political Economy, 2001, 17(3): 593-607.

［7］ Durling J P, Prusa T J. The Trade Effects Associated with an Anti-dumping Epidemic: the Hot-Rolled Steel Market, 1996—2001［J］. Euro-pean Journal of Political Economy, 2006, 22(3): 675-695.

［8］ Niels G. Trade Diversion and Destruction Effects of Antidumping Policy: Empirical Evidence from Mexico［D］. Rotterdam: OXERA and Erasmus University Rotterdam. Unpublished Paper, 2003.

［9］ Konings J, Vandenbussche H, Springael L. Import diversion under Eu-ropean antidumping policy［J］. Journal of Industry, Competition and Trade, 2001, 1(3): 283-299.

［10］ Krupp C M, Pollard P S. Market Responses to Antidumping Laws: Some Evidence from the US chemical Industry［J］. Canadian Journal of Economics, 1996: 199-227.

［11］ Lasagni A. Does Country-targeted Anti-dumping Policy by the EU Cre-ate Trade Diversion? ［D］. Department of Economics, Parma University (Italy)，2000.

[12] Lee S H，Baik Y S. Corporate Lobbying in Antidumping Cases：Looking into the Continued Dumping and Subsidy Offset Act[J]. Journal of Business Ethics，2010，96(3)：467-478.

[13] Lichtenberg F，Tan H. An Industry-Level Analysis of Import Relief Petitions Filed by US Manufacturers，1958—1985[M]. St Martin's Press. 1994：161-188.

[14] Miyagiwa K，Ohno Y. Dumping as A Signal of Innovation[J]. Journal of International Economics，2007，71(1)：221-240.

[15] Park S. The Trade Depressing and Trade Diversion Effects of Antidumping Actions：The Case of China[J]. China Economic Review，2009，20(3)：542-548.

[16] Prusa T J. On The Spread and Impact of Antidumping[R]. National Bureau of Economic Research，1999.

[17] Staiger R W，Wolak F A. Measuring Industry Specific Protection：Antidumping in the United States[R]. National Bureau of Economic Research，1994.

[18] Viner J. Dumping [M]. University of Chicago Press,1923.

[19] 鲍晓华. 反倾销措施的贸易救济效果评估[J]. 经济研究，2007(7).

[20] 宾建成. 中国首次反倾销措施执行效果评估[J]. 世界经济，2003(9)：38—43.

[21] 陈阵，孙若瀛. "反倾销，反补贴"对中国企业绩效的影响：由造纸业与橡胶业观察[J]. 改革，2013 (7)：96—103.

[22] 陈汉林，孔令香. 美国对华反倾销出口转移的实证分析[J]. 世界经济研究，2010(10)：45—50.

[23] 陈振凤，徐向真，宋希博. 反倾销政策对企业生产决策行为的影响分析——基于 DTGMIC 模型[J]. 工业技术经济，2012(8).

[24] 冯宗宪，向洪金. 欧美对华反倾销措施的贸易效应：理论与经验研究[J]. 世界经济，2010 (3)：31—55.

[25] 胡麦秀，严明义. 反倾销保护引致的市场转移效应分析——基于中国彩电出口的实证分析[J]. 国际贸易问题，2005(10)：19—23.

[26] 兰磊. 反倾销制度的福利效果实证考察[J]. 国际商务(对外经济贸易大

学学报），2013（5）：112—121.

[27] 李凤敏，高强，叶凤莲.反倾销手段对我国聚氯乙烯产业的影响——基于 COMPAS 模型的实证分析[J].中国商贸，2013(25).

[28] 刘爱东，夏菲.国际反倾销经济效应研究综述[J].经济问题探索，2012(5)：102—107.

[29] 刘爱东，陈林荣."三体联动"应对反倾销成效影响因素的实证研究[J].国际贸易问题，2010（2）：74—82.

[30] 刘佳.美国对中国反倾销的贸易效应和非贸易效应——以纸制品行业为例[D].复旦大学硕士学位论文，2009.

[31] 刘重力，曹杰.欧盟对华反倾销的贸易转移效应：基于产品角度的经验分析[J].国际贸易问题，2011(7).

[32] 刘重力，邵敏.印度对华反倾销的贸易转移效应——基于产品角度的经验分析[J].国际经贸探索，2009(9):48—53.

[33] 曲如晓，江铨.论反倾销保护对企业 R&D 投入的影响[J].经济经纬，2007 (5):43—47.

[34] 苏振东，刘璐瑶，洪玉娟.对外反倾销措施提升中国企业绩效了吗[J].财贸经济，2012（3）：68—75.

[35] 邵莹.对外反倾销措施能否改善中国企业绩效？——以化工产品"双酚A"案件为例[D].大连理工大学硕士学位论文，2013.

[36] 沈国兵.美国对中国反倾销的贸易效应：基于木制卧室家具的实证分析[J].管理世界，2008(4)：48—57.

[37] 沈瑶，王继柯.中国反倾销实施中的贸易转向研究：以丙烯酸酯为例[J].国际贸易问题，2004(3):9—12.

[38] 谭文亮.欧盟对华反倾销对我国化工产品出口贸易的影响研究[D].中南大学硕士学位论文，2011.

[39] 唐宇.反倾销保护引发的四种经济效应分析[J].财贸经济，2004(11).

[40] 王丛珊.对外反倾销实施效果评估研究——以化工产业为例[D].中南大学硕士学位论文，2009.

[41] 向洪金.国外对华反倾销措施的贸易限制效应与贸易转移效应研究[J].数量经济技术经济研究，2008(10)：75—86.

[42] 向洪金，赖明勇.我国反倾销措施的产业救济效果和福利效应研究——基于 COMPAS 模型的理论与实证分析[J].产业经济研究，2010（4）：

23—31.

[43] 向洪金,赖明勇. 全球视角下美国对华光伏产品"双反"案的经济效应研究[J]. 世界经济,2013(4):111—137.

[44] 邢梦宇. 中欧光伏案谈判进入第二轮　大企业或受益[N]. 中国贸易报,2013-6-27.

[45] 杨仕辉,邓莹莹,谢雨池. 美国反倾销贸易效应的实证分析[J]. 财贸研究,2012(1):77—84.

[46] 杨仕辉,刘秋平. 中国反倾销申诉寒蝉效应的实证分析——基于动态面板模型的 GMM 检验[J]. 产经评论,2011(1):121—128.

[47] 杨仕辉,谢雨池. 反倾销对中国出口行业损害的实证分析[J]. 产业经济研究,2011(3).

[48] 于璐瑶,冯宗宪. 进口反倾销调查对外商投资与国内上下游产业链的影响及其对策[J]. 国际贸易,2007(9):10—15.

[49] 舟丹. 欧盟反倾销案事件回顾[J]. 中外能源,2013(8):53.

[50] 朱路娣. 国际分工下美国对华反倾销的贸易效应研究[D]. 复旦大学硕士学位论文,2011.

7 基于上市公司的反倾销 反补贴效应评估

本章以企业的异常收益率为研究对象,利用事件研究法 MVRM 模型来观察美国对华光伏反倾销对中国企业所造成的冲击;同时,利用多元截面回归来研究企业的基本面因素对于异常收益率的影响。结果发现:反倾销的不同阶段对于企业异常收益率所造成的冲击并不同,而企业的规模和现金流则是企业能否在危机中顺利生存的关键。

7.1 引 言

7.1.1 研究背景

在过去 20 年中,反倾销的使用迅速增加(Miranda、Torres and Ruiz,1998;Prusa,2001),越来越成为各国在关税壁垒日益削弱的条件下新的贸易保护主义手段。

学术界对于反倾销的研究主要集中于两方面:其一,反倾销的决定因素,包括 Tacks(1981)、Knetter 和 Prusa(2003)、Aggarwal(2004)及 Baldwin(2005)等;其二,反倾销的贸易影响,包括 Krupp 和 Pollard(1996)、Prusa(1996)等。

研究企业层面反倾销影响的文献由于数据可得性相对较少等问题,存在以下问题:

第一,大多在一个较长的时间周期中,针对多个反倾销事件的研究,试图找出促成一系列反倾销事件的因素、反倾销事件的影响。这样的研究方法存在以下问题:一方面,反倾销并不仅仅是单纯的经济事件,其牵扯到政治、社会等多个方面(Grossman and Helpman,1994),即每一起反倾销事件的决定因素和最终影响都有特殊性,将多个事件放在一起分析往往容易忽略单个事件的个性,缺乏对于单个事件的深入分析和了解;另一方面,绝大多数的反倾销事件仅仅涉及几个厂商,或者仅仅针对某个细分子行业,这样的事件所产生的影响较小,对其展开研究的意义有限。以美国为例,金融危机开始后(2008年7月后),美国总共对华发起反倾销28起,涉及的中国企业为411家,平均每一起涉案企业15家,除去光伏反倾销涉案的75家和2011年实木地板反倾销案中涉及的92家,剩下的每起涉案厂商不足10家。

第二,多为发达国家发起反倾销对国内企业造成的影响,较少有文献分析发达国家发起反倾销对于目标国企业的影响,具体的文献包括 Liebman 和 Tomlin(2006)、Konings 和 Vadenbussche(2008)等。

第三,分析内容较为单一。对于企业遭受反倾销影响的分析,主要集中于两个部分:其一,企业的福利分析,考虑到数据的可得性,往往以企业的利润或是企业的价格加成来反映;其二,对于企业生产率的分析,主要引入了企业的异质性因素。

本章主要是通过分析美国对华光伏反倾销来研究单一事件对中国光伏上市公司的股价造成的冲击,恰好可以弥补上述文献所存在的缺陷。本章选择股价作为企业受到反倾销冲击的一个度量,主要是基于两方面的考虑:其一,股价是市场预期的反映,可以大致认为是企业未来经营业绩的折现,大致反映企业现在和未来预期的经营状况;其二,股价对于相关事件十分敏感,让我们可以在事件发生的第一时间捕捉到其对于企业的影响,这种瞬时性可以让我们排除其他因素的干扰。

而之所以选择美国对华光伏反倾销这一事件,主要是基于以下考虑:第一,随着美国对华发起光伏反倾销,印度、欧盟和澳大利亚也先后加入到对中国光伏产业的反倾销大军中,即美国对华反倾销拉开了之后众多国家对华反倾销的序幕,通过观察这一独立事件,对于我们更加深入了解这一连环反倾销背后的"秘密"具有重要意义;第二,美国对华光伏反倾销涉及的产品众多,几乎涵盖了所有来自中国的太阳能电池板、晶硅电池及组件,涉及金额超过80亿美元,涉及厂商75家,引起了广泛关注,是近年来美国最大的反倾销诉讼之一;第三,美国的反倾销体制健全,美国商务部(DOC)和美国国际贸易委员

(ITC)分工明确,有利于对反倾销事件的研究和分析;第四,美国对华光伏产业反倾销的同时还有反补贴诉讼,研究单次事件中反倾销和反补贴的不同影响有利于更好地认清两者的本质所在,同时也必将是本研究很好的延伸。

本章通过事件研究法,运用拓展的多因素回归模型(MVRM 模型),来测算处于产业链不同位置的企业在同一次反倾销事件的不同阶段的异常收益率,以此作为反倾销事件对于企业造成的冲击。同时,本章还将运用 CAR 和 BHAR 截面回归对不同企业异常收益率进行分析,找出在危机中光伏企业的生存法则。

本章研究的目的如下:

第一,分析同一次反倾销事件的不同阶段对于企业造成的冲击。我们认为单纯将美国对华反倾销作为一次事件是不完善的,在反倾销的不同阶段对企业造成的冲击可能会不同,这将使我们对反倾销事件有一个更加全面和系统的认识;第二,分析处于产业链不同位置的企业所面临的不同冲击,中国的光伏产业呈现"两头在外"的特征,上下游企业的生存状态和盈利模式迥异,这些特点会极大影响企业所面临的冲击;第三,分析造成不同企业在不同阶段冲击差异性的原因,本章将选取与企业自身经营、财务相关联的变量进行回归分析,对于这类原因的分析将有助于我们认识在危机中,企业的相关特性是有助于其更好的生存下来,从而为企业日后再遭受类似的威胁时做出更加合理的决策提供参考;第四,通过研究企业行为来探究此次美国对华光伏产业反倾销的特殊性,解释在此之后欧盟、印度和澳大利亚纷纷对华光伏产业发起反倾销的原因;第五,研究在同一事件中反倾销和反补贴对于企业的不同影响,并且据此分析反倾销和反补贴行为的本质。

7.1.2 文献综述

7.1.2.1 反倾销的影响

1. 贸易效应

反倾销宏观层面的影响主要集中于贸易领域,早期研究中最具有代表性的是 Staiger 和 Wolak(1994),其基于美国 1980—1985 年间的进口数据,构建出反倾销对进出口贸易产生的三种效应:调查效应(investigation effect)、终止效应(suspension effect)和收回效应(withdraw effect)。调查效应指的是反倾销的申诉(petition)以及反倾销税的征收都会对目标国的出口贸易产生限制;终止效应在双方签订终止协议(suspension agreement)后产生,所谓的终止协议指的是反倾销目标企业在面临反倾销调查时自愿以提高价格或者进行出口数量限制的方法来获得进口国的"谅解",实际产生的效果与征收反倾销税类似,同样会产生贸易限制;而收回效应由于当时数据的原因在两人的研究中并没有得到反映。三种效应均表明反倾销存在"贸易抑制效应"。

在此基础之上,Krupp 和 Pollard(1996)提出了反倾销的"贸易转移效应",该效应指的是一国若作为反倾销的目标国,则该国将显著减少对发起国的出口,转而增加对其他国家的出口。文章利用1978—1993年间美国化工行业的月度数据进行分析,结果在该行业将近一半的反倾销事件中发现了贸易转移效应的存在,但是单个行业的研究并不能说明整体的状况,结果容易受到行业本身特质的影响。

Prusa(1996)对前人的研究做了很好的补充,其将美国 1978—1993 年间的反倾销案例数据统一成海关协调编码制(HTS)下的税则号数据,对美国反倾销对目标国、非目标国以及整体进口的影响进行了分析,验证了贸易转移效应的存在。

相对于 Krupp 和 Pollard(1996),Prusa(1996)的研究有以下几方面的进步:

第一,数据处理更加细化,前者只是利用了化工行业的月度数据,而 Prusa(1996)则利用了各行业的产品数据,这一方法也为后来该领域的研究奠定了基础;第二,研究对象更加广泛,并不单纯局限在某一行业,而是整体研究了美国各行业的进口状况;第三,研究更加深入和具体,在其研究中包含 109 个被否决的案例(negative decision)和 126 个终裁征税案例(affirmative decision),并对高低反倾销税率案例进行了分组检验,文章还揭示了不同反倾销裁决结果对贸易的影响的大小。

鲍晓华(2007)综合检验了中国对外反倾销中存在贸易限制效应和贸易转移效应,文章利用Prusa(1996)的方法,分析了1997—2004年间中国反倾销案例 8 位数税则号的涉案产品数据,考察反倾销措施引起目标国和非目标国的贸易模式的变化。结果表明,中国反倾销措施对目标国的进口有明显的贸易限制效应。限制效应不仅体现在获得肯定性终裁的案件中,也体现在非肯定性终裁的案件中,这也从另一方面验证了 Staiger 和 Wolak(1994)提出的调查效应的存在。此外,涉案产品可能在反倾销目标国和其他国家之间进行转移,验证了反倾销的转移效应的存在。

2. 行业影响

行业层面的研究主要集中于反倾销对行业上下游的不同影响上。此类研究始于 Feinberg 和 Kaplan(1993),其研究表明,对上游厂商施加反倾销税,一方面会引起相关进口厂商在本国的市场份额下降,另一方面会引起其非目标进口厂商在本国市场份额的上升。反倾销的实施在一定程度上降低了上游市场的竞争程度,提高了上游产品的价格,从而导致下游厂商成本上升,影响下游厂商的生产决定。同时,文章还对垂直型结构下的贸易保护继发性问题作了实证研究,结果表明,随着上游厂商得到贸易保护,并且对下游厂商的生产经营带来冲击时,下游厂商更愿意跟随上游厂商提起反倾销申诉。

Krupp 和 Skeath(2002)对上述研究做了补充,其通过研究 1977—1992 年的美国相关上下游企业的面板数据,得出上游企业的反倾销对本国上游企业产品的数量和价格会产生正的影响,而对本国下游行业的产品则会产生相反的影响的结论,这与先前 Feinberg 和 Kaplan(1993)的结论是一致的。同时,文章还指出,反倾销的实施会产生三大效应:第一,其会对反倾销目标进口上游厂商的进口数量及价值产生负向影响,即为调查效应(harassment effect);第二,其会对目标国进口厂商的数量及价值产生正向影响,即为分流效应(diversion effect);第三,其会对本国上游企业的市场份额产生正的影响,即为市场份额转移效应(market share shifting effect)。前两者即对应于贸易影响中的贸易抑制效应和贸易转移效应。

相对于前人的研究,Krupp 和 Skeath(2002)的研究主要有以下进展:

第一,其研究采用的是分散式和行业层面的微观数据,而现有的绝大多数文献,包括 Finger、Hall 和 Nelson(1982),使用的均是聚合数据,仅有的使用分散式数据的文献也存在许多问题,以 Krupp 和 Pollard(1997)为例,尽管使用了分散式数据,但仅仅涉及一个行业。

第二,研究更加深入和细化。其不仅检验了反倾销申诉和施加反倾销税对上游产量的影响,同时也检验了上述两者对反倾销目标国厂商和国内厂商市场份额的影响。

朱钟棣和鲍晓华(2004)着重研究了中国对外反倾销对中国化工行业上下游的影响,文章认为,中国反倾销的目标产品主要是中间品,因此要特别关注对下游企业福利的影响。这一结论是在沈瑶等(2003)的基础上完成的,沈瑶等(2003)认为反倾销对于受损行业的保护是积极的,但这种保护是建立在牺牲消费者和下游企业利益的基础之上的。

总体来说，现有文献对上下游企业的研究是比较透彻和一致的，即中上游行业的对外反倾销是有利于保护中上游企业的，但是却伤害了下游企业的利益。

3. 企业影响

Helpman 和 Krugman(1989)从理论上分析了反倾销对国内企业的影响，认为反倾销作为关税的替代，将会在很大程度上提高国内企业的产品价格。

Staiger 和 Wolak(1994)认为，反倾销目标厂商进口减少的同时，国内厂商的市场份额却以相同比例扩大，消费者将原先对外国产品的需求转化为对国内相似产品的需求，需求的上升导致价格的上升。然而，其认为国内企业扩张的比例与国外产品减少相同的结论却遭到多方批评。事实上，实施反倾销之后进口厂商市场份额的扩大与国外反倾销目标企业进口之间并不是完全的对冲关系，同时还应当考虑到贸易转移效应，即非反倾销目标国可能会增加出口，这点 Krupp 和 Skeath(2002)也有论述。得出这一结论的原因很大程度上基于其对数据的选取：一方面，其所用数据均为反倾销第一年的数据，导致结果只能是短期效应，而短期效应受到其他干扰因素的影响较大；另一方面，文章本身研究的反倾销的贸易效应，其利用行业数据得出的结论并不如 Konings 和 Vandenbussche(2006)可靠。

随后，Konings 和 Vandenbussche(2006)对 Staiger 和 Wolak(1994)进行了修正，并且也验证了 Helpman 和 Krugman(1989)的假设。其通过对 4000 家欧盟企业在反倾销事件前后市场势力的对比分析，来探究反倾销对国内进口竞争型企业的影响，得出以下结论：

第一，国内企业的价格加成(markup)在反倾销实施之后会显著上升，即由于需求的上升导致企业可以提价的空间增大。

第二，对外反倾销申述并不会导致价格加成上升，只有肯定性的反倾销终裁才会导致价格加成上升。事实上，在贸易效应的分析中，伴随着反倾销申诉，贸易限制效应便会凸显，这是两者的一个矛盾之所在。

第三，贸易转移效应对国内企业的进口加成有负的影响，因此只有在进口转移效应并不十分明显的情况下，企业才可能获得价格加成。

文章的缺陷在于其利用的仅是欧盟的数据，文章的结论是否同样适用于美国公司还存在疑问，美国的对外反倾销和欧盟的对外反倾销之间存在巨大的不同：一方面，美国由于没有低税法则(lesser-duty)，并且适用行政审查程序(administrative review process)，导致美国的反倾销税率往往大于欧盟；另一方面,美国存在大量的贸易转移效应(Prusa,1994),而欧盟的贸易转移效应相对较小(Kongings and Vandenbussche,1999),这有可能会减弱价格加成。

学术界对反倾销的认识已经逐渐由贸易救济手段转为一种"伪装"的工业政策,其目的是为了保护生产率低下的本国企业(Shin,1998)。因而,反倾销对本国生产产业生产率的影响问题就显得尤为重要。在对这一问题的分析中,Melitz(2003)关于企业异质性的研究得到了广泛的重视,在著名的 Melitz 模型中,企业为什么要出口得到了很好的解释。在这一理论的基础之上,Lileeva 和 Trefler(2007)通过构建理论模型验证了本国企业生产率对反倾销政策的反应存在异质性。那些初始生产效率较低但未来发展潜力较大的生产商在反倾销政策实施后,生产率往往可以得到较大的提升,而那些初始生产率较高的企业生产率往往会下降。Lileeva 和 Trefler(2007)认为,提升生产率最大的动力来自于投资,反倾销导致国内市场扩大(抑制了国外进口),国内厂商(尤其是初始生产率较低的企业)的销量得到提升,因此会吸引投资,扩大产能,提高规模效应。而根据 Melitz 模型,初始生产率较高的企业往往是出口企业,它们的业务绝大部分都在国外,因此反倾销引起的国内市场扩大并不能在很大程度上提升它们的市场份额,也就无法吸引投资。不仅如此,Vandenbussche 和 Zanardi(2006)以及 Prusa(2001)认为,这些初始高生产率的企业甚至有可能经历生产率的下降,如果其他国家对其采取报复性的反倾销措施。同时,也有很多文献提出了出口学习效应(learning-by-exporting),报复性反倾销措施导致出口的下降容易引起学习效应的下降,这也会导致企业生产率下滑。Amiti 和 Konings(2007)给出了另外的解释,认为出口企业在其生产过程中往往较大比例地使用外国的原材料和中间产品,反倾销提升了中间产品的价格,限制数量,容易导致生产率的下降,但是由于数据的缺失,这一理论并没有得到很好的验证。

同时,也有大量的文献研究了贸易保护主义政策与产业内相关企业采用新技术进行生产之间的关系。Boone(2000)认为反倾销引起国内竞争减弱,在这种环境下,初始生产效率较低的企业反而更有动力去采用新技术,即市场竞争会逐渐回归理性而非一味地导致价格竞争。Aghion(2005)验证了上述观点,反倾销的确会减弱行业内部的技术差距,后发者对于领先者的追赶会变得异常激烈。

Konings 和 Vadenbussche(2008)对上述结论做了很好的补充和总结,其使用欧洲的企业数据来观察欧盟反倾销对欧盟内部企业生产效率的影响。结果表明,低初始生产率的企业,即所谓的落后企业(laggard firms),在反倾销实施期间会有生产效率的提升,而高初始生产率的企业,即前沿企业(frontier firms),还会有生产率的下降,这一结论与上述文献一致。同时,文章还研究了中等生产效率的企业,在反倾销中,这些企业的生产率会缓慢提升,但是生产率会保持在没有卷入到反倾销事件的企业之下。

其后,Pierce(2009)通过研究反倾销对美国制造企业绩效的研究,除了得到上述结论之外,还发现反倾销阻碍了产业内资源的合理流动,即资源不能有效地从低生产效率企业向高生产效率企业流动,从而影响了企业乃至整个行业的效率。

对于公司层面的影响分析,本章认为主要存在以下问题:

第一,所涉及的分析均是针对反倾销发起国公司,而没有针对反倾销目标国公司。

第二,所涉及的国家均是欧美国家,缺少对发展中国家的分析。而事实上,自 20 世纪 90 年代以来,发展中国家既是反倾销发起的主力军,也最容易遭受反倾销的冲击。

第三,分析内容较为单一。对于企业遭受反倾销影响的分析,主要集中于两个部分:其一,企业的福利分析,由于考虑到数据可得性的因素,往往以企业的利润或企业的价格加成来反映;其二,对于企业生产率的分析,这个部分主要引入了企业的异质性因素。事实上,企业层面还有许多因素可以挖掘。

7.1.2.2 反倾销的股价分析

少有文献将反倾销的影响与企业的股价相联系,来观察反倾销发生时对企业股价造成的影响。本章认为,对于股价以及相关收益率的分析是对反倾销企业影响效应一个非常有益的拓展。

而在这方面具有开创性意义的是 Harper 和 Huth(1997),文章运用标准资本市场事件研究法,通过分析美国对日本反倾销提案对日本企业的影响,来考察这些提案是否对日本出口企业具有系统性的影响。结果表明,通过观察市场上投资者的反应,可以预先知道一家企业是否会在反倾销裁决中获得较好的结果。这一结论说明:其一,不同的企业股价对美国的反倾销提案会有不同的变化,并不存在所谓的"系统性"的变化,而这种不同的变化主要来自于市场投资者对裁决结果的预期;其二,众多的市场信息往往可以帮助投资者形成正确的预期,这些信息可能是公开的,也可能是非公开的。但是,本章认为这一研究成果存在以下问题:

第一,研究方法过于简单,文章采用的标准资本市场事件研究法其实就是通过简单的市场模型来计算企业的异常收益率,而这一方法往往忽略了不同企业之间的异质性问题,本章要探讨的便是这一问题。

第二,样本的时间期为 1980—1992 年,尽管样本时间期较长,但是其对于现在的参考意义不大。反倾销从 20 世纪 90 年代开始已经发生了深刻的变化:一方面,反倾销的使用迅速增加(Miranda、Torres and Ruiz,1998;Prusa,2001);另一方面,新兴经济体(南非、墨西哥、中国以及印度)开始取代传统使用国及地区(澳大利亚、加拿大、欧盟、新西兰和美国)成为反倾销使用的主体。而这些变化的背后是对于反倾销这一贸易救济政策的重新理解。

之后与之较为相关的文献是 Liebman 和 Tomlin(2006),尽管也是考察市场对反倾销的反映,他们的研究与 Harper 和 Huth(1997)的不同点在于:第一,文章仅考察了一次单一的贸易保护事件,即美国针对钢铁进口进行临时性的保障措施;第二,研究对象并不是出口国的企业,而是美国国内的钢铁企业股票持有者。

结果表明,在采取临时性保障措施之后,股票持有者的异常收益率上升了 6%,而当 WTO 裁定美国的临时性保障措施违反 WTO 相关法律时,其收益率下降 5%。这一结论实质上验证了新古典主义针对生产商利得的观点,即生产商的利得来自于消费者的损失。临时性保障措施提高了美国国内钢铁的价格,使得消费者剩余减少。

上述两篇文章在反倾销企业影响层面做了很好的尝试,是对过往研究的极好的拓展。

7.1.2.3 理论与方法

进一步地,我们来分析在研究本章关于反倾销对企业股价影响时用到的最基本的方法——事件研究法。Dolley(1933)用事件研究法检验了美国股票市场上 1921 年到 1931 年间的 95 个股票分割事件对股价的影响,结果显示,其中有 57 个在事件发生时股票价格上升,26 个在事件发生时股票价格下跌,另外 12 个则在事件发生时股票价格没有反应。这一研究成果被认为是事件研究法的开山之作。

在之后的 30 年中,事件研究法得到了长足的发展,其中最具有代表性的是 Fama、Fisher、Jensen 和 Roll(1969)。虽然研究主题同样是股票分割对股价的影响,但是该文所采用的事件研究法已经完全不同于 Dolley(1933)。FFJR 模型主要通过一个包含事件期的市场模型,对股票的回报率和市场回报进行拟合,用残差项来估计异常回报率。这篇文章所采用的事件研究法构成了现在事件研究法的雏形。

然而,FFJR模型并非尽善尽美,在其发展过程中面临着众多的质疑,但最终都得到较好的解决。

第一,在外部冲击的影响之下,误差项的均值可能存在不为零的情况,从而导致模型的估计存在偏差。基于此,Scholes(1972)区分了估计期和时间期,利用估计期来建立市场模型,事件期的正常回报率用估计期得到的参数来进行预测,估计期的实际收益率减去估计的正常收益率就是异常收益率。

第二,FFJR模型的误差项可能存在异方差和非独立两个问题。一方面,Jaffe(1974)认为不同的公司通过市场模型预测的方差是不相同的;另一方面,King(1966)表明对于相关行业的公司,市场模型的残差项在事件发生时是同时相关的。通过实证研究,Collins和Dent(1984)认为,当存在上述问题时,模型的估计会产生偏差,其提出可利用组合法,即通过标准化的平均异常回报率来解决偏差问题。

第三,对于一个给定的公司,模型误差项之间可能存在序列相关性,即其在时间上是不独立的。幸运的是,Cowan(1991)以及Partch(1988)均指出,通过扩大样本容量可以较好地解决上述问题。

第四,存在事件引致方差(Event-induced Heteroskedasticity),即当事件发生时,股票截面数据将会出现比正常时更大程度的扩散,一旦引入估计期的方差,就会导致估计期的方差被低估,t 检验和 F 检验,以及置信区间都会无效。对此,Boehmer、Musumeci 和 Poulsen(1991)提出了可行的解决方法,即标准化残差与标准化横截面的综合检验。实证结果发现,经过标准化,事件研究法的检验效力大大增加。

事件研究法不仅应用于特定事件对证券价格的短期影响研究,也有不少学者对长期事件研究法进行了研究,所谓的长期事件是指事件窗大于 1 年的事件(Khotari and Wame,2006)。Lyon、Barber 和 Tsai(1999)通过在传统事件研究法下构建资产组合的方法以及基于日历时期资产组合计算月平均收益率的方法,来测算长期的异常回报率,结果显示,两种方法在随机样本中效果很好,但是在非随机样本中普遍存在设定误差,因此作者指出,长期事件研究的分析是不可信任的。Khotari 和 Wame(2006)也指出长期事件研究有待进一步发展和完善。

同时,针对一些规制性事件,或者是研究相同类型的公司经历相近或相同的事件,Gibbons(1980)提出了 MVRM 模型(Multivariate Regression Model)。其思想来源是 Izan(1978)提出的将异常收益率参数化的方法,即在方程中引入表示事件的虚拟变量。该模型的基本假设是,残差项是独立同分布的,但残差方差是不同的。方程间残差项的同期协方差非零,但非同期协方差为零。其可以克服传统事件研究法存在的截面相关、异方差问题,比传统事件研究法更具优势,因此在研究相同类型的公司经历相近或相同事件的问题中常有应用。

国内学者对事件研究法的运用起步较晚,主要的研究分为三个方面:

第一,对事件研究法在中国等新兴市场的适用性进行研究。陈汉文和陈向民(2002)利用中国证券市场的真实数据,利用随机抽样的模拟过程,检验事件研究法的均值调整模型、市场调整模型和市场模型的检验效力。作者指出,在新兴证券市场上,运用一些简单的模型也可以较为可靠地测算股价受事件影响的程度,文章显示了市场模型的局限性和均值调整模型的某些优势。然而,陈信元和江峰(2005)则得出了相反的结论,其认为无论事件研究中各公司事件是否相近或者重叠,以市场模型为基础的非参数秩检验比其他模型的效率高。与前面的研究不同,袁显平和柯大纲(2006)主要侧重于对事件研究法进行描述。

第二,利用简单的 FFJR 模型分析公司金融政策对股东财富的影响。由于所选择的样本并非相关行业,且事件窗不会完全重合,因此简单的 FFJR 模型也适用。而在此类研究中,关于并购重组绩效的研究伴随着中国海外并购以及国内资本市场的逐渐完善而越来越受到关注。郭妍(2010)综合运用事件研究法和会计指标法,对我国银行业海外并购绩效进行实证分析,结果发现,我国银行海外并购事件不存在财富效应,但存在一定的股价波动效应。大部分并购案的中长期综合绩效有所提高,并呈现一定的递增趋势。杜群阳和徐臻(2010)则基于事件研究法与财务分析法,富有新意地构建了一个综合的企业海外并购绩效与风险评价模型,并对 2006—2008 年间实施了海外并购的四家公司进行实证研究,得出了四家公司在评价模型中的空间分布。

第三,利用事件研究法检验国内股市是否有效。早期的研究包括胡金焱(2003)、许晓磊和黄良文(2002)、魏玉根(2001)等,近年来,这一主题研究较少,主要有马岩祥(2009)。其采用事件研究法,以年报公布作为事件,以年报公布日前、后共 30 日 120 只股票收益率数据为样本,对我国股票市场半强式有效性进行检验,结果发现年报公布日前、后超额收益存在明显变化,据此认为中国股市目前不符合半强式有效市场的定义。之后,陈红(2011)用事件研究法检验全球金融危机过后我国股票市场的有效性，得出上海与深圳股票市场均达到了弱式有效，但我国股票市场没有达到半强式有效。

总体而言，事件研究法经过几十年的发展其基本的模型形式和研究方法并没有发生变化，都是采用计算异常收益和累计异常收益来观察某一事件对公司股价的影响。主要的发展表现在以下两个方面：一是研究所用到的数据越来越侧重于高频数据，比如日度数据和日间数据，而不再使用月度数据进行分析；二是用于估计超常收益以及检验统计显著性的方法更加复杂了，尤其是在长期事件研究中。

7.2　光伏行业概况

7.2.1　光伏产业概念

以硅材料的应用开发为主而形成的光电转换产业链条称为"光伏产业"，包括高纯多晶硅原材料生产、太阳能电池生产、太阳能电池组件生产、相关生产设备的制造等。其中，硅材料的提炼和制备属于光伏产业链的上游；具体包括多晶硅料、硅棒以及硅片的生产；光伏电池组件的生产及装配属于产业链的中游，而光伏系统的设计和安装则属于产业链的下游，具体光伏产业链如图 7.1 所示：

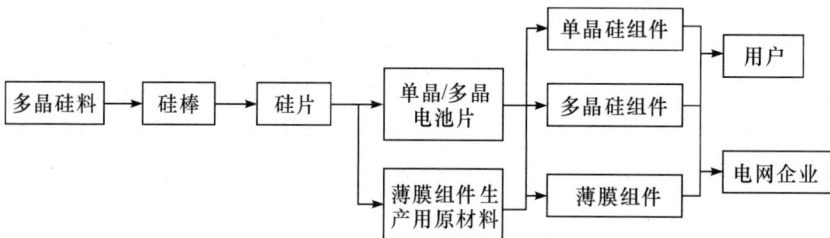

图 7.1　光伏产业链

7.2.2　全球光伏市场情况

本章认为，全球光伏装机量大致可以刻画出全球光伏产业的需求情况。如图 7.2 所示，从同比增长率来看，全球光伏装机容量仍然处于剧烈的波动之中，说明光伏市场还处于政策驱动模式的主导之下；另一方面，增长率在 2010

年之后有迅速下滑的趋势,未来需求增速预期放缓。

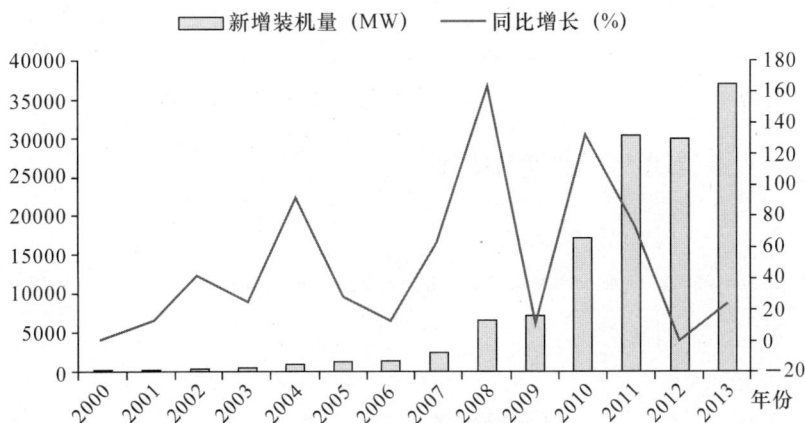

图 7.2　2000—2013 年新增光伏装机量

本章认为,未来增速放缓主要有以下两点原因:

第一,从绝对量来看,2012 年年底,全球光伏新增装机容量达到 31GW,相对于 2011 年的 27.9GW 增长 11%,累计装机量达到 98.5GW 的历史新高。鉴于装机规模已接近 100GW 和全球的宏观经济形势,今后几年全球光伏应用难现前几年的爆发式增长。第二,作为光伏最主要的需求方——欧洲需求增速放缓,相比之下,新兴市场如中国需求增速逐渐加快。尽管光伏市场还是以欧洲为中心,但德国光伏已进入稳定发展阶段,连续三年维持在 7.5GW 左右,意大利、西班牙等国深受经济危机的影响,2012 年光伏装机量大幅减少。

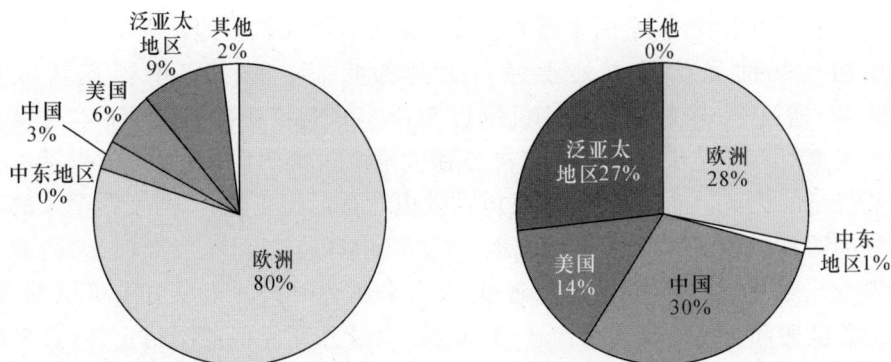

图 7.3　2011—2013 年全球光伏市场需求变化状况

数据来源:EPIA。

以中国、美国和日本为代表的新兴光伏市场成为新的增长点,光伏市场的中心将逐渐从欧洲转移到这些新兴光伏市场。2011 年,欧洲的光伏需求占全球总需求的比重为 80％,2013 年下降为 28％,而以中国为代表的新兴光伏市场需求占比大幅上升,中国上升 27％,泛亚太地区上升 18％。具体如图 7.3 所示。

7.2.3　中国光伏产业发展状况

7.2.3.1　国内需求状况

通过光伏的累计装机量预测数据,本章大致刻画了中国国内光伏的需求状况。如图 7.4 所示。

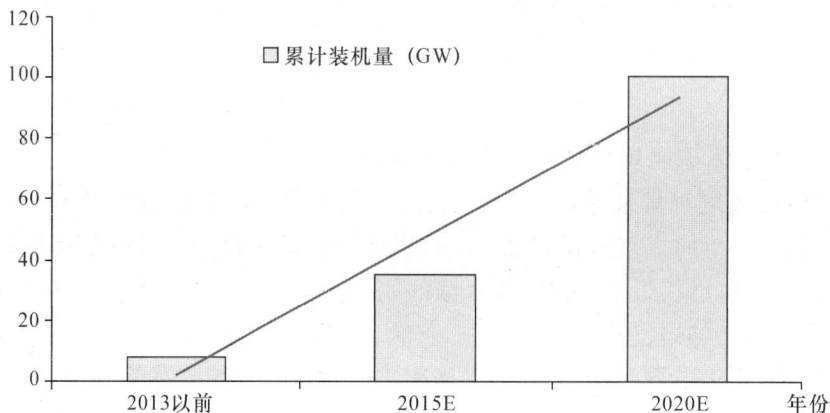

图 7.4　国内光伏的累计装机量预测

注:年份后加 E 表示预估值。

从上图可以看出,中国年度光伏装机量占世界装机量的比重不断上升,说明中国市场的光伏需求处于稳定上升的状态。2012 年中国光伏装机 4.5GW,增速达到 66％,累计装机量近 8GW,2013 年新增装机 7GW,这也反映出国家对发展光伏应用的坚定决心和鼓励政策。然而,我国的装机量占世界装机量的比重仍然较小,光伏发电占发电总量的比重较小,与发达国家的差距较为明显。2013 年我国光伏发电占总发电量的比重不足 1％,意大利的光伏发电比重超过 7％,德国也将近 6％,未来还有很大的市场需求可供挖掘。伴随着欧盟和美国对华光伏产业的"双反"以及外部经济的不稳定性,开发国内市场需求将会是未来我国光伏产业发展的必经之路。

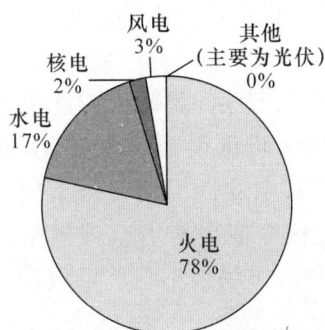

图 7.5　中国各发电形式所占比重

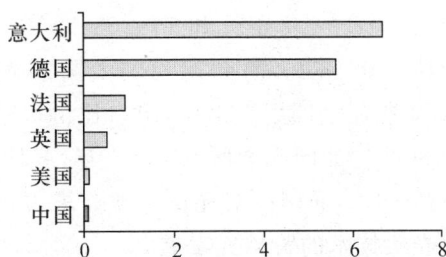

图 7.6　光伏发电比重国家比较

7.2.3.2　国内供给状况

中国光伏产业主要以发展晶体硅太阳能电池为主,太阳能电池的产量可以大致刻画国内光伏产业的供给状况。自 2006 年《中华人民共和国可再生能源法》实施以来,中国的太阳能电池产量以每年 122.64% 的平均速度增长,其中 2003 年至 2008 年的平均产量增长率均在 100% 以上。2007 年到 2011 年,中国太阳能光伏电池产量已居世界领先水平,占全球产量的比重已由 2004 年的 4% 飙升至 2011 年的 48%,超过了一直居全球市场首位的日本。具体如图 7.7 所示。

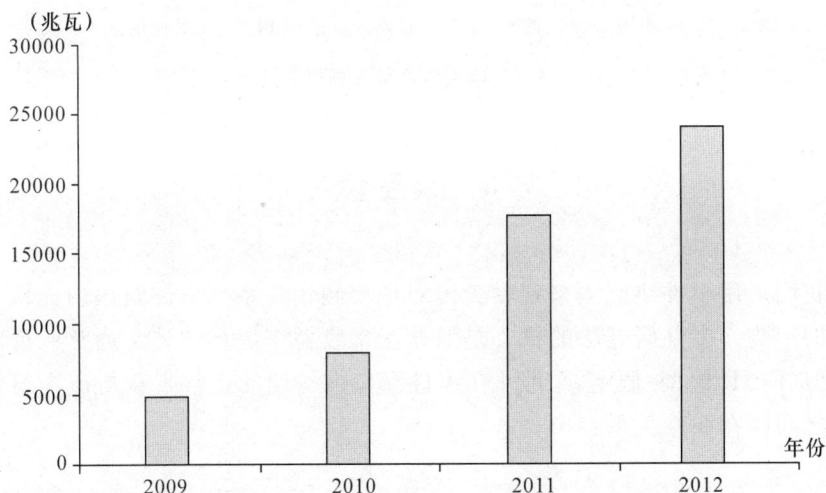

图 7.7　2009—2012 年中国大陆太阳能电池产量情况

作为全球最大的太阳能电池制造基地，中国光伏企业严重依赖出口，2009年、2010年和2011年1月至10月中国太阳能电池出口总额分别为71.13亿美元、201.94亿美元和199.58亿美元。以2010年为例，我国太阳能电池产量达8000兆瓦，而同期我国太阳能光伏系统新增装机仅为520兆瓦，其余7480兆瓦全部用于出口，出口比例高达约94%，其中欧洲市场占据了出口量的80%。如图6.8所示，2011年，我国太阳能光伏电池供给占全球供给比例高达48%，而国内对光伏电池需求占比仅为0.4%，市场狭小已严重阻碍了我国光伏技术的跨越式发展。

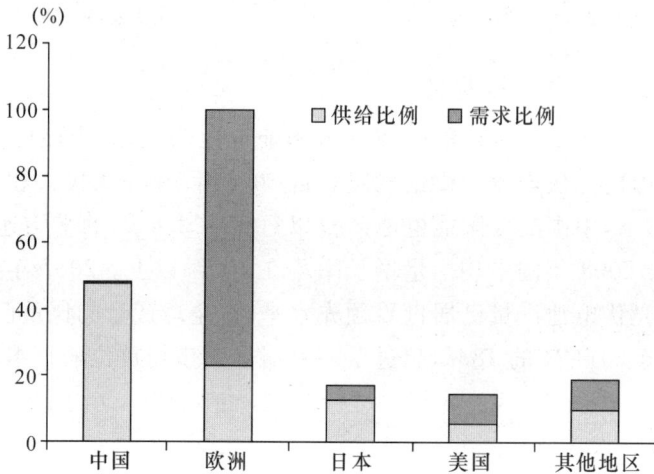

图7.8　全球主要光伏市场供需情况

7.3　模型设定

我们运用事件研究法来观察美国对华反倾销一系列事件对国内光伏上市公司的影响。事件研究法的核心是对非正常收益率进行估计。通常所说的市场模型（FFJR模型）假定，个股 i 在事件窗口内每期的正常收益与市场组合的收益之间存在线性关系：

$$R_{it} = \alpha_i + \beta_i \times R_{mt} + \varepsilon_i$$

其中，R_{it} 是个股 i 在 t 日的个股收益率，R_{mt} 为 t 日的市场收益率，ε_i 服从零均值、同方差的正态分布，即为白噪声，因此：

$$E(R_{it}) = \alpha_i + \beta_i R_{mt}$$

$E(R_{it})$ 即为以市场模型估计的正常收益率,那么非正常收益率(AR)为:

$$AR = R_{it} - E(R_{it})$$

但是,我们使用市场模型去估计本章中的事件影响显然是不精确的,因为在 FFJR 模型的估计中,我们假设随机扰动项是独立同分布的,这也是古典线性模型的要求。然而,在此事件中,所有的样本均来自于同一个行业,这样就容易导致误差项的异方差性和非独立性。为了确保模型的估计仍然无偏,我们引入了 MVRM 模型。模型的具体形式如下:

$$R_{it} = \alpha_i + \beta_i R_{mt} + \sum_{j=1}^{n} r_{ij} D_j + \varepsilon_{it}$$

其中,R_{it} 是 i 公司(或者 i 类型的公司,如果我们假设同一类型的公司具有相似的特征)在 t 日的收益率,R_{mt} 为 t 日的市场收益率,β_i 是 i 公司的系统风险,即其收益率相对于市场收益率的变动。D_j 是虚拟变量,在事件日,其为 1,否则为 0。将上述方程展开,我们可以得到关于 MVRM 模型的一系列方程:

$$\begin{cases} R_{1t} = \alpha_1 + \beta_1 R_{mt} + \sum_{j=1}^{n} r_{1j} D_j + \varepsilon_{1t} \\[2mm] R_{2t} = \alpha_2 + \beta_2 R_{mt} + \sum_{j=1}^{n} r_{2j} D_j + \varepsilon_{2t} \\[2mm] \cdots\cdots \\[2mm] R_{nt} = \alpha_n + \beta_n R_{mt} + \sum_{j=1}^{n} r_{nj} D_j + \varepsilon_{nt} \end{cases}$$

通过这一系列模型 H 我们便可以估计同一事件对不同公司的影响,如果需要估计不同事件对不同公司的影响,我们也只需要重复第一个事件估计的步骤即可。

对上述方程的估计基于 Zellner(1962)的似不相关回归(SUR)。SUR 考虑到方程间残差存在异方差和同期相关的条件下,估计联立方程系统的系数。当协方差矩阵 $\sum$ 已知时,Zellner 的 SUR 估计量 λ 为:

$$\hat{\lambda}_{sur} = \left[X' \left(\sum \otimes I_T \right)^{-1} X \right]^{-1} X \left(\sum \otimes I_T \right)^{-1} Y$$

其中,I 是 $T \times T$ 的矩阵,$\otimes$ 为克罗内克内积。

如果协方差矩阵 $\sum$ 是未知的,则首先需要用普通最小二乘法估计其中的常数,得到协方差矩阵的一致估计量 $\hat{\sum}$ 之后再运用 GLS 得到 λ 的估计值。

7.4 样本选择

7.4.1 样本公司选择

美国对华光伏反倾销针对的中国光伏企业多达72家,由于本章主要通过观察公司股价的变动来判断反倾销事件对样本公司的影响,我们只选择其中的上市公司作为样本,具体如下。

表7.1 样本公司

公司名称(中文)	公司名称(英文)	上市地点
天和光能	Trina Solar Energy Co., Ltd.	美国
英利	Yingli Energy Company Limited	美国
韩华新能源	Hanwha Solarone Co., Ltd	美国
中电光伏	China Sunergy Co., Ltd	美国
晶科能源	JinkoSolar Holding Co., Ltd	美国
晶澳太阳能	JA Solar Technology Co., Ltd	美国
阿特斯太阳能	Canadian Solar International Limited	美国
赛维	LDK Solar Hi—tech Co., Ltd	美国
无锡尚德	Wuxi Suntech Power Co., Ltd	美国
天威保变	Tianwei New Energy PV Module Co., Ltd	中国(境内)
东方电气	Dongfang Electric Corporation Limited	中国(境内)
东方日升	Risen Energy Co., Ltd	中国(境内)
南玻A	CSG Holding Co., Ltd	中国(境内)
拓日新能	Shenzhen Topraysolar Co., Ltd	中国(境内)
向日葵	Zhejiang Sunflower Light Energy Science & Technology Co., Ltd	中国(境内)
保利协鑫能源	GCL-Poly Energy Holding Limited	中国(境内)

所选企业均是行业内的龙头企业,具有较好的代表性。从规模上来看,2013年行业总资产为4059亿元,所选样本①资产占总资产的近64%,各企业具体占比如下。

---

① 由于数据可得性的原因,此处样本不包括无锡尚德。

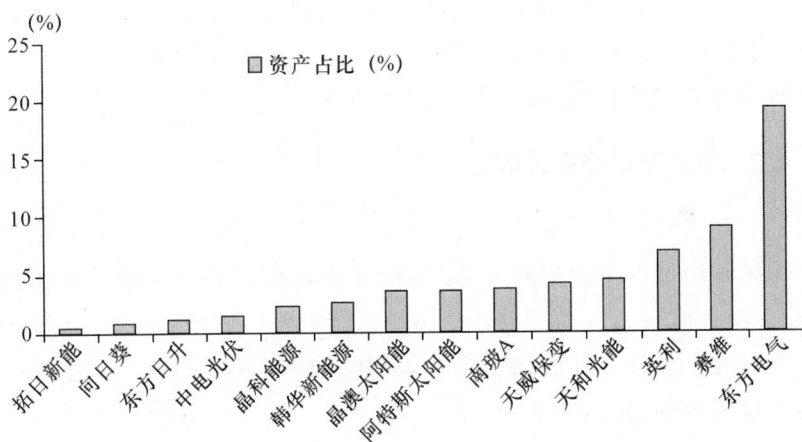

图 7.9　各企业资产占行业总资产状况

同时,从 2013 年和 2011 年各企业出口占比的情况来看,我们容易得出以下结论:[①]

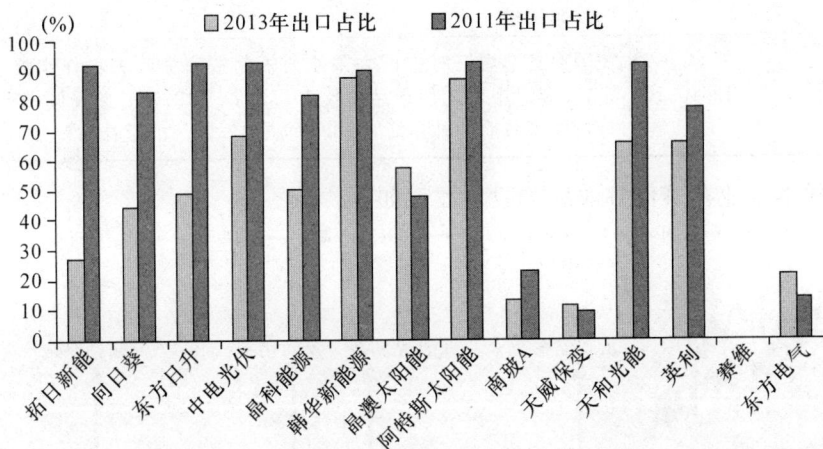

图 7.10　各企业 2011 年和 2013 年出口占比状况

一方面,除了南玻 A、天威保变以及东方电气以外[②],其他企业出口占比

---

① 赛维数据暂不可得。

② 原因是这几家企业均属于上游企业。

均较大,更容易受到外部反倾销的冲击,同时也有利于我们进行观察;另一方面,2013年相对于2011年出口占比大幅减少,原因在于受到外部反倾销冲击之后,更多企业选择以内销来获得生存机会,同时国内不断扩大的光伏市场也有利于吸引原来以出口为主的厂商大量转内销。

7.4.2 事件选择及相关假设

美国对华光伏产业反倾销一波三折,从正式立案到终裁历经一年,如果将整个反倾销作为单一事件来研究,很难细致地观察到某一阶段对企业的具体冲击,而且企业股价也容易受到其他事件的影响。因此,本章选取在整个反倾销事件中具有代表性意义的四个事件,具体观察这些事件在一个小的时间窗口中对企业的影响,具体如下。

表 7.2　具体事件选择

事件 1	2011.10.27	正式立案
事件 2	2012.3.26	美国 IFC 宣布反补贴初裁结果,征收 2.9%~4.73% 的反补贴税
事件 3	2012.5.17	反倾销初裁肯定,裁定对中国涉案企业征收 31.14%~249.96% 的反倾销税
事件 4	2012.10.10	美国商务部周三对中国太阳能面板制造商征收关税作出终裁决定,决定对中国光伏产品征收 18.32%~249.96% 的反倾销税,且针对中国政府的补贴征收 14.78%~15.97% 的反补贴税

样本企业在事件日前后的股价波动如下:

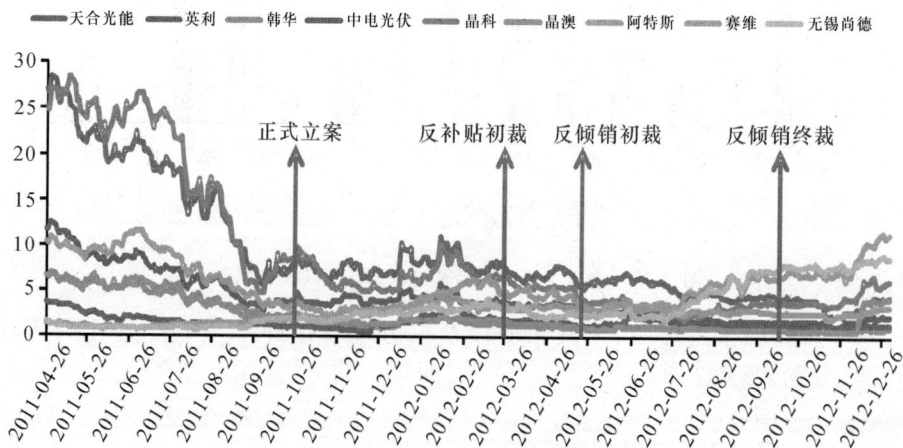

图 7.11　各企业股价波动状况 1

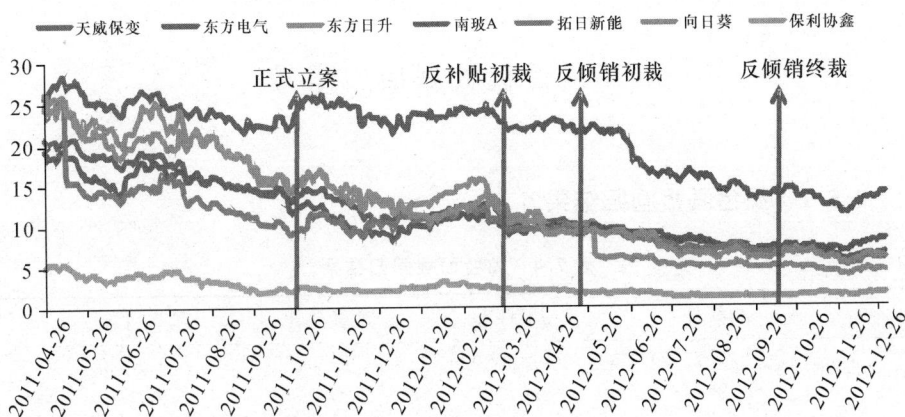

图 7.12 各企业股价波动状况 2

7.4.3 窗口期的选择

在确定了事件之后,窗口期的选择显得尤为重要,如果仅仅选择事件发生当天作为窗口期,则需要满足两个条件:(1)事件日可以准确地确定(Mackin-lay,1997);(2)市场达到半强有效,即对于突发事件,市场可以做出有效的反应(Bhagat and Romano,2001)。如上文所述,本研究所选取的事件可以满足第一个条件,但是我们认为,反倾销的研究与一般公司研究中存在极大的差异。在公司层面的研究中,可以假设消息不会提前走漏,但是在反倾销事件的研究中,市场可能提前对这一事件做出反应,从而使得官方的宣布日并非真正意义上的事件日。同时,根据丁振松(2012)对突发事件的相关研究,中国股市已经达到了半强有效,但是针对政策性的公布,市场存在明显的反应不足和反应过度。综合以上考虑,只选择一天来考察上市公司对欧盟反倾销相关消息公布的反应并不合适。本章结合陈汉文和陈向民(2002)以及 Bown、Cummins、Lewis 和 Wei(2004)的研究,确定了以消息公布日(事件日)前后两个交易日作为窗口。

表 7.3 窗口期的选择

	窗口期	光伏企业超额收益率预期
事件 1	2011.10.25—2011.10.31	—
事件 2	2012.03.16—2012.03.22	—
事件 3	2012.05.15—2012.05.21	—
事件 4	2012.10.08—2012.10.12	—

7.5 面板数据回归结果

7.5.1 综合面板回归结果

表 7.4 综合面板回归结果

	事件 1	事件 2	事件 3	事件 4
Market	1.77284***	1.808025***	1.794251***	1.805093***
	25.48	26.12	25.90	26.07
R1	−0.0186746	0.0147149	−0.0097863	−0.002781
	−1.15	0.90	−0.60	−0.17
R2	−.0012549	−0.0192833	−0.0008841	0.004612
	−0.08	−1.18	−0.05	0.28
R3	0.0592418***	0.0346173**	−0.0369018**	0.0023398
	3.63	2.13	−2.27	0.14
R4	0.0333953**	−0.028432*	−0.036993**	0.0078213
	2.05	−1.75	−2.27	0.48
R5	−0.0209638	−0.0036115	0.0172189	−0.0177122
	−1.29	−0.22	1.06	−1.09
_CONS	−0.0015922**	−0.0014596**	−0.0013052	−0.0014511*
	−1.99	−1.83	−1.63	−1.81
样本数量	6701	6701	6701	6701

注:***表示在 1%的水平上显著;**表示在 5%的水平上显著;*表示在 10%的水平上显著。

事件 1 发生当天及后一天异常收益率为正,即 SOLAR WORLD 公司提起反倾销申诉反而提升了企业的异常收益率,这与我们先前的预测是不一致的,主要原因如下:

第一,光伏行业被投资者长期看好。一方面,随着石油、煤炭及天然气等矿物能源的日益紧缺[①],太阳能因其清洁及可再生性日益受到关注和青睐,预计至 2030 年,太阳能发电总量将占世界发电总量的 10%以上。[②] 太阳能发电

[①] 以目前探明的储量,石油仅够继续开采 40 年、煤炭可供继续开采 100 多年,天然气可供继续开采 70 年。

[②] 数据来源:欧洲 JRC 世界能源发展报告。

主要分为光伏发电和光热发电两种形式,而光伏发电因其应用限制小及成本低的优势,成为目前太阳能发电的主流。另一方面,我国"十二五"期间对光伏行业的补贴政策有利于行业的整体发展。2011年是"十二五"规划开局之年,政府的光伏产业计划是,至2015年我国光伏装机总量至少要达到10GW,而2011年我国的装机总量仅为5MW,预计平均每年将新增2.5GW,是当时每年新增量的5倍左右。因此,即使SOLAR WORLD提起反倾销申诉,行业的异常收益率依然有所提升。

第二,中国光伏企业长期以来存在产能过剩的问题,2011年全球光伏装机总量为29.7GW,而中国光伏企业的总产量约为30GW,通过这次"潜在"的反倾销(仅是提起诉讼,并未真正判决),可以帮助中国光伏行业优化行业结构,淘汰落后产能。

第三,虽然SOLAR WORLD提出申请,但最终裁决通过的可能性并不大,这种预期主要有以下两点理由:一方面,我国的光伏行业主要处于中下游,而国外光伏企业主要是上游企业,一旦下游企业遭受重创,对美国自身的光伏产业也是巨大的打击,所以美国上游光伏企业会给美国商务部(DOC)以及国际贸易委员会(ITC)施加压力;另一方面,2011年10月欧美正深陷债务危机,将矛头直指成本低、需求大的中国光伏企业,政治诉求意图明显,预期将面临国际社会的舆论压力。

第四,SOLAR WORLD提起诉讼时,行业好消息频现。自8月份政府实施上网电价补贴政策①,9月末非住宅项目待安装量已达到了14GW,西北地区项目占全国待安装光伏项目总额的66%,预计2011年中国光伏市场实际完成量将超过1.6GW,较2010年增长230%以上。②

事件2为美国IFC宣布反补贴初裁结果,决定征收2.9%～4.73%的反补贴税。回归结果显示,这一事件给光伏企业带来了正的影响,也即反补贴税的征收给企业带来了正的异常收益率,这与我们先前的判断并不相符,主要原因是反补贴税征收的力度大大低于预期。而之前行业普遍预期的反补贴综合税率将维持在30%左右,这一税率将使绝大多数中国光伏企业失去竞争力。

---

① 8月1日国家发改委颁布了《关于完善太阳能光伏发电上网电价政策的通知》,将国内建设的太阳能光伏项目的上网电价统一核定为1.15元/千瓦时,未来降低到1元/千瓦以促进成本的下降。

② 数据来源:Solarbuzz,中国光伏项目追踪报告。

受到这一消息的影响,当日在美中国光伏概念股均出现大涨,美股中概太阳能指数(SLR10)大涨 7.79%。具体如表 7.5 所示。

表 7.5 在美上市各企业股价涨幅

公司	涨跌额	涨跌幅	公司	涨跌额	涨跌幅
天合光能	+0.61	+7.85%	英利	+0.46	+12.07%
无锡尚德	+0.44	+14.06%	晶澳	+0.08	+4.4%
韩华	+0.06	+3.95%	晶科	+0.37	+5.63%

我们认为,此次反补贴税低于预期主要来源于美国国内光伏企业的压力:一方面,2009 年开始,美国每年的光伏装机总量维持 100% 左右的增长率,在给中国下游光伏企业带来巨大机会的同时,也给美国上游企业创造了巨大的就业机会和利润,中国每年支付给美国光伏企业的设备和技术转让使用费就高达 30 亿美元,在美国经济处于低谷、就业率和初次申请社会救济金人数居高不下的 2012 年,商务部征收过高税率将给持续低迷的美国经济带来巨大的影响;另一方面,由 25 家美国光伏企业组成的美国平价上网联盟已经采取抗议活动,希望商务部重视"双反"对美国本土光伏企业造成的影响。

事件 3 是反倾销初裁肯定,裁定对中国涉案企业征收 31.14%~249.96% 的反倾销税。其中,参加应诉的中国光伏生产商——尚德电力、天合光能、英利等,将分别被征收 31.22%、31.14%、31.18% 的反倾销税率,而未应诉的企业将统一被征收 249.96% 的反倾销税。这一事件给光伏企业的异常收益率带来了负的影响,与我们先前的假设是一致的。这一高税率将与先前的反补贴税叠加,如果终裁维持不变,将是中国企业遭受反倾销面临的最高的惩罚性关税,我国企业在美国的价格优势将完全被侵蚀。反补贴税的实施将使中国光伏企业出口到欧洲的成本大大增加,从而导致需求减少。尽管国内光伏产业的成本处于不断下降的趋势,但是依然无法承受反补贴税,这就必然导致大量光伏企业的利润减少,甚至陷入破产。

事件 4 是美国商务部作出终裁决定,决定对中国光伏产品征收 18.32%~249.96% 的反倾销税,回归结果显示,这一事件对企业异常收益率影响不大,主要原因是终裁之前市场普遍对这一结果有所预期。

7.5.2 分组面板回归结果

光伏产业链上下游之间表现出完全不同的特征,因此有必要针对上下游光伏企业分别进行回归分析。本章根据企业主要产品对样本企业进行上下游分类,如图 7-13 所示。

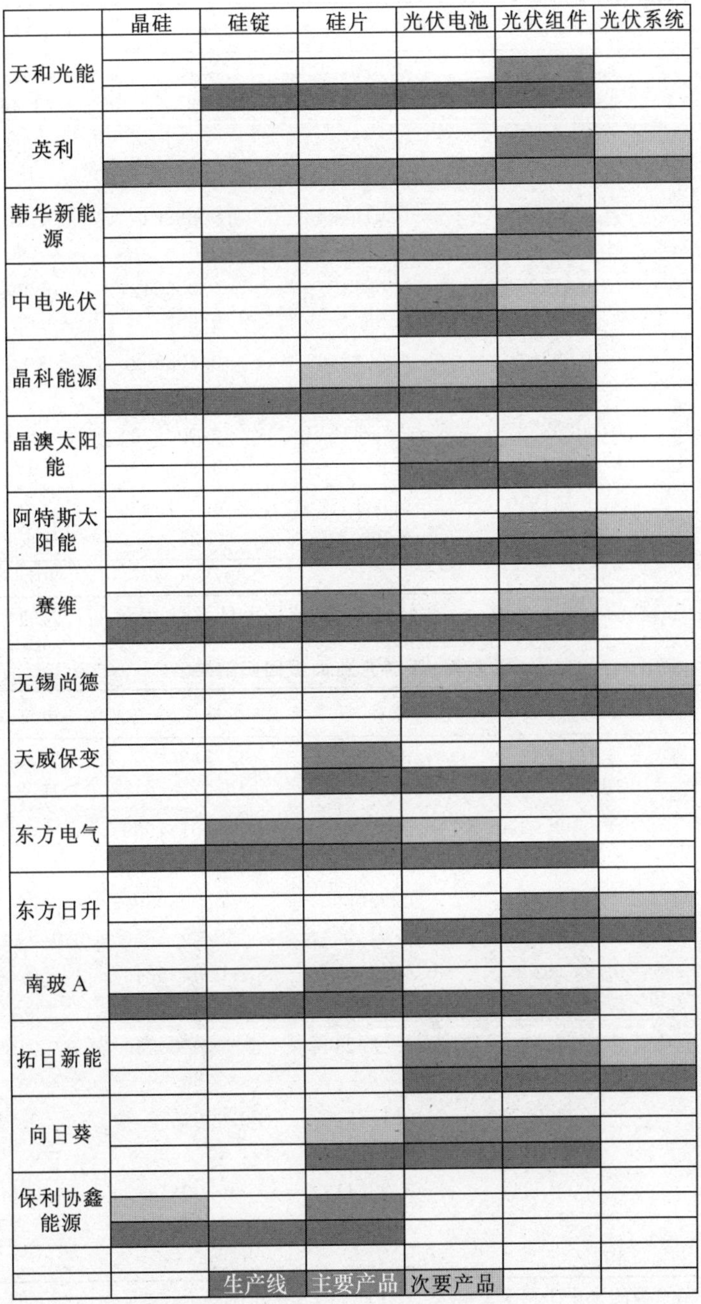

	晶硅	硅锭	硅片	光伏电池	光伏组件	光伏系统
天和光能						
英利						
韩华新能源						
中电光伏						
晶科能源						
晶澳太阳能						
阿特斯太阳能						
赛维						
无锡尚德						
天威保变						
东方电气						
东方日升						
南玻A						
拓日新能						
向日葵						
保利协鑫能源						
		生产线	主要产品	次要产品		

图 7.13　各企业产品状况

表 7.6　上游企业面板回归结果

	事件 1	事件 2	事件 3	事件 4
Market	1.610561***	1.629264***	1.631086***	1.629184***
	28.17	28.45	28.43	28.46
R1	0.0001354	−0.0005585	0.001813	−0.0036068
	0.01	−0.04	0.13	−0.26
R2	−0.0005948	−0.0164063	0.0088894	0.0012661
	−0.04	−1.18	0.64	0.09
R3	0.0647526***	−0.001177	−0.0095121	0.0087237
	4.67	−0.08	−0.68	0.63
R4	0.0159266	−0.0042469	−0.008862	−0.0124586
	1.15	−0.31	−0.64	−0.90
R5	0.0029258	−0.0134319	−0.003512	−0.0216018
	0.21	−0.97	−0.25	−1.55
_CONS	−0.0018402***	−0.0015481**	−0.0016068**	−0.0015677**
	−2.70	−2.26	−2.34	−2.29
样本数量	2078	2078	2078	2078

注:***表示在 1%的水平上显著;**表示在 5%的水平上显著;*表示在 10%的水平上显著。

表 7.7　下游企业面板回归结果

	事件 1	事件 2	事件 3	事件 4
Market	1.851662***	1.897061***	1.873961***	1.893235***
	18.66	19.28	19.02	19.22
R1	−0.0259276	0.0220468	−0.0147589	−0.0025643
	−1.14	0.97	−0.65	−0.11
R2	−0.0018757	−0.0206904	−0.005939	0.0071059
	−0.08	−0.91	−0.26	0.31
R3	0.056102**	0.0506503**	−0.0485243**	−0.0000376
	2.45	2.22	−2.13	−0.00
R4	0.0418831**	−0.0392444*	−0.0500266**	0.0169999
	1.84	−1.72	−2.20	0.75
R5	−0.0309977	0.001176	0.0262056	−0.0157995
	−1.36	0.05	1.15	−0.69
_CONS	−0.0015047	−0.001443	−0.0011892	−0.0014235
	−1.35	−1.29	−1.07	−1.27
样本数量	4623	4623	4623	4623

注:***表示在 1%的水平上显著;**表示在 5%的水平上显著;*表示在 10%的水平上显著。

　　晶硅、硅片和硅锭的生产属于上游环节,而光伏电池、光伏组件以及光伏系统的生产属于下游环节,由此可知样本企业中上游企业有赛维、天威保变、东方电气、南玻A以及保利协鑫能源,而下游厂商包括天和光能、英利、韩华、中电光伏、晶科能源、晶澳、阿特斯、无锡尚德、东方日升、拓日新能以及向日葵。

　　通过以上两张表格的对比分析,我们很容易得出:下游企业面对美国反倾销事件,超额收益率的变化明显大于上游企业。原因如下:

　　一方面,我国的下游企业大多从事太阳能电池、相关组件以及薄膜的生产,而所生产产品主要用于出口,因此反倾销对这部分的企业打击更大。至于更为下游的智能电网、光热电站、光伏直流并网系统方面,我国在建设用关键设备制造技术及并网技术方面与国外有较大的差距,有些甚至是处于空白状态。在配套的测试服务及技术等方面,我国更是远远落后于发达国家,因此我国这类企业相对较少甚至几乎没有。至于上游企业,则严重依赖于外部进口,主要原因是在材料方面,我国多晶硅生产工艺研发仍处于起步阶段,与国际先进水平相比仍存在明显差距。国际上通常采用闭环改良西门子法、冶金法、气液沉压法、重掺硅废料提纯法等先进技术,污染少,纯度高,成本相对较低;而国内主要采用的是非闭环改良西门子法,产能相对较少,纯度低,质量不稳定,因此需要依赖于进口。

　　另一方面,硅片以及多晶硅主要有两种用途,分别是用于太阳能光伏电池以及半导体,其中,电子级的多晶硅(即用于半导体)占比约为55%,太阳能级的多晶硅占比为45%,两者仅是纯度不同而已。因此,对于上游企业而言,在下游光伏产业遭受巨大打击之时,其完全可以调整生产策略,通过纯度的调整实现客户的整体或部分转移,从而规避由于下游光伏制造商的不景气而对上游造成的冲击。

7.6　截面数据回归结果

7.6.1　指标及假设

　　我们可以观察到各个企业在同一事件中股价的异常收益率是不同的,即事件对于企业的冲击也受到企业基本面的影响,因此有必要探究影响企业异常收益率的基本面因素,从而找出在行业面对共同冲击的时候,哪些因素可以使得企业更好的生存下来。

本章以杜邦分析法为基础,综合考察企业盈利、资产结构以及资产周转率等各方面的因素,主要选取了如下财务指标。

表 7.8　财务指标

规　　模	总资产(SIZE)
	员工人数(EMPLOYEE)
经营能力指标	应收账款周转率(RECEIVABLE)
	存货周转率(INVENTORY)
	总资产周转率(ASSETTURN)
盈利能力指标	总资产净利率(PROFITA)
	净利润/营业总收入(PROFITS)
偿债能力	流动比率(LIQIUDITY)
	速动比率(QUICK)
	杠杆(LEVERAGE)
现金流	现金资产比(CASH)
	现金绝对量(CASH1)

表 7.8 中:RECEIVABLE＝营业收入总额/应收账款平均余额;IN-VEBTORY＝营业成本总额/存货平均余额;ASSETTURN＝营业收入总额/总资产平均余额;PROFITA＝净利润/总资产;PROFITS＝净利润/营业收入总额;LIQUIDITY＝流动资产/流动负债;QUICK＝速动资产(流动资产－存货)/流动负债;LEVERAGE＝总负债/总资产;CASH＝库存现金/总资产,而SIZE、EMPLOYEE 和 CASH1 分别是总资产、员工人数和库存现金的自然对数。

企业规模预期与其抵御风险的能力息息相关,原因如下:

第一,大型企业的产品更加丰富,企业投资更为多样。在行业整体遭受冲击的情况下,更容易分散风险。

第二,大型企业的融资渠道更为畅通。相对于中小企业,大型企业与政府和银行之间的关系更为密切。一方面,规模越大税收越多,在地方政府融资难问题难以解决的当下,政府对大型企业的依赖更加严重;另一当面,大型企业往往能给银行带来巨大的现金流和表外业务。因此,在大型企业面临冲击时,政府和银行更愿意提供流动性支持。

假设 1：企业规模与异常收益率正相关

本章通过应收账款周转率、存货周转率以及总资产周转率来衡量企业的经营效率。通常认为周转率指标与市场平均大致相同为宜，然而在危机到来时，拥有较高周转率的企业往往拥有更大的优势。周转率低表明企业的资金过多存在于应收账款、存货等资产上，周转率高则使得企业在危机来临时拥有更多周转资金去抵御风险。

假设 2：企业周转率与异常收益率正相关

偿债能力反映企业到期偿还债务的能力。我们以流动比率和速动比率来衡量企业的短期偿债能力，用杠杆来衡量企业的长期偿债能力。在危机来临时，企业的业务必然会遭受严重的打击，营业收入的下降将带来净利润和现金流入的大幅减少，这时偿债能力尤其是偿还流动负债和长期负债中流动部分的能力将会显著影响企业的现金流。

假设 3：偿债能力与异常收益率正相关

现金流直接影响企业应对风险的能力。在营业收入大幅下降的同时，企业的固定成本、流动负债以及相关的期间费用仍需要承担，这时，充足的现金流就可以保证企业的正常运转。

假设 4：现金流与异常收益率正相关

7.6.2 统计性描述

表 7.9 变量统计性描述

变 量	观测值	平均值	方差	最小值	最大值
事件 1					
SIZE	15	23.31206	1.010205	21.5026	25.1977
EMPLOYEE	15	8.828993	1.043434	7.1452	10.1043
LEVERAGE	15	0.6168933	0.1592711	0.3018	0.8816
LIQIUDITY	15	1.436727	0.6500318	0.654	2.7099
QUICK	15	1.090887	0.569369	0.4711	2.2665
PROFITA	15	0.0074267	0.0437183	−0.0646	0.0899
PROFITS	15	0.0130733	0.0873111	−0.1366	0.1894
ASSETTURN	15	0.5076933	0.1878402	0.2131	0.8135
INVEBTORY	15	3.981173	2.084115	0.6417	7.5003
RECEIVABLE	15	4.723527	3.744323	1.3745	16.3373
CASH	15	0.1471467	0.0741642	0.0362	0.2844

续表

变　　量	观测值	平均值	方差	最小值	最大值
CASH1	15	21.25082	0.9884084	19.4433	22.9752
事件2					
SIZE	15	23.27807	0.9645525	21.5626	25.112
EMPLOYEE	15	8.818307	1.067063	7.1221	10.1043
LEVERAGE	15	0.6599267	0.1582825	0.3829	0.8982
LIQIUDITY	15	1.16026	0.5056307	0.4741	2.2315
QUICK	15	0.8967333	0.4657599	0.3505	2.0009
PROFITA	15	−0.0112867	0.0149302	−0.0393	0.0096
PROFITS	15	−0.1639667	0.2595994	−0.9254	0.0943
ASSETTURN	15	0.09028	0.0361723	0.0297	0.1683
INVENTORY	15	0.9528933	0.6047848	0.2132	2.4335
RECEIVABLE	15	1.064893	0.9964503	0.2184	4.0363
CASH	15	0.1465667	0.0835418	0.0204	0.2738
CASH1	15	21.11825	1.049832	19.3621	22.7673
事件3					
SIZE	14	23.26053	0.9653392	21.5443	25.1023
EMPLOYEE	14	8.75265	1.067856	7.1221	10.1043
LEVERAGE	14	0.6778429	0.1629303	0.3682	0.9302
LIQIUDITY	14	1.1159	0.3899932	0.4462	1.76
QUICK	14	0.8411143	0.3383606	0.3428	1.485
PROFITA	14	−0.0288429	0.029663	−0.0721	0.0196
PROFITS	14	−0.2014571	0.02744425	−1.0093	0.0879
ASSETTURN	14	0.1904143	0.0715864	0.0656	0.3188
INVENTORY	14	1.962786	1.280403	0.3921	4.9004
RECEIVABLE	14	2.327357	2.285712	0.3973	9.3481
CASH	14	0.1449643	0.0730471	0.0295	0.2575
CASH1	14	21.16035	1.009743	19.4512	22.8179
事件4					
SIZE	14	23.2212	0.9527446	21.5047	25.0879
EMPLOYEE	14	8.75265	1.067856	7.1221	10.1043
LEVERAGE	14	0.6796929	0.1708616	0.343	0.9402
LIQIUDITY	14	1.073364	0.3614926	0.3391	1.6455
QUICK	14	0.7966786	0.3076236	0.2628	1.2859
PROFITA	14	−0.0443786	0.0407929	−0.0914	0.0318
PROFITS	14	−0.2027571	0.2327258	−0.7929	0.0905
ASSETTURN	14	0.2850214	0.1132478	0.092	0.4766

续表

变 量	观测值	平均值	方差	最小值	最大值
INVENTORY	14	3.080714	2.117894	0.6038	8.372
RECEIVABLE	14	3.418	3.647887	0.5904	15.2272
CASH	14	0.1310714	0.0825752	0.0194	0.289
*CASH*1	14	20.92532	1.158702	18.5495	22.7427

7.6.3 CAR 回归分析

7.6.3.1 事件 1 回归结果

表 7.10 事件 1 回归结果

	模型 1	模型 2	模型 3	模型 4	模型 5
SIZE	0.4105059 1.49	0.0613515*** 5.41	0.2133325** 2.50	0.3311438*** 3.89	0.3307276
EMPLOYEE	−0.0126287 −0.14				
LEVERAGE	−0.4698323 −1.17	0.1051021** −2.54		−0.1034644 −0.79	−0.2080533 −1.50
LIQUIDITY	−0.0850886 −0.38		−0.1792456 −1.76		−0.1097885 −2.99
QUICK	−0.055034 −0.19	0.0342713*** −4.10	0.1087253 0.85	−0.1155433** −2.47	
PROFITA	−0.7489283 −0.22		1.952289 1.55		−0.8549716 −2.57
PROFITS	−0.1430901 −0.08	0.1151835** −3.27	−1.284371* −2.08	−0.3849816** −2.36	
ASSATTURN	0.1454373 0.59				
INVENTORY	−0.0128128 −0.66		−0.018032* −2.25	−0.0080691 −1.23	−0.0144812 −2.31
RECEIVABLE	−0.0075856 −0.68	0.0031946** −3.05			
CASH	2.656803 1.83	0.5502269*** 4.31	1.704394* 2.26	2.539727** 3.30	2.436149 3.63
*CASH*1	−0.3599049 −1.75	0.0592334*** −5.18	−.1949162* −2.22	−0.3092865*** −3.74	−0.3104507 −4.02
_CONS	−1.655976 −0.75	0.3341119** −3.43	−0.8165137* −2.04	−1.241363** −2.70	−1.068624 −2.52
样本数量	15	15	15	15	15

注：***表示在 1%的水平上显著；**表示在 5%的水平上显著；*表示在 10%的水平上显著。

通过对事件 1 回归结果的观察,我们可以发现,企业规模对异常收益率有正的效应,也即当 SOLAR WORLD 对中国光伏企业发起反倾销时,规模越大,越有可能获得相对较大的异常收益率。主要的原因如下:

第一,遭受反倾销有利于行业龙头扩大优势。在我们所选的 15 个样本中,规模排名前五的企业分别是东方电气、赛维 LDK、无锡尚德、英利新能源以及天威保变,除天威保变是在内地上市之外,其他均在香港或美国上市,在总资产、营收等各方面都处于行业前列,是行业龙头企业。而如我们在上文提及的,我国的光伏行业存在严重的产能过剩问题,2007 年开始光伏在世界范围内得到广泛运用,至 2010 年,位居全球前五位的太阳能组建供应商来自中国的企业就占到了 4 家。以 2011 年为例来看,全球 50GW 的产能较需求高出40%,产能增长速度达到 100%,而需求增速仅为 50%。因此,美国对华光伏反倾销或许是一次去产能和行业重新洗牌的契机,而产能调整最大的表现将是行业集中度的迅速提高,对行业龙头进一步抢占市场、提高价格、扩大净利率无疑是利好的。

第二,龙头企业更容易收到来自政府的采购订单以及政府补助。一方面,规模大的企业在地方上都是纳税大户,对于促进地方经济增长及就业具有重要意义,因此,伴随着政府“十二五”期间对光伏企业的扶持力度持续加大,尤其是西部“金太阳”等工程的实施,预期规模大的企业在政府投资建设招投标过程中相对于小企业将有更大的竞争力;另一方面,2011 年国家开发银行宣布扶持相关光伏企业,将首先保证这些公司的授信额度,而其余光伏企业贷款将受到严控。从名单上来看,上榜企业均为与国家开发银行有过深度合作的公司,包括赛维 LDK、中能、尚德电力、英利、天合光能和晶澳,都是在美上市的大企业。

第三,行业龙头往往具有完善的全产业链结构,相对于小企业而言在反倾销中所遭受的打击要小。其中,英利公司的产品覆盖全产业链,包括晶硅、硅锭、硅片、光伏电池、光伏组件、光伏系统等;赛维 LDK 除了没有涉及光伏系统外,产品也是全面覆盖上下游。因此,尽管反倾销对于出口到下游的产品会有一定的冲击,但是完善的产业链结构将有效分散企业所面临的风险。

同时,回归结果显示,销售净利率与异常收益率之间呈明显的反向相关关系,这与我们的一般认知是相反的,主要原因如下:

在我们分析的样本中,销售净利率排前五名的公司分别是天威保变、东方电气、东方日升、南玻 A 以及晶科能源,这些公司中,前四位都是在中国内地上市的上市公司,而仅有晶科能源是在美国上市的中国光伏概念股。我们认为并非营利能力限制了这些公司收益率的增加,而是销售净利率背后的股市结构对异常收益率产生了巨大的影响。中国股市相较于美国股市而言最大的不同之处就在于投资者的结构:截至 2013 年年底,A 股市场以公募基金、保险机构、QFII 等为代表的 9 类专业机构投资者合计持有 A 股市值为 2.58 万亿,仅占两市总市值的 10.87%;而美国股市则是以机构投资者为主,仅养老基金、互惠基金、保险基金和各类捐赠式基金持有的股权总额就占到美国全部股市的一半多(50.6%)。这个统计数据还没有包括为数众多的对冲基金、资产管理类投资公司所持有的股票数量。以散户投资者为主的 A 股市场容易导致股市行情波动大,且股市波动大都是基于消息面,因此在 SOLAR WORLD 提出反倾销诉讼之后,散户投资者并不会理性分析这一事件对整个市场结构和未来行业的深远影响,仅仅凭借消息作出决策,导致异常收益率下降,而美国股市机构投资者则是更加理性的投资群体。

另一方面,回归结果显示现金流对企业的异常收益率具有重要影响,现金流占总资产的比重越高,在危机中越能收到较大的异常收益率。当企业处于危机中时,其面临的最大挑战是销售下降之后现金回流的困难,急剧下降的销售现金回流对企业的正常经营是巨大的挑战,包括债务的偿还、固定成本的开支以及员工薪酬等。而拥有较大现金流的企业,一方面在危机中可以有较长的缓冲时间,另一方面企业也有更大的选择空间去实施有针对性的信用政策以提高销售。相关研究也支持我们的观点,如美国"9·11"事件之后拥有更多现金流的企业受到的打击更小(Carter and Simkins,2004)。

7.6.3.2　事件 2 的回归结果

表 7.11　事件 2 的回归结果

	模型 1	模型 2	模型 3	模型 4	模型 5
SIZE	−0.3467499 −1.52				
EMPLOYEE	0.1330802 1.78	0.0881856** 2.36	0.1095019** 2.71	0.0575869* 2.20	0.0597856 1.66
LEVERAGE	0.1279221 0.24			−0.2142296 −1.47	−0.1904662 −1.46

续表

	模型 1	模型 2	模型 3	模型 4	模型 5
LIQUIDITY	0.0107717 0.04		−0.3976816 −1.61		
QUICK	0.0785861 0.41	0.0224796 0.46	0.4586876 1.68		
PROFITA	1.800093 0.66				−3.166492 −1.81
PROFITS	−0.1020644 −0.55	0.1453486* 1.92	0.2418713* 2.15	0.0769774 0.85	0.1936816* 2.03
ASSATTURN	0.2656108 0.35				
INVENTORY	−0.0106034 −0.13	−0.0571884 −1.61	− 0.1680221* −2.20	−0.0268736 −0.41	−0.0605923 0.39
RECEIVABLE	0.000363 0.01		0.0361923	−0.0103814 −0.88	0.0096647 −1.85
CASH	−2.239757 −1.42	0.4163656 1.12	0.4606819 1.18		0.1324631 0.39
CASH1	0.2009834 1.59	− 0.066719* −1.92	−0.0669802 1.26	−0.0224856 −0.99	−0.0264633 −0.73
_CONS	2.807607 1.48	0.6321776 1.38	0.5963736 −1.86	0.1613913 0.43	0.1850882 0.39
样本数量	15	15	15	15	15

注:* * * 表示在1%的水平上显著;* * 表示在5%的水平上显著;* 表示在10%的水平上显著。

事件 2 的回归结果与事件 1 的回归结果最大不同在于,此处销售净利率对企业的异常收益率有正的影响,即企业的营利性越好,越有可能获得正的异常收益率。2.9%～4.73%的反补贴税低于预期,使得企业在出口时相对于其他国家的光伏产品仍然具有一定的价格优势,但税收的增加导致企业的成本上升,利润出现下降,此时企业面临的选择有两种,继续出口美国或者转内销。考虑到在反补贴肯定性初裁的情况下反倾销肯定性初裁的可能性加大,未来反倾销税和反补贴税的叠加很有可能导致企业的价格优势完全被蚕食,因此,此时选择转内销抢占中国市场是较好的选择。

将出口到美国的产品由出口转为内销,在国内需求并未完全打开的情况下,势必会造成供过于求的状况,而在光伏下游产品技术水平不高的情况之下,"红海"策略或是企业间的竞争模式。因此,较好的营利性可以保证企业有較大的降價空間，在國內同行業的競爭中取得領先優勢。

7.6.3.3 事件 3 和事件 4 的回歸結果

表 7.12 事件 3 和事件 4 的回歸結果

	事件 3			事件 4		
	模型 1	模型 2	模型 3	模型 1	模型 2	模型 3
SIZE	−1.00021 −2.05	−0.0059529 −0.02		−0.074559 −0.82		
EMPLOYEE	0.1044088 0.85		−0.0803802 −0.99	0.0201418 0.40	−0.0287894 −1.23	−0.0311096
LEVERAGE	−1.666004 −1.80		−0.0609588 −0.12	0.5048043 2.03		0.0457677
LIQUIDITY	−0.4612454 −0.91		−0.0925173 −0.52	−0.162815 −1.48		−0.0094816
QUICK	−0.113262 −0.21	0.0604998 0.36		0.4032771 2.99	−0.045758 −0.51	
PROFITA	12.39485 2.18		1.207581 0.71	−1.59938 −1.01		−0.0613457
PROFITS	−0.767952 −1.30	−0.0182338 −0.10		0.5287898 2.63	0.0517612 0.73	
ASSATTURN	−0.253394 −0.21		−0.4837842 −0.99	−0.625146 −3.47		0.0856985
INVENTORY	0.2472842 1.72	−0.0214008 −0.55	0.0113816 0.40	−0.0340249 −1.71	0.0102231 1.07	0.0019925
RECEIVABLE	−0.1870129 −1.78	0.0125852 0.42		0.0250662 1.52	−0.0064372 −0.92	
CASH	−7.466576 −2.13	−0.0830066 −0.04	−0.371432 −0.41	−0.9377654 −2.20	−0.1310362 −0.39	−0.1139961
CASH1	0.8855064 2.12	−0.0175759 −0.04	0.056674 0.50	0.0500158 1.01	0.0197319 0.91	0.0165309
_CONS	6.570529 1.86	0.4145892 0.35	−0.2586652 −0.20	0.382345 0.36	−0.0992376 −0.32	−0.1058562
樣本數量	15	15	15	15	15	15

注：*** 表示在 1% 的水平上顯著；** 表示在 5% 的水平上顯著；* 表示在 10% 的水平上顯著。

事件 3 和事件 4 中公司的基本面因素對公司的異常收益率沒有顯著影響。從投資者的角度來看，他們進行股票的操作僅僅是基於事件本身，也即市場認為這兩個事件將對所有的公司造成一樣的影響。本章認為只有兩種情況會造成這一結果：第一，事件發生具有突發性，投資者來不及對公司層面的因素进行判断和分析;第二,事件的发生具有普遍意义,带给每个公司的影响相似。

在对这两个事件的分析中,我们认为第一种情况是不可能的。一方面,2012 年 3 月 26 日美国宣布对中国光伏产品实施反补贴税,这意味着反倾销肯定性初裁不可避免;另一方面,初裁 31.14% ~ 249.96% 的反倾销税大大高于市场判断,对肯定性终裁征收高税率市场也有一定的预期,因此对这两个事件市场事实上已经形成了较为理性和客观的预测。

同时,我们认为事件 3 和事件 4 的发生对整个行业具有普遍意义,投资者不用去考虑个别企业的基本面因素就可以形成判断。一方面,31.14% ~ 249.96% 的临时反倾销税加上之前的反补贴税,意味着每家中国出口企业都需要至少承受 35% 以上的高税率,而这一税率大大高于中国企业的承受范围,不管企业的利润率和成本控制如何,都将使得中国企业在美国的价格优势荡然无存;另一方面,在终裁中,尽管税率较之前有所降低,但也仅有天和光能一家企业获得 18.32% 的低税率,大多数企业面对的都将是 25.96% 的高税率,加上终裁较初裁有所扩大的反补贴税,实际的结果较初裁时更为严峻,大多数企业要承受近 40% 的"双反"税率。

7.6.4 BHAR 回归分析

CAR 法只是对收益的简单累积,没有考虑到上一个时间段产生的收益对下一个时间段的收益的影响,即 CAR 没有考虑复合效应对超额收益的影响,而事实上,不同时间段的收益的基础已经发生了变化。我们利用如下模型来估计企业的购入—持有异常收益(Buy and Hold Abnormal Returns,即 BHAR),用于刻画在事件窗中企业异常收益率的复合效应:

$$\text{BHAR}_{t,t+k}^{i} = \prod_{k}(1 + \text{AR}_{i+k})$$

其中,AR 就是本章前面利用 MVRM 模型计算的异常收益率。

7.6.4.1 BHAR 和 CAR 比较

本章利用四个观察事件中简单累计的异常收益率(AR)和持有期收益率(BHAR)的折线图来观察两者的异同点。具体如图 7.14 至图 7.17 所示。

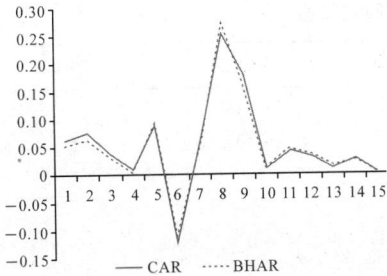

图 7.14　事件 1 CAR 与 BHAR 比较

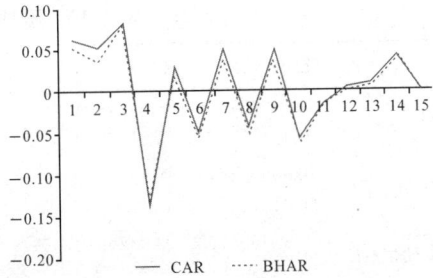

图 7.15　事件 2 CAR 与 BHAR 比较

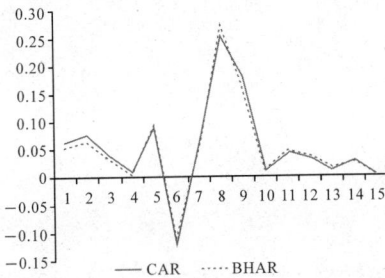

图 7.16　事件 3 CAR 与 BHAR 比较

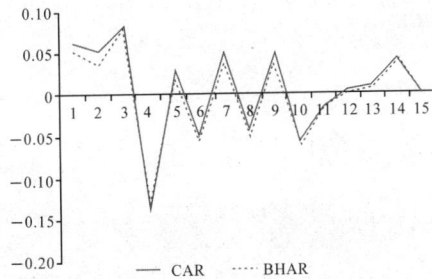

图 7.17　事件 4 CAR 与 BHAR 比较

通过观察以上四张折线图,我们不难得出以下结论:

BHAR 和 CAR 的走势基本一致。在事件 1 中,各家企业的异常收益率基本为正值,在事件 2 中,也是异常收益率为正的企业占多数,而事件 3 中,绝大多数企业的异常收益率为负数,事件 4 的情况则不明显,正负各占一半左右。这与我们先前的 MVRM 回归的结果一致,也即事件 1 和事件 2 对企业的异常收益率有正的影响,而事件 3 则导致企业的异常收益率下降,事件 4 对企业异常收益率的影响并不明确。

7.6.4.2　BHAR 回归结果

在上文中,我们利用 CAR 作为解释变量来进行横截面数据回归,试图探究企业基本面因素对危机中企业异常收益率的影响。此处,我们又可利用 BHAR 作为因变量,来验证上述回归结果的稳健性。下表为事件 1 至事件 4 BHAR 截面数据回归结果。

表 7.13 事件 1 的回归结果

	模型 1	模型 2	模型 3	模型 4	模型 5
SIZE	0.380437 1.44	0.3434904 *** 5.91	0.2454543 ** 3.20	0.3450377 *** 4.48	0.3448274 *** 4.77
EMPLOYEE	0.0056166 0.07				
LEVERAGE	−0.3608753 −0.93	−0.2391276 ** −2.40		−0.0749862 −0.63	−0.1691088 −1.35
LIQUIDITY	−0.0746257 −0.35		−0.1610359 −1.75		−0.0983583 ** −2.96
QUICK	−0.0464214 −0.17	−0.1293019 *** −3.98	0.0957354 0.83	−0.1037198 ** −2.45	
PROFITA	−0.9541334 −0.29		1.628514 1.44		−0.7709508 ** −2.56
PROFITS	0.0481072 0.03	−0.3494205 ** −3.20	−1.10296 * −1.98	−0.3457073 * −2.35	
ASSATTURN	0.0998772 0.42				
INVENTORY	−0.0143794 −0.77		−0.0186202 ** −2.58	−0.0097266 −1.64	−0.0154581 ** −2.73
RECEIVABLE	−0.0074003 −0.69	−0.0095219 ** −3.15			
CASH	2.579923 1.85	2.40143 *** 4.61	1.880967 ** 2.77	2.597797 *** 3.73	2.503805 *** 4.13
CASH1	−0.3588968 −1.81	−0.3215372 *** −5.73	−0.2298416 ** −2.90	−0.3271344 *** —	0.3283021 *** −4.70
_CONS	−1.193162 −0.56	−1.140249 *** −3.60	−.8615776 * −2.38	−1.221735 ** −2.94	−1.067933 ** −2.79
样本数量	15	15	15	15	15

注:*** 表示在 1% 的水平上显著;** 表示在 5% 的水平上显著;* 表示在 10% 的水平上显著。

我们看到事件 1 BHAR 的回归结果和 CAR 的回归结果完全一致,这是因为:一方面,企业的规模对异常收益率有正的影响,也即规模越大的企业越容易在危机中找到企业生存和发展的突破口;另一方面,企业销售净利率会显著降低企业的异常收益率,根据我们先期的解释,这与中国股票市场和美国股票市场投资者的异质性息息相关,同时,企业的现金流存量是企业能否顺利渡过危机的关键。

表 7.14　事件 2 的回归结果

	模型 1	模型 2	模型 3	模型 4	模型 5
SIZE	−0.2929569				
	−1.12				
EMPLOYEE	0.1050458	0.081681**	0.0995147***	0.0520362*	0.0547279
	1.23	2.30	2.53	2.10	1.58
LEVERAGE	−0.0100628			−0.2056285	−0.1829865
	−0.02			−1.49	−1.46
LIQUIDITY	0.00737		−0.3530196		
	0.02		−1.46		
QUICK	0.0404131	0.0196263	0.4084383		
	0.19	0.42	1.53		
PROFITA	1.577878				−2.903451
	0.50				−1.72
PROFITS	−0.1276576	0.1399912*	0.2205123*	0.0704632	0.1782003*
	−0.61	1.94	2.01	0.82	1.94
ASSATTURN	0.4665734				
	0.54				
INVENTORY	−0.0077806	−0.0538905	−0.1533915*	−0.0261773	−0.0575922
	−0.08	−1.59	−2.06	−0.91	−1.83
RECEIVABLE	−0.0043647		0.0344944	−0.0079435	0.0104368
	−0.13		1.15	−0.33	0.44
CASH	−1.898445	0.4008241	0.4328297		0.1302788
	−1.05	1.14	1.21		0.40
CASH1	0.1775114	−0.0641794*	−0.063089	−0.0211821	−0.0255682
	1.23	−1.94	−1.79	−0.98	−0.74
_CONS	2.351829	0.6335275	0.5807629	0.1696135	0.1997255
	1.08	1.46	1.22	0.48	0.44
样本数量	15	15	15	15	15

注：***表示在 1%的水平上显著；**表示在 5%的水平上显著；*表示在 10%的水平上显著。

　　事件 2 BHAR 的回归结果和上文 CAR 的回归结果一致，即行业规模依然是影响企业异常收益率的重要因素，销售净利率与异常收益率呈正相关关系。与上文给出的解释一致，此处的正相关关系与企业自身所实行的战略紧密相关。在大量产品出口转内销之后，不可避免地会造成国内价格的下跌，"红海"战略之下，规模大、营利性好的企业更容易在危机中生存下来。

表 7.15　事件 3 和事件 4 的回归结果

	事件 3			事件 4		
	模型 1	模型 2	模型 3	模型 1	模型 2	模型 3
SIZE	−0.9561312	0.0102842		−0.0855043	−0.1100602*	
	−2.00	0.04		−0.98	−2.21	
EMPLOYEE	0.1025977		−0.0767885	0.0242198		−0.0452927
	0.85		−0.97	0.49		−1.91
LEVERAGE	−1.659133		−0.1302261	0.5148376		0.1319592
	−1.83		0.25	2.15		1.11
LIQUIDITY	−0.5225795		−0.0982442	−0.1583095		
	−1.05		−0.57	−1.50		
QUICK	−0.0328503	0.0664896		0.3993568	−0.0801725	
	−0.06	0.43		3.08	−1.03	
PROFITA	11.54519		0.9783166	−1.439013		−1.470318
	2.07		0.59	−0.95		−1.48
PROFITS	−0.6857797	−0.013602		0.510536	−0.0024942	0.1754896
	−1.19	−0.08		2.64	−0.04	1.81
ASSATTURN	−0.2869653		−0.4133901	−0.6273882		
	−0.24		−0.86	−3.62		
INVENTORY	0.2247882	−0.0251867	0.0070551	−0.032534	0.0084931	−0.015792
	1.59	−0.70	0.25	−1.70	1.12	−1.00
RECEIVABLE	−0.1776664	0.0130978		0.0241587	−0.0061794	0.0153453
	−1.72	0.47		1.52	−1.05	1.22
CASH	−7.239988	−0.0071785	−0.4269358	0.9699709	−0.681025	−0.2083757
	−2.11	−0.00	−0.48	−2.36	−1.63	−0.65
CASH1	0.8525397	−0.0316747	0.0596035	0.0552279	0.0934045*	0.0332276
	2.08	−0.13	0.53	1.15	2.11	1.25
_CONS	6.242827	0.3263971	−0.3022141	0.4891794	0.7550179	−0.3884944
	1.80	0.29	−0.23	0.48	1.89	1.06
样本数量	14	14	14	14	14	14

注:*** 表示在 1% 的水平上显著;** 表示在 5% 的水平上显著;* 表示在 10% 的水平上显著。

　　事件 3 和事件 4 BHAR 的回归结果和 CAR 的回归结果一致,即各个基本面因素对于企业的异常收益率影响不大。这与事件 3 和事件 4 本身的性质相关,其超出市场预期的高税率极具突发性,对整个行业都产生了巨大的影响,因此公司层面的因素对行业系统风险的影响并不大。

　　综上,BHAR 和 CAR 的结果保持一致性,也就验证了上述 CAR 回归的稳健性。企业的基本面因素对企业在危急中,尤其是在事件 1 和事件 2 中的异常收益率具有非常显著的影响。企业的规模和现金流是企业渡过危机的保障,规模有助于保证企业的外部融资,而现金流有助于保证企业的内部资金供给。

7.7 结 论

本章选取了美国对中国光伏反倾销事件中受影响的 16 家中国上市公司，利用事件研究法观察反倾销的不同阶段对企业异常收益率的影响；同时，利用截面数据回归来探究影响企业在危机中异常率的基本面因素，最终得到如下结论：

通过 MVRM 模型，本章认为：一方面，简单地将一个持续一年甚至更长时间的反倾销作为单一事件来处理是不合适的，反倾销的不同阶段对企业所造成的冲击是不同的；另一方面，行业的异质性使得反倾销对不同行业的影响不能一概而论，美国商务部受理光伏反倾销在某种程度上对行业是利好，而在其他的反倾销事件中可能恰恰相反。

通过截面回归分析，本章认为企业的规模和现金流状况是决定企业能否顺利渡过危机的关键。企业规模与外部扶持息息相关，在市场经济并不完善的中国社会，政府的力量往往是决定行业发展最重要的风向标，而大企业在稳定社会、税收方面都与政府的利益保持一致。现金流状况关系着企业的自救能力，危机往往导致收入大量下降，而成本开支仍在继续，要维持企业正常运作，现金流往往是决定性因素。

本研究的不足之处在于，不同的市场交易结构可能会对结果产生不同的影响。一般认为，销售净利率越高的企业往往可以更加顺利地渡过危机，然而我们的结论却与此相反，原因是美国股票市场的投资者相对于中国股票市场的投资者更加理性和偏向于价值投资，这种不同来自于上市公司在不同地点上市的差异，而与销售净利率无关。这也是本研究未来可以拓展的方向，即将不同市场上市的公司进行区分，此处的难点在于我们的样本并不多，导致结论可能存在偏误。

参考文献

[1] Amiti M, Konings J. Trade Liberalization, Intermediate Inputs, and Productivity: Evidence from Indonesia[J]. American Economic Review, 2007: 1611-1638.

［2］Aghion P，Bloom N，Blundell R，et al. Competition and Innovation: an Inverted-U Relationship［J］. Quarterly Journal of Economics，2005，120 (2): 701-728.

［3］Collins D W，Dent W T. A Comparison of Alternative Testing Methodologies Used in Capital Market Research［J］. Journal of Accounting Research，1984: 48-84.

［4］Dolley J C. Open Market Buying as a Stimulant for the Bond Market［J］. Journal of Political Economy，1933: 513-529.

［5］Fama E F，Fisher L，Jensen M，et al. The Adjustment of Stock Prices to New Information［J］. International Economic Review，1969，10(1): 1-21.

［6］Feinberg R M，Kaplan S. Fishing Downstream: the Political Economy of Effective Administered Protection［J］. Canadian Journal of Economics，1993: 150-158.

［7］Finger J M，Hall H K，Nelson D R. The Political Economy of Administered Protection［J］. American Economic Review，1982: 452-466.

［8］Harper R K，Huth W L. Japanese Equity Market Response to US Administered Protection Decisions［J］. Managerial and Decision Economics，1997，18(1): 11-26.

［9］Helpman E，Krugman P R. Trade Policy and Market Structure［M］. MIT Press，1989.

［10］Krupp C M，Skeath S. Evidence on the Upstream and Downstream Impacts of Antidumping Cases［J］. North American Journal of Economics And Finance，2002，13(2): 163-178.

［11］Krupp C M，Pollard P S. Market Responses to Antidumping Laws: Some Evidence from the US Chemical Industry［J］. Canadian Journal of Economics，1996，29(1): 199-227.

［12］Konings J，Vandenbussche H. Heterogeneous Responses of firms to Trade Protection［J］. Journal of International Economics，2008，76(2): 371-383.

［13］Lyon J D，Barber B M，Tsai C L. Improved Methods for Tests of Long-run Abnormal Stock Returns［J］. Journal of Finance，1999，54(1): 165-201.

[14] Melitz M J. The Impact of Trade on Intra-industry Reallocations and Aggregate Industry Productivity[J]. Econometrica, 2003, 71(6): 1695-1725.

[15] Pierce J R. Plant-level Responses to Antidumping Duties: Evidence from US Manufacturers[J]. Journal of International Economics, 2011, 85(2): 222-233.

[16] Staiger R W, Wolak F A. Measuring Industry Specific Protection: Antidumping in the United States[R]. National Bureau of Economic Research, 1994.

[17] Vandenbussche H, Zanardi M. The Global Chilling Effects of Antidumping Proliferation[R]. LICOS Discussion Paper, 2006.

[18] Gibbons M R. Multivariate Tests of Financial Models: A New Approach[J]. Journal of Financial Economics, 1982, 10(1): 3-27.

[19] 鲍晓华. 反倾销措施的贸易救济效果评估[J]. 经济研究, 2007, 6(7).

[20] 陈汉文, 陈向民. 证券价格的事件性反应[J]. 经济研究, 2002, (4).

[21] 杜群阳, 徐臻. 中国企业海外并购的绩效与风险: 评价模型与实证研究[J]. 国际贸易问题, 2010 (9): 65—71.

[22] 郭妍. 我国银行海外并购绩效及其影响因素的实证分析[J]. 财贸经济, 2010(11): 27—33.

[23] 胡金焱. 中国股票市场宏观政策效应的实证研究[J]. 经济学动态, 2003 (6): 22—24.

[24] 沈瑶, 王继柯, 单晓菁. 中间品反倾销税的适度征收问题研究[J]. 南开经济研究, 2003(4): 15—19.

[25] 魏玉根. 政策干预上海股市行为的统计分析[J]. 统计研究, 2001(2): 52—55.

[26] 许晓磊, 黄良文. 上市公司被处罚后股价表现的实证研究——对我国股市半强式有效性的检验[J]. 统计研究, 2002(8): 67—70.

[27] 朱钟棣, 鲍晓华. 反倾销措施对产业的关联影响——反倾销税价格效应的投入产出分析[J]. 经济研究, 2004 (1): 83—92.

附　录

欧盟光伏反倾销案终裁:欧盟委员会条例(EU) No.1238/2013

A 程序

1.临时措施

(1)欧盟委员会(以下简称委员会)2013 年第 513 决议对在中国制造或者委托他国制造的晶体硅光伏组件和关键部件(电池和晶片)征收临时性反倾销税。

(2)EU ProSun 于 2012 年 7 月 25 日提起反倾销申诉之后,欧盟开始展开反倾销调查。EU ProSun 代表了 25％以上欧盟境内的晶体硅光伏组件和关键部件生产商。该申诉包含相关进口光伏产品倾销以及对欧盟内部厂商产生实质性损害的初步证据。欧盟委员会认为根据这些初步证据,足以开始对相关厂商展开调查。

2.登记

(3)临时性条款第 3 条指出,根据欧盟委员会在 2013 年 3 月 1 日开始实施的第 182 号决议,涉案产品必须在 2013 年 3 月 6 日之前完成注册登记。临时性条款限定涉案产品注册登记日期是为了使反倾销调查和第 14 条第 5 款相适应,为临时性反倾销税提供保护,防止倾销产品进口。

(4)利益相关方抗议称,进口商品注册登记决议是毫无根据的,因为该事件并不满足基本条例中第 14 条第 5 款的规定。然而,这些抗议并不充分,也没有事实性证据。当时,进口商品绝对量和市场份额都在激增,欧盟委员会有充分证据认为对进口商品注册登记是必要的。因此,这些抗议被拒绝了。

3.接受临时性反倾销税保证

（5）根据委员会 2013 年第 423 号决议，委员会已经接受了中国机电产品进出口商会（CCCME）的保证。

4.后续措施

（6）在决定实施临时性反倾销措施的基础上，披露相关基本实施和注意事项之后，中国政府和一些利益相关团体通过书面意见书来表达他们的观点，相关各方的意见都得到了尊重。代表进口方的平价太阳能联盟（Association for Affordable Solar Energy，AFASE）、上下游经营者以及一家进口商要求举行听证会的要求得到满足，但是听证会必须在贸易总司的听证官在场的情况下召开。

（7）为了得到明确的结果，委员会继续寻求及证实相关需要的信息，听取利益相关方口头和书面的相关证据，并且据此来对临时性的判断结果进行修正。

（8）除此之外，委员会还在以下公司的经营场地进行实地考察：

（i）下游厂商

— Jayme de la Costa，佩德罗索，葡萄牙

— Sunedison Spain Construction，马德里，西班牙

（ii）独立顾问

— Europressedienst，波恩，德国

（9）AFASE 质疑欧洲新闻媒体实地考察的合法性，欧洲新闻媒体并不属于利益相关方，因此不适用基本条例第 16 条的相关规定。临时性条款第 99 条和第 12 条指出，欧洲新闻媒体在宏观经济指标方面提供了各类信息。对此，委员会认为对欧洲新闻媒体进行实地走访是为了寻求良好的管理原则，以证实调查数据的可靠性和正确性。

（10）中国方面反复宣称其查看相关公开文件以进行调查的权利被侵犯，原因如下：（i）一些非保密文件的信息缺失，且没有给出合理的理由，另一些文件没有提供足够详细的总结，也没有给出未提供结论的理由；（ii）在欧盟生产商回复调查问卷的内容中，非保密信息缺失；（iii）欧盟生产商非保密版的问卷调查迟迟没有公布。

（11）（i）关于公开文件中信息缺失的问题，有关利益方并没有指出是哪些具体信息缺失；（ii）关于拖延给出公开版问卷调查的回复内容的指责是不正

确的;(iii)只有在问卷调查的可靠性和完整性得到确认后,问卷调查才会制作公开版本。为了保证欧盟生产商在问卷调查中匿名的权利,需要在公开版本中确认没有具体生产商的名字包含在内。因此,在有些情况下,公开版调查问卷首先需要由提交该问卷调查的生产商进行确认。

(12)在任何案子中,利益相关方的辩护权利都是应该得到保证的。委员会给了所有利益相关方在公开调查文件中遇到相关问题及时反馈的权利,他们的意见可以在得出调查结论之前获得考虑。在临时性调查结果和最终调查结果披露之后,利益相关方可以就调查问卷的结果发表评论。因此,尽管披露和查阅公开文件基于不同的法律制度,但是利益相关方完全有机会去发表评论以及查看公开文件。

(13)在倾向于对中国制造或者委托他国制造的晶体硅光伏组件和关键部件施加最终反倾销税的基础上,所有利益相关方将会被告知一些基本事实和注意事项。所有利益相关方均可以在一个特定的时间段内对最终结果发表评论。

(14)这些评论将会被提交并且会得到考虑。

5.接受最终反倾销税担保保证

(15)在最终披露之后,委员会接受出口生产商和 CCCME 的修正担保,这一担保同样涵盖了平行反补贴调查。欧盟委员会在 2013 年 12 月 4 日通过 2013 年第 707 号决议,决定接受这一保证。

6.当事人的诉讼

(a)欧盟生产商的样本

(16)在采取临时性措施之后,利益相关方反复强调对于保密性的过度使用使得他们无法对欧盟生产商样本筛选发表评论,从而影响其辩护的权利。委员会在临时性措施第 9 条中已经解决了这个问题。因为没有提供新的证据,临时性措施第 9 条中的结论已经被确认。

(17)中国方面反复强调对于申诉者以及欧盟厂商名字的保密是没有依据的。在临时性措施第 9 条中已经阐明,为了减少被报复的风险,欧盟厂商要求他们的名字被保密。欧盟委员会认为该要求是充分及合理的。因此,欧盟委员会没有将该信息泄露给第三方。

(18)关于临时性披露,利益相关方反复强调样本的选择是不可靠的。由于其并没有提供新的证据,因此该抗议被拒绝。

(19)在最终披露之后,CCCME 对于欧盟厂商的样本筛选方法提出了抗议,其声称协会并没有将 120 家生产厂商考虑在内。委员会已经在临时性决议第 9 条中对此进行阐述,而且协会已经确认了名单上企业的行为。名单包括中国(不含台湾)、中国台湾以及印度绝大部分的经销商、渠道商、相关进口商和出口商。因此,没有理由认为协会忽视了欧盟的厂商。CCCME 没有提供其他数据对欧盟总体生产量提出质疑,也没有提供进一步的证据证明样本选择受到影响。事实上,并没有额外的欧盟生产商被加入到样本中。

(20)根据有关产品的定义排除晶硅生产商之后,从第 32 条款的调查范围中选取样本,最终包含 8 家欧盟生产商。在对样本没有提出进一步质疑之后,临时性决议第 7—10 条的结论被证实。

(b)不相关进口商样本

(21)在执行临时性措施之后,正如临时性条款第 12 条规定的,委员会联系了一些其他的进口商,这些进口商在调查的前期即通过提供产品基本信息等方式配合欧盟的调查行为,目的是为了判断是否不相关进口商的样本规模可以被扩大。6 家不相关进口商愿意参与此次调查,其中 5 家厂商在截止日前回复,但其中只有 3 家厂商的回复是比较完整且可以进行有意义的评估。在此基础上,不相关进口商的样本被扩大且包含 4 家进口商,大概占总进口量的 2%～5%。给定不相关进口商的结构,一些中小型企业不具有代表性,因此导致协会对于不相关进口商的筛选受到限制。

(22)在对样本没有提出进一步质疑之后,临时性决议中的第 11—12 条被确认。

(c)出口商样本

(23)在临时性披露之后,许多非样本企业质疑他们的情形和样本企业的情形是不同的。依据基本决议第 17 条第 3 款的规定,他们应该从独立的反倾销税中获益。然而,因为有大量合作企业(经常是企业集团)的存在,不可能对每一家企业进行独立调查。因此,依据第 9 条第 6 款的规定,这些企业应该接受样本公司加权平均的税率。

(24)在对样本没有提出进一步质疑之后,临时性决议中的第 13—14 条被确认。

7.调查期间

(25)根据临时性措施第 19 条,关于倾销和损害的调查期间为 2011 年 7 月 1 日至 2012 年 6 月 30 日。关于损害评估趋势的调查期间从 2009 年开始至调查期结束。

B 所涉产品

1. 简介

(26)根据临时性决议第 20—49 条,所涉产品的具体定义为原产于中国或委托他国生产的晶体硅光伏组件、太阳能电池板及组件,以及用于制作晶体硅光伏组件或太阳能电池板的晶片,其中晶片的厚度不超过 400 微米。目前,这些产品编码如下:

CN codes ex 3818 00 10, ex 8501 31 00, ex 8501 32 00, ex 8501 33 00, ex 8501 34 00, ex 8501 61 20, ex 8501 61 80, ex 8501 62 00, ex 8501 63 00, ex 8501 64 00,ex 8541 40 90

(27)以下产品类型被排除在外:

—— 便携式太阳能充电器,包含少于 6 个太阳能电池,用于给充电电池及相关设备提供电力;

—— 薄膜光伏产品;

—— 被永久集成到电子产品中的晶硅光伏产品,并且该电子产品不是发电产品,光伏产品所产生的电力被该电子产品所消耗。

2. 产品范围

2.1 晶片的例外

(28)在临时性披露之后,利益相关方声称晶片不属于该范围,因为晶片与电池及组件的基本物理、化学或者技术特征不同。除在临时性披露阶段提出相关质疑之外,临时性披露之后其他两个质疑也被提出。

(29)第一,利益相关方声称,晶片除了可以用于生产电池外,还可以用于生产集成电路和微电子产品。从这个角度而言,并不是所有的晶片都应该包含在调查产品的范围内,范围更应该限制在"用于生产光伏组件太阳能电池板的晶片",而这些晶片厚度并没有大于 400 微米。若晶片确实用于其他用途,该调查范围将不会包括该类用于生产其他产品的晶片。用于生产其他产品的晶片的生产商、进口商或者使用者没有注册登记或被征收反倾销税,也就验证了该类型的晶片并没有包含在涉案产品范围中。同时,这也表明晶片的最终使用并不局限于生产组件和太阳能电池片。

(30)第二,利益相关方认为,太阳能电池中未加工过的晶片没有基本电力特性,这与组件、电池不一样。尤其是,晶片缺乏光电转化能力,而这是组件和电池片的关键特性。

(31)这一声明是被接受的。进一步调查结果与临时性决议第 36 条"晶片、组件以及电池具有相同的终端使用功能,即将太阳能转化为电能"是相反的,只有将晶片加工为电池后它们才具有转化能力。

(32)因为具有不同的物理特性和技术特性,尤其是涉及将太阳能转化为电能的特性,晶片被排除在调查产品范围之外。

2.2　组件和电池的分开调查

(33)利益相关方强调电池和组件不是同一种产品,应该被单独评价,这一问题已经在临时性决议第 27 条和第 39 条中论述过。与晶片不同的是,电池和组件确实有相同的基础功能,因此这一声明被拒绝。

(34)在最终披露之前,一个出口商强调,电池本身并不能产生电力。依其申述,电池需要被集成到组件之中。但是,每一个单独的电池都可以将太阳能转化为 4W 左右的电力。尽管这一能力对于绝大多数设备而言是不够的,但是也不能否认电池可以产生电力的能力。

(35)在最终披露之后,一个出口商强调,组件的正常价格以电池的正常价格为基础是不可能的。正如第 100 条所言,电池和组件不应该被考虑成是同一种产品。

(36)从这一角度而言,在绝大多数反倾销调查中,包括这次反倾销调查,正常价格与出口价格的比较均基于产品类型。一种范围非常大的产品类型如果有相同的化学、物理或技术特性,许多不同成本和价格的商品均会进入涉案产品范围之中。这也就意味着不可能以一种产品的正常价格去构建另一种产品的正常价格,这些产品类型不应该被考虑为同一种产品。正如第 32 条所言,电池和组件确实有相同的物理特性和技术特性,即将太阳能转化为电能。

(37)进一步讨论认为,如果组件和电池属于同一种产品,并且两者差异很小,那么通过调整电池的价格去构建组件的正常价格应该是容易做到的。从这个角度看,需要强调的是,不同涉案产品之间的略微差异并不是必然的。相反地,不同种类的目标产品拥有相同的物理性质、化学性质或者技术性质。在目前这个案例中,对于组件和太阳能电池而言,它们均拥有将太阳能转化为电能的性能。

(38)利益相关方认为,电池并不仅是组件的一种形式,而且是一种完全不同的产品。实际上,电池是组件的一个关键部件。作为关键部件,电池明显不是"完全不同的产品",因为电池和组件拥有相同的转化功能,正如第 32 条所言。

(39)利益相关方认为,当筛选欧盟生产商和中国出口商的样本时,需要考虑组件和电池之间的不同点。因此,针对电池和组件的不同税率应该被设置好(实际并没有)。从这一方面来说,电池和组件的不同点在进行样本筛选时已经得到考虑,并且已经在临时性决议第 10 条和第 14 条中论述过。然而,这些考虑仅仅是为了保证样本具有代表性,并不意味着不应该将组件和电池作为同一种产品考虑,也不意味着需要对两者征收不同的反倾销税。事实上,为了保证样本具有代表性,当选择样本时需要考虑电池和组件的不同点,因为是否将两者作为同一种产品进行考虑具有不确定性,需要考虑两种可能结果的代表性。

(40)除此之外,临时性决议第 100 条认为组件的加工成本很高,这与临时性决议第 32 条是矛盾的,该条认为组件生产过程某一特定阶段的附加值是不集中的。同时,第 100 条也说明组件和电池之间的成本差异为 34%,意味着组件 66% 的价值来自于电池。因此,可以认为在生产过程某一阶段的附加值并不集中。

(41)出口商认为相关承诺对组件和电池施加不同最低价格和最小数量的限制,也就意味着对组件和电池需要实施不同的调查程序。最低进口价格的不同仅仅表明电池和组件是销售价格有异的不同类型产品。因此,有必要确定不同的价格,使最低价格限制具有意义。

(42)但是,电池和组件属于不同类型的产品,这与反倾销中对于目标产品的定义并不相关。从该定义来看,两种产品拥有同样的基本性质,用途也趋于一致,这已在第 32 条和第 48 条分别论述过。

(43)中国方面强调,判断两种产品是否属于同种目标产品并没有遵循上诉机构制定的标准 EC-Asbestos。然而,这些标准仅仅适用于"相似产品",而不是目标产品。举例来说,欧盟厂商生产的相关产品与中国出口的商品比较,这些标准并不适用于定义目标产品。在目前案例中,协会观察到利用 EC-Asbestos 相关标准去定义目标产品不会导致不同的结果。第一准则和第二准则(性质、质地、质量和使用)在定义产品物理、化学和技术性质以及终端使用方面是一样的。第三准则(消费者品味和习惯)在目前案例中是不适用的,因为电池是组件的核心部件。第四准则(关税分类)认为电池和组件可以适用于海关准则 8541 40 90,而 8501 是专门针对发电机而非光伏产品的。

（44）其他利益相关方强调，在先前的案例中，依法院制定的准则的目标应用得出以下结论，即组件和电视是不同种类的产品。从这方面看，准则的适用目标应由法院确定。但法院仅仅发布一系列的准则，这些准则可能会被应用，却没有要求在每一个案例中均使用该类准则。临时性决议第27—39条对该准则进行了评估，结果表明其与本次反倾销案并不相关。在 Brosmann 案件中，不同种类的鞋子是否都应归属于目标产品仅仅是基于三条准则来决定的，也只有这三条准则与该案相关。由于利益相关方并没有提供进一步理由解释为何准则将组件和电池定义为不同种类的产品，因此该声明被拒绝。

（45）除此之外，电池和组件有相同的最终应用，比如它们都可以被集成到光伏系统中。组件的性能与电池的性能息息相关，这一点在临时性决议第28条中已经阐明过。

（46）利益相关方强调，将晶片排除在目标产品的范围之外以及将电池加工为组件需要大量的加工处理，因此认为电池和组件有相同的最终使用功能是不正确的。

（47）第一，电池和组件有相同使用功能的结论是基于加工程序的，但其本身就是错误的。尽管在临时性决议第36条中有类似的论述，但是这并不意味着一个结论来自于另外一个假设。除此之外，在标题"终端使用和可交换性"下，两个论述都是为了解决不同的问题。第一个论述关于加工过程，阐明可交换性，第二个论述则阐明终端使用情况。因此，基于晶片、电池和组件有同样的生产过程，得出电池和组件有相同的使用功能是不恰当的。

（48）根据电池和组件的实际最终使用情况，两者最终都会集成进入光伏系统这一点是没有争议的。因此，两者具有相同的最终使用功能是可以接受的。

2.3　单晶硅和多晶硅电池

（49）利益相关方声称，欧盟没有生产单晶硅电池，因此出口的单晶硅电池并没有与欧盟内部的生产商形成竞争。调查结果显示欧盟内部也在生产单晶硅电池，因此这一声明被拒绝。而且在 Brosmann 案件中，法院一般认为，缺乏社会生产的特定产品类型不是反倾销裁定与否的决定性因素。

2.4　委托加工条款

（50）利益相关方认为，将调查范围扩大至中国委托其他国家加工生产的光伏产品是不公平的。因为调查开始时，针对的仅仅是原产于中国的产品。

（51）然而，在反倾销调查初期就已经调查了中国委托加工的产品。Notice of Initiation 第 5 点强调"考虑到货物的出关地,一些将原产于中国的目标产品运到其他国家的公司被要求参与调查并提供相关材料"。因此,与中国厂商有委托加工关系的公司都有机会参与合作。由于很多部件来自不同国家,因此第 5 点特别用"特殊条款"来阐明这一问题。

(52)因此,所有受影响的经营者都存在适用特殊条款的可能性,因为它们加工来自中国的目标产品,并且在适当的情况下需要与调查主体展开合作。从调查开始起,调查范围就已经覆盖委托加工商品,而非后来"扩大至"这一类型产品。

(53)披露之后,利益相关方强调,根据第 51 条 Notice of Initiation 条款的无关性,调查仅限于原产于中国的产品,并不包括中国委托加工的产品。

(54)以下步骤可以确保所有的中国委托加工产品在调查期间都已经被审核,而不仅仅是原产于中国的产品:

— 所有运输中国相关产品的公司都被要求接受调查,不管这些产品是否原产于中国;

— 在 Notice of Initiation 的附录 A 中,出口商被要求汇报其所有产品的信息,并不局限于原产于中国的商品;

— 基于出口商出口到欧盟的商品信息,只要该商品信息不局限于原产于中国的商品的信息,代表性样本就可以被筛选出来;

— 样本生产商将会收到调查问卷,问卷中中国是涉案国家,而不是原产地,这样就保证了所有商品均可以被调查覆盖。

(55)因此,调查范围覆盖所有原产于中国和中国委托加工的商品。调查结果包括倾销和损害,也覆盖所有原产于中国和中国委托加工的商品。

(56)在最终披露之后,利益相关方强调申诉内容仅仅包含原产于中国的太阳能电池板的相关证据,并没有涉及中国委托加工的商品。需要澄清的是,申诉确实覆盖了所有来自于中国的产品,这点可以在申诉的封面页看到。因此,本案考虑了所有来自中国的产品,不管这类产品是否原产于中国。

(57)中国出口商强调第三国出口商不知道它们的产品也会成为调查目标。但值得注意的是,措施并不适用处于运输过程中的商品。因此,出口商如果在中国没有业务便不会受到影响。更重要的是,没有第三国出口商抗议其出口产品遭到反倾销调查。

(58)出口商强调第三国出口商并没有被要求提供其产品没有倾销行为的证据。协会考虑到没有在中国经营业务的出口商不会受到相关措施的影响,因为他们委托加工来自中国的商品在运输途中。所有其他出口商则被告知他们的产品将会被调查。

(59)中国方面强调,基本决议第 1 条第 3 款与出口国是产品原产地原则相背离,这一条款不能被运用在本案中。为支持申诉,中国方面认为委员会没有完整地分析出口国是否只是中间渠道。协会不同意基本决议第 1 条第 3 款的解释。没有任何一方质疑这些产品在中国有庞大产量,但中国是否是原产国的判断则依赖于诸多因素。协会分析了倾销、实质性损害和因果关系,而这一分析建立在分析生产的基础上,不管产品的出关地是否是中国。有大量证据表明,并不是所有在中国生产的产品出关地都在中国,因此在调查过程中需要考虑中国仅仅作为中间渠道的产品。

(60)中国方面强调,因为中国出口商并没有获得 MET(市场经济地位),在中国并没有可比的太阳能电池板价格,因此不能将中国作为中间渠道国。然而,在基本决议第 1 条第 3 款中已经给出三个条件。在案例中,并不是所有的条件都是相关的。由于中国出口商并没有获得 MET,因此必须在类似国家构建可比价格,不管中国是中间渠道国还是原产国,构建价格都是一样的。在中国国内是否存在可比价格是无关的,因为在本案中可比价格并不是在中国国内构建的,而是在其他类似国家构建的。

2.5　太阳能充电器

(61)利益相关方认为"包含少于 6 块电池的太阳能充电器"这一定义过于狭隘,应该扩展至具有相似功能的产品,比如包含更多、更小电池,同等规模的太阳能充电器。

(62)除此之外,利益相关方认为"永久集成进电子产品的光伏产品"这一定义过于狭隘,因为只有完整的电子产品被排除,但是太阳能组件却没有被排除。

(63)事实上,上述争议的分析表明,添加产品的技术标准是适当的。因此,国际标准 IEC 61730－1,应用类别,类别 C:伏数限定,限电应用标准被建立,可用于将相关产品排除在目标产品之外。

(64)上述标准颁布之后受到众多批评,认为用输出电压和输出功率定义排除标准更加合适,即组件输出电压不能超过直流电压 50V,输出功率不能超过 50W。此建议被接受,最终建立排除标准。

2.6　屋顶一体化太阳能电池组件

(65)另一利益相关方认为,屋顶一体化的太阳能电池组件应该被排除在调查范围之外,因为屋顶一体化的太阳能电池组件将太阳能模块的功能与屋顶瓦片或石板相结合,因此他们不会直接使用标准的光伏太阳能电池组件。

(66)但是,调查结果表明,标准模块和屋顶一体化的太阳能电池组件必须遵守同样的电气标准。同时,屋顶一体化太阳能电池组件不能简单地被标准组件替换,但是可以通过标准组件加屋顶瓦片或石板代替。因此,这些产品具有相同的基本技术特性。增加的功能(由屋顶材料另外提供)并非实质功能的改变,因此不能被排除在产品范围之外。

(67)利益相关方认为,屋顶一体化太阳能电池组件和标准光伏组件之间缺乏双向可替代,是屋顶一体化太阳能电池组件应该被排除在产品范围之外的例证。在 Brosmann 案中,将特殊技术运动鞋类(STAF)排除在产品范围之外的理由很多,但该款鞋与其他鞋款之间缺乏双向可替代性并非能够站得住脚的理由。尽管城市跑鞋和登山鞋是完全不同种类的鞋款,但是它们都需要接受相关调查。

(68)同时,利益相关方认为,欧盟地区并未生产屋顶一体化太阳能电池模块,以及出口商拥有的相关知识产权足以证明该产品具有创新性,与其他产品是完全不同的。然而,Brosmann 案的判决却认为,"当地社区没有生产以及未拥有相关专利并不是决定性的因素"。

(69)利益相关方认为,屋顶一体化太阳能电池模块应该被排除在产品范围之外,因为其售价要远高于标准光伏模块。在 Brosmann 案中,STAF 因为价格高于其他鞋款而被排除在目标产品范围之外。但是,屋顶一体化太阳能电池模块整合了标准光伏模块和屋顶材料的功能,因此直接比较价格是没有意义的,增加的功能理应带来更高的价格。

(71)最后,利益相关方认为,应该要求屋顶一体化太阳能电池模块的供应商承诺提供最低价格。然而,中国涉案出口商在调查中并没有参与合作,非合作方没有资格做出承诺,故这些要求没有被接受。

3. 结论

(72)所涉案产品的具体定义为:原产自中国或受中国委托生产的晶体硅光伏组件,太阳能电池板及组件,用于制作晶体硅光伏组件或太阳能电池板的晶片,其中晶片的厚度不超过 400 微米。这些产品目前处于如下产品编号内:CN codes ex 3818 00 10, ex 8501 31 00, ex 8501 32 00, ex 8501 33 00, ex 8501 34 00, ex 8501 61 20, ex 8501 61 80, ex 8501 62 00, ex 8501 63 00, ex 8501 64 00, ex 8541 40 90

(73)以下类型产品被排除在外：

——便携式太阳能充电器，包含少于六个太阳能电池，用于给充电电池及相关设备提供电力；

——薄膜光伏产品；

——被永久集成到电子产品中的晶硅光伏产品，且该电子产品不是发电设备，光伏产品所产生的电力被该电子产品所消耗。

(74)排除晶片之后，通过剔除晶片的数据和信息修正相关分析。晶片的进口量仅仅占到涉案产品总进口量的 2% 左右。在调查期间，对于排除晶片起到负面影响。在决议中，所有关于晶片的论述将不再适用。

(75)最后，临时性结论被最终确定。

C 倾销

1. 市场经济地位(MET)

(76)利益相关方认为，确定市场经济地位需要时间，根据基本决议第 2 条第 7 款规定，调查期满 3 个月应该立即停止调查。

(77)这些利益相关方要求修改决议，建议将 MET 的决定时间延长至 8 个月，并且只有在 3 个月的调查周期结束之后才开始生效。这一修正案只用于未来的调查以及未决的调查，且在这些调查最后的截止日期之前尚未失效。

(78)然而，修正案第 2 条明确表示，"此决议适用于 2012 年 12 月 15 日起的所有的新调查和未决调查"。此条例，甚至整个决议，不包含"确定市场经济地位的截止日期尚未失效"的限制。因此，此提议没有被接受。

(79)最终披露之后，一些利益相关方强调，确定市场经济地位没有时间限制，这和修正案第 2 条运用于"所有未决调查"并不冲突，"所有未决调查"包括当前调查。因此，确定市场经济地位并没有时间限制。

(80)最终披露之后，一家出口商认为 MET 申请不应该被拒绝，因为在2011 年停止经营的三家企业并没有一套完整的财务记录。已经停止经营的公司是否仍然需要保留财务数据值得质疑。

(81)然而，财务制度并没有定义哪些公司需要准备财务报表，财务报表只是定义企业应该怎样去编制财务报表。在中国的案例中，《企业会计准则》"基本制度"第 4 条中指明企业应该准备财务报告。这是强制性义务，即使是已经停止经营的企业也不能豁免。

(82)进一步地，这些企业尽管已经停止经营，但是它们仍旧拥有资产(土地、房产、机器设备和股票)、负债,且在 2013 年年初拥有合法实体。因此,这些企业有义务发布 2011 年度财务报告,缺乏该报告将违背第 2 条准则。

(83)出口商声称其从税收优惠政策中获得的利益只占营业额很小的比例,这点已经在平行反补贴调查中获得确认。

(84)关于这个问题,已经在临时性决议第 65 条中论述过。由于补贴的性质,公司在调查期间的绝对收益与评价公司是否收到不公平"优待"无关。因此,这一声明被拒绝。

(85)在缺乏 MET 相关证据的情况下,临时性决议第 50—69 条被确认。

2.个别检查

(86)临时性决议第 70 条指出,没有包括在样本中的 18 家合作出口商提供了其自身关于遵循基本决议第 17 条第 3 款的自我检查表。在本案中,样本包含 7 组公司,基本涵盖出口生产商、贸易商、欧盟内部进口商以及第三方国家。若将额外 18 家公司的自查书以及 7 组出口商作为一个样本,则会带来过度负担,并将妨碍调查的完整性。

(87)在缺乏对个别检查做出进一步评论时,临时性决议第 70—71 条被确认。

3.个别检查

(88)利益相关方认为,印度不是合适的类比国家,因为印度有关于本地原材料使用的条例——"Jawaharlal Nehru National Solar Mission"(JNNSM)。一方认为产品需要用到 75% 的本地原材料,另一方认为如果是 100% 由印度生产的产品,生产商会收取更高的价格。他们声称,这些规定进一步提升了印度本地产品的价格。为了支持他们的观点,他们还提供了一家印度媒体所报道的文章。然而,这篇文章是在调查结束后一年才发表的,在调查期间的影响仍然没有得到证明。

(89)但是,同一家媒体的文章认为,印度太阳能产业和西方国家、中国之间竞争激烈。印度平稳增长的进口产品量可以提供佐证,并且在第 92 条中将会有相关论述。但是,JNNSM 对于印度的国内市场产生着重要影响,印度的市场确实是竞争市场,无数竞争者互相竞争。

(90)除此之外,根据 JRC 已经发布的信息,绝大多数的 JNNSM 项目会在 2015 年之后开始。事实上,2012 年 JNNSM 并网量的目标仅为 50MW,而 2012 年印度总的并网量为 1GW。事实表明,在调查期间,JNNSM 相对于总的光伏装机量而言,重要性不足 5%。因此,JNNSM 的影响非常有限。在调查期间,主要的光伏装机集中在古吉拉特邦,占总装机量的 65% 左右。

(91)利益相关方认为,印度市场在调查期间是被保护的市场。2012 年年初,印度已经着手展开反倾销调查,限制来自包括中国在内的各种渠道的进口。事实上,印度在 2012 年 11 月 23 日就发起针对中国、马来西亚和美国的反倾销调查,这一时间点刚好是在调查结束后的第 5 个月。

(92)然而,这一观点并不被相关的统计所支持。

	2010.4—2011.3	2011.4—2012.3	2012.4—2013.3
中国	7733	57724	37172
指数	100	746	481
总量	25263	134848	82707
指数	100	534	327

(93)上述表格说明,从中国进口的太阳能电池和组件模块上升超过了 600%,2011—2012 年间的进口比上一年增加了 400% 以上。但是,印度市场的商品进口价值和价格均出现了下降现象。事实上,进口价值下降与价格下降保持一致,由此导致两年间进口量保持相对稳定。这表明在调查期内,印度的市场受到了严格保护。

(94)中国方面强调,2013 年 2 月 6 日美国已经就印度本地原材料要求条款与印度在 WTO 争端解决机制框架下展开磋商。本地原材料要求条款加上反倾销调查,导致 2012 年 4 月至 2013 年 3 月间进口价值相对于上一年下降 38%,而上一年同期是增加的。

(95)价值下降是由价格下降而非数量下降引起的。一个利益相关方提供了 2010—2013 年间印度市场进口价值的变化情况。结果表明,如果太阳能电池和组件模块进口以价值计算,那么进口价值是上升的。由此可以判断,印度市场并没有因为潜在反倾销调查而受到保护,而且本地原材料要求条款也没有能阻止进口价值的上升,不过这一论述并没有得到证实。

(96)除此之外,2012 年 4 月至 2013 年 3 月间的数据显示,在调查结束之后,JNNSM 对于进口的影响变得更加显著,而其他方面的影响则显得更小一些。

(97)一个利益相关方认为,Tata Power Solar 虽最近才进入市场,但其并不是合适的可比较的生产商。由于这个公司的前身是 Tata BP Solar,从 1989

年就开始生产光伏模块,因此不能认为其刚进入市场。根据另外的消息,Tata 可能比中国的前 5 大出口商都更早地进入了该市场。

(98)一个利益相关方认为,中国台湾相对于印度是更加可比性的地区,因为台湾公司的规模与中国大陆公司的规模更加接近,同时中国台湾的生产商愿意参与合作。其他利益相关方也对印度是否是合理的可比国家提出了质疑,认为在决定把印度作为可比国家时并没有考虑其他更加合适的选择。

(99)事实上,中国台湾的公司是参与合作的。当另外一家公司部分合作时,一家公司选择了完全合作。但是,唯一一家完全合作的台湾公司的规模比 Tata 小,尤其是在模块组件的销售量和产量方面,而模块组件占所有目标产品的 90%,临时性决议第 76 条同样提及了这点。公司定义披露之后,一家出口商询问部分合作的台湾公司是否被要求提供相关缺失的数据。参考临时性决议第 76 条,其中阐明中国台湾不适合作为可比地区的原因在于合作的台湾公司几乎专门生产电池,而中国大陆的出口商则大多生产模块组件。因此,台湾公司被认为不具有可比性,也就没有要求其提供相关数据。

(100)同样的利益相关方认为,不生产组件模块并不影响台湾公司成为可比厂家,因为通过将电池加工为组件模块,可以很容易地构建加工成本。然而,调查的结果并不支持上述结论。将电池加工为组件模块需要多重工序,在加工过程中,产品附加值会大大提高。如同在临时性决议第 137 条中所提到的那样,在调查期间,电池和组件模块的平均价格差异是 55592 欧元或 54%,平均成本差异为 37799 欧元或 34%。这就意味着,以台湾公司作为可比公司构建的正常价格中有非常重要的一部分要依赖于生产成本的调整,而这些调整对基于售价构建的正常价格而言并不合理。因此,可考虑印度作为可比国家。

(101)另外一个利益相关方认为,不将美国作为可比国家是缺乏理由的。临时性决议第 74 条阐明美国不适合作为可比国家。在调查期间,美国同样对中国出口的光伏产品展开了反倾销和反补贴调查。若对此没有争议,美国不作为可比国家的决定就将保持不变。

(102)利益相关方认为,对于倾销幅度的计算是不对的。因为中国的企业和印度的企业规模大小不一样。基于此,协会检验了企业生产量和倾销幅度之间的关系。

(103)将样本企业分为七组,两个中等规模的企业组(Jinzhou Yangguang 和 Delsolar)以及五个大型规模的企业组(JingAo、LDK、Suntech、Trina 和 Yingli)。中型规模的企业组中,Jinzhou Yangguang 倾销幅度最低,Delsolar

倾销幅度最高。另外五个大型规模的企业组的倾销幅度正好位于中间。因此,企业生产量和倾销幅度之间不存在相关关系,企业规模的差异不会影响倾销幅度的计算。

(104)利益相关方认为,企业规模与倾销幅度之间无相关性并不能表明企业规模是没有影响的。在某些情形下,正常价格对于所有企业都是一样的,计算倾销幅度正是基于该正常价格,因此出口价格会影响倾销幅度。企业规模和倾销幅度没有关联等同于企业规模和销售价格没有关联。因此,经济规模的差异不会影响价格的可比性。

(105)一个利益相关方认为,可比国家生产商的国内销售价格非常高,远高于欧盟企业的销售价格,因此倾销幅度会显著超过削价幅度。这一观点来自于对印度正常价格与欧盟生产商价格的比较。但是,这一比较是存在缺陷的,因为印度的正常价格基于有利可图的销售。如果欧盟企业是亏损的,那么自然就会产生印度的正常价格高于欧盟生产商的销售价格这一现象。因此,这一比较并不意味着印度是不合适的可比国家。

(106)一个利益相关方认为,Tata 的销售价格是不合理的,因为其与 Tata Power 相关,而后者是公共事业公司。因此,Tata 可以在 Tata Power 服务的地区收取更高的价格。然而,并没有足够的证据证明此观点,该论述未被接受。

(107)一个出口商认为,Tata 是非竞争性企业,其产品成本和价格均很高,而这也是 BP Solar 在 2011 年 12 月改制为合资企业的原因。一家媒体的报道支持这一结论,其认为"BP 从太阳能行业退出表明该行业竞争非常激烈"。然而,这篇文章并没有指出 Tata 是非竞争性企业,其仅仅指出太阳能行业目前的竞争状态,"行业已经是恶性竞争,许多公司已经倒闭关门,众多工人下岗"。因此,该文不能表明 Tata 是拥有高成本和高价格的非竞争性企业。

(108)一家出口商指出,Tata 并没有被包含在第 91 条所提到的反倾销调查涉及的印度国内行业中,原因在于其巨大的电池进口量。尽管 Tata 并没有被包含在反倾销调查涉及的印度国内行业中,但并不意味着 Tata 不是合适的可比公司。正常价格的构建基于印度唯一的电池和光伏模块生产商 Tata,并不是基于进口产品。进口部件用于生产相关产品并不意味着正常价格在印度不具有代表性,正常价格的构建基于销售价格而非成本。

(109)中国方面认为,Tata 的模块销售仅仅占中国出口到欧盟总量的 0.3%,因此无法认为 Tata 具有代表性。该论述参考了 Detlef Nölle 案的判决。在 Detlef Nölle 案中,某国总生产量仅占目标国出口量的 1.25%,因此不具有代表性。在该案中,中国方面没有比较印度的产量和中国的总出口量,仅仅比较一家印度厂商的产量和整个中国的出口量。这种比较是存在缺陷的,因为在竞争性市场中,单个厂商的产量并不足以代表整个市场的产量。本案与 Detlef Nölle 案不存在可比性,Detlef Nölle 案比较了一国的总产量与其他国家的总出口量。根据 CCCME 提供的数据,2012 年年末,印度产量大约为 2GW,约为中国出口到欧盟总量的 14%,已经超过 Detlef Nölle 案所提及的 5% 的阈值。

(110)一个利益相关方认为,Tata 缺乏上游行业的整合,因此不得不向第三方采购晶片。由于中国已经整合了上下游企业,形成了垂直一体化,因此 Tata 的生产成本高于中国企业的生产成本。此论断并不充分。Tata 的总成本将会更高,如果其购买的晶片的价格高于生产晶片的成本,而这种情况是不确定的。由于目前整个行业有大量企业处于亏损状态,一些规模很大的已经形成垂直一体化的中国企业也在向第三方大量采购晶片,因此缺乏上游的垂直一体化并不必然会导致成本上升。

(111)一个利益相关方认为,可比国家是非竞争性的。因为太阳能电池的产量正好位于印度五年来产量的低点。但利益相关方引用的一篇文章却表明,在调查期间印度的电池产量仍然处于高位,与历史高点相差无几。调查期之后,产量急剧下滑,因此对于调查并无影响。

(112)可比国家是非竞争性的另一个争议是第 91 条中所提及的反倾销调查。协会观察到反倾销调查仍未结束,还没有得出结论。一般而言,反倾销调查不是缺乏竞争性的指标,而是存在不公平贸易行为的指标。

(113)总而言之,委员会认为选择印度作为可比国家是有理有据的。

(114)在缺乏进一步证据的情况下,临时性决议第 72—77 条被确认。

4.正常价格

(115)一个利益相关方认为,印度公司主要销售离网的光伏模块,其成本、售价均比并网的模块更高,而且离网模块的产出更低。

(116)包含 36 块电池以上的模块被认为是并网的光伏模块,包含 36 块及以下电池的模块被认为是离网的光伏模块。可基于两者的不同,分别构建正常价格。

(117)另一利益相关方认为,Tata 同时也是活跃的项目研发者。该公司的销售情况与中国出口企业的销售情况并不一样。印度国内价格和中国出口价格之间的比较仅仅在模块价格上,如软件开发项目等并不适用于正常价格。

(118)在缺乏进一步证据的情况下,临时性决议第78—86条被确认。

5.出口价格

(119)样本出口商更为关心用于构建倾销幅度的正常价格。这些建议被采纳,并且使倾销幅度得到了轻微修改。

(120)在缺乏进一步证据的情况下,临时性决议第87—89条被确认。

6.比较

(121)一些样本公司关心津贴被用于对公司出口价格的比较,这项建议被采纳,并且导致倾销幅度作出了轻微修改。

(122)一些文字上的错误将导致错误地调整国内运费的正常价格,这个问题被修正,并且导致倾销幅度作出了轻微修改。

(123)一个利益相关方认为,调整贸易水平是可以被保证的。因为利益相关方并没有直接将货物卖给安装方,而是卖给渠道商和经销商。利益相关方需要可比公司的渠道细节,但是出于保密性,这些信息是不公开的。作为替代方式,依据销售量,将可类比国家生产商的消费群分成不同种类,发现贸易水平的调整不能被保证。

(124)为了回应上述分析,利益相关方承认销售量不同将会导致价格不同。但是,他们强调对安装方会收取更高的价格,尽管安装方购买的数量与渠道方或经销商购买的数量相差无几。然而,该论述并不充分,因此未被接受。

(125)在缺乏进一步证据的情况下,临时性决议第90—92条被确认。

7.倾销幅度

(126)一个样本出口商要求完整披露倾销幅度的计算过程,否则无法确保其准确性。这家公司因为没有取得MET,其正常价格的构建基于印度的可比价格。而印度只有一家公司与调查团队完全合作,为了保密性,不能公布产品层面的相关信息。因此,此要求被拒绝。

(127)对于样本公司而言,比较相似产品的加权平均正常价格和出口产品的加权平均出口价格,此点在基本决议第2条第11—12款中已得到论述。

(128)对于没有被包含在样本中的合作出口商,计算其加权平均的倾销幅度将基于第9条第6款,该倾销幅度的构建基于样本公司倾销幅度的构建。

(129)按照第128条的计算方法,没有包含在样本中的合作厂商的最终倾销幅度为88.1%。

(130)其他所有的中国出口厂商,其倾销幅度将依据基本条例第18条构建,为了实现目的,可以比较出口到欧盟的数量与中国出口总量来构建合作水平,如在第167条中所论述的。

(131)合作方出口量占中国出口欧盟总量的比例超过80%,因此合作水平非常高。没有理由相信出口商会故意放弃合作,其他出口商的倾销幅度将会是样本公司中最高的倾销幅度。没有理由表明非合作方的倾销幅度更低。

(132)将最终倾销幅度表示为欧盟到岸价的百分比,具体如下。

公　司	倾销幅度(%)
Changzhou Trina Solar Energy Co. Ltd Trina Solar Changzhou Science & Technology Co. Ltd Changzhou Youze Technology Co. Ltd Trina Solar Energy (Shanghai) Co. Ltd Yancheng Trina Solar Energy Technology Co. Ltd	90.3
Delsolar (Wujiang) Ltd	111.5
Jiangxi LDK Solar Hi-Tech Co. Ltd LDK Solar Hi-Tech (Hefei) Co. Ltd LDK Solar Hi-Tech (Nanchang) Co. Ltd LDK Solar Hi-Tech (Suzhou) Co. Ltd	91.9
JingAo Solar Co. Ltd Shanghai JA Solar Technology Co. Ltd JA Solar Technology Yangzhou Co. Ltd Hefei JA Solar Technology Co. Ltd Shanghai JA Solar PV Technology Co. Ltd	97.5
Jinzhou Yangguang Energy Co. Ltd Jinzhou Huachang Photovoltaic Technology Co. Ltd Jinzhou Jinmao Photovoltaic Technology Co. Ltd Jinzhou Rixin Silicon Materials Co. Ltd Jinzhou Youhua Silicon Materials Co. Ltd	53.8
Wuxi Suntech Power Co. Ltd Suntech Power Co. Ltd Wuxi Sunshine Power Co. Ltd Luoyang Suntech Power Co. Ltd Zhenjiang Ren De New Energy Science Technology Co. Ltd Zhenjiang Rietech New Energy Science Technology Co. Ltd	73.2

公　　司	倾销幅度(%)
Yingli Energy China Co. Ltd Baoding Tianwei Yingli New Energy Resources Co. Ltd Hainan Yingli New Energy Resources Co. Ltd Hengshui Yingli New Energy Resources Co. Ltd Tianjin Yingli New Energy Resources Co. Ltd Lixian Yingli New Energy Resources Co. Ltd Baoding Jiasheng Photovoltaic Technology Co. Ltd Beijing Tianneng Yingli New Energy Resources Co. Ltd Yingli Energy Beijing Co. Ltd	93.3
Other cooperating companies（Annex Ⅰ，Annex Ⅱ）	88.1
All other companies	111.5

D 损害

1. 欧盟产业和欧盟产品的定义

（133）在欧盟,共有 215 家厂商生产相似产品。协会已经证实索赔,该索赔针对很多利益相关方。该证实已披露额外生产商大多数是组装商、相关进口商和出口商。

（134）一些相关方抗议欧盟 Europressedienst 提供的数据被用于确定欧盟产品产量、欧盟生产能力、宏观经济损害指标以及进口量。欧盟 Europressedienst 相当于独立咨询机构。这些相关方质疑 Europressedienst 的独立性。相关方要求按照委员会选取咨询机构的基础分类,并且质疑其搜集光伏产业经济数据的专业性。从这方面看,相关方要求委员会的结论基于其他可获得数据,特别是来自研究机构的数据。最后,在涉及执行欧盟宪章第 101 条款和 102 条款时,在提交经济证据和搜集数据方面,AFASE 质疑咨询机构数据的可靠性。

（135）相关利益方并没有提供证据显示咨询机构和申诉者之间存在关系。同样地,超出纯粹商业特性范围,反倾销调查没有提供任何证据。最终结果披露之后,一个利益相关方宣称,欧盟申诉者提供的初步证据以同一个咨询机构的数据为基础。即使某些指标的结论和申诉者提供的证据相似,也并不意味着他们使用同一数据。因此,申诉者使用了多种数据。

(136)正如临时性措施第 99 条所言,委员会认为在当前调查中求助于咨询机构是合理的,因为关于欧盟市场的宏观经济数据和进口数据具有不可得性。在选取 Europressedienst 之前,委员会评估了采集相关数据的方法。

(137)在调查期间,当存在其他可用数据时,需要检查咨询机构提供的数据。有些研究机构擅长搜集光伏产业的市场数据,而且这些数据并不完全一样。因为研究机构很难获得准确的数据,研究机构会估计报告书中的数据,这种估计独立于提供者的自身特性。在此背景下,委员会将交叉检查数据,包括比较不同咨询机构提供的数据的趋势性。条件允许时,委员会共同研究中心(JRC)和欧盟光伏产业协会(EPIA)同样包括在内。比较不同数据的趋势性作为交叉检查手段,不同数据之间没有显著性差异。不仅有临时性结果给咨询机构提供的数据,还有委员会自身分析和评估结果给咨询机构提供的数据。就像第 9 条所提及的,在实施临时性措施以后,即可验证咨询机构提供的数据的准确性。委员会通过检查咨询机构提供数据和方法的可靠性,来实地检查咨询机构的经营场所。实地检查在交叉检查之后实施,主要是为了评估获得数据和相关方法的可靠性。即使数据由咨询机构提供,而不是由利益相关方提供,当运用良好管理的原则时,实地检查也是合适的。因此,委员会更加确信了由咨询机构提供的数据的可靠性。

(138)一个相关方声称,委员会使用的交叉检查方法并没有提供充足的细节,并要求披露交叉检查中使用的其他数据来源。该相关方强调,当对比不同数据的趋势性时,所使用的方法在任何情况下都是无效的。

(139)JRC 和 EPIA 发表的同一标题文章可以为相关机构提供的数据进行交叉检验。通过对数据的比较,可以证实不同来源的数据具有相同的趋势和数量级,也就证实了使用的方法是准确的,因此上述观点被拒绝。

(140)咨询机构的主要工作是收集光伏行业的数据,开发实时更新的数据库,而该数据库主要用于反映企业在光伏市场的活动。数据库数据刊登在专业的光伏杂志上,同时,个别企业也会用这些数据进行专业研究和分析。这个数据库是由 Europressediens 开发的,可实时更新并且随时可得。除此之外,该咨询机构拥有多年光伏领域的从业经验。咨询机构搜集数据的方法是收集、交叉检验并且整合来自于不同市场的数据。最后,其将会通过向数据库列示的企业发放标准调查问卷、电话联系欧盟制造商或参加第三国专业展览会等方式收集数据。当数据通过上述渠道无法取得时,Europressedienst 会通过查阅企业财务报表来获取或交叉检验数据,而且这些数据来源每天都可以更新。因此,使用 Europressedienst 相关服务是合适的,反对观点被拒绝。

(141)委员会职能部门发布的最佳范例是关于提交经济证据的文件。首先,此文件不适用于委员会,因为其只是被用于为利益相关方提交经济证据时提供建议。其次,最佳范例关注经济分析和竞争调查所使用数据的提交方式,这些符合 TFEU 第101—102条规定。本案中可适用准则、证据标准以及委员会调查力度不能与贸易辩护调查对应内容相比较,这是两套完全不同的制度。

(142)一些利益相关方质疑咨询机构所使用的方法不符合科学标准。然而,根据第137条论述,方法经过评估,数据经过交叉检验,结果显示数据与已分布的数据具有很好的一致性。因此,方法和数据都是可靠的。利益相关方所关心的 AFASE 已经得到清楚阐明,且在公开文件中都可以找到相关信息。

(143)CCCME 强调,并未详细说明数据的加总方法。该说法被拒绝,因为相关信息可在公开文件中查阅。

(144)多个相关利益方表达了他们对于委员会选择咨询机构及服务质量、数据提供等方面的关注。然而,咨询机构的数据可以点对点预定及购买,从而满足潜在客户的特定需求,因此可能不是客观的。除此之外,CCCME 质疑咨询机构收集的数据是否可以成为有力的证据,因为从某种程度上说,这些数据都是基于假设和估计的。而且,所收集的证据并不为相关证据所证实,所以这些数据并不是肯定的、客观的和可验证的。

(145)关于这些争议,第136条和第137条提供了选择咨询机构的相关信息。除此之外,委员会选择咨询机构的标准是,咨询机构可以提供最为全面的数据以及在所有程序上完全符合委员会的金融法规。咨询机构及时提供所需数据的能力是非常重要的,因为委员会在提交相关结论时有明确的时间限制。

(146)关于提供数据的质量以及根据基本决议第3条第2款其是否可以成为有力的证据在第137条中已有提及。咨询机构用于搜集数据的方法经过了检验和评估。而且,当条件允许时,这些数据还会和其他来源的相关数据进行交叉检验。咨询机构拥有自己的数据库,可实时更新且独立于客户需求。对于所有的客户而言,这一数据库都是相同的。因此,关于数据并不客观的论述被拒绝。

(147)一个利益相关方认为,委员会没有公开相关的信息来源、计算方式以及所合作的企业。另一个利益相关方认为,咨询机构提供的方法表明结果是不精确的。多个利益相关方均要求咨询机构披露更多的计算方法细节,包括问卷调查回应率、各种数据收集渠道所占比例、数据验证方法、相关估计和假设、合作企业数量以及咨询机构员工人数,等等。

(148)颁布临时性措施之后,委员会提供利益相关方信息,包括咨询机构用于整合数据的计算方法和数据来源,回应利益相关方的质疑。施加临时性关税之后,按照利益相关方要求,披露最终判决的相关信息。除此之外,委员会现场验证咨询机构数据收集和加总的方式以及数据加总的相关假设。验证结果令人满意,相关假设合理性和数据可靠性都得到了满足。

(149)另一方要求咨询机构对欧盟生产商进行分类,这些生产商是为了搜集信息而选取的,其中有215家厂商是重合的。关于这一点,第133条已经说明咨询机构所需要的生产商是类似的,可以代表整个行业的相关情况。

(150)一方认为,委员会分别对电池模块和光伏模块进行了损害分析,分析方式导致了分析非连贯,计算损害和倾销幅度必须以电池和模块加权平均价格为基础。然而,尽管各种指标被分别呈现,但其计算是按照整体的。模块和电池是整体产品,因此必须从整体角度计算倾销幅度和损害水平。因此,该抗议被拒绝。

(151)另一方认为,调查期内宏观经济指标的计算方式仅仅是2011年和2012年数据的加权,该种计算方式不够客观,而且结果不能反映真实情况。然而,简单加权仅适用于有相似趋势的阶段。如果趋势不同,就需要调整计算方式,从而使结果更加可靠。因此,该说法被拒绝。

(152)在相关方没有提供进一步信息的情况下,临时性决议第98—101条被确认。

2.欧盟相关市场的决定

(153)多个利益相关方认为,在垄断市场和自由市场中,评估损害应该分开进行。一方强调,流向垄断市场使用者的电池数据应该被排除在损害评估之外,因为它们不受倾销所影响。

(154)根据临时性决议第105条,应该参照欧盟产业的活跃度检验销量、产量、生产能力,产能利用率、增长幅度、投资、股票、就业、生产力、现金流、投资回报率、筹集资金能力和倾销幅度,即使产品最终流向垄断市场,其同样会受到目标国进口的影响。

(155)调查表明,欧盟实现垂直一体化的生产商为了避免生产成本高于进口价格,被迫采购存在倾销行为的产品。同时,调查还认为自由市场和垄断市场在价格趋势方面表现出一致性,同样受到目标国进口的影响。

（156）多个利益相关方强调，委员会并没有仔细分析垄断市场，也没有给出合理理由解释为何没有对自由市场和垄断市场采用不同的分析方法，也没有披露欧盟生产的产品流向垄断市场使用者的相关信息。根据临时性决议第106条，垄断市场价格不完全反映市场价格，这与第155条中关于自由市场和垄断市场在价格趋势方面表现出一致性的论述相矛盾。

（157）第一，关于参考欧盟整体工业活跃度，包括垄断市场使用者在内。临时性决议第105条已经给出利用工业活跃度测度伤害指标的理由。调查表明，流入垄断市场使用者的产品同样会受到来自中国的进口产品竞争的影响。因此，抗议为什么没有进行独立分析是不合理的。

（158）第二，尽管流入垄断市场的产品不是核心部件，但是流入垄断市场的电池量占调查期间总产量的一半以上，这与垄断市场价格不完全反映市场价格是不矛盾的。因为它们的价格虽然具有类似趋势，却是完全不同的价格水平。因此，垄断市场的抗议被拒绝。

（159）在相关方没有提供进一步信息的情况下，临时性决议第102—106条被确认。

3. 欧盟相关市场的决定

（160）一个利益相关方认为，欧盟消费相关光伏产品的来源数据是非常重要的，其认为可靠的数据只可能来自专业机构或调查中心。根据第134条和第152条的解释和结论，数据均来自咨询机构，因此这一抗议被拒绝。

（161）同一利益相关方强调，欧盟的消费水平不应该仅根据目前在产的组件模块生产能力进行构建，而应该扣除欧盟自身生产的模块产品。该抗议被拒绝，因为消费模块是通过欧盟新增的模块产能进行构建的，这是常规做法。同时，构建电池消费主要基于欧盟模块的产能。

（162）另一利益相关方认为，咨询机构披露的计算方法表明在构建消费数据时存在困难，欧盟的进口数据和出口数据或是基于未被证实的估计量，或是基于不完整的数据。因此，委员会的交叉检验并不充分，容易导致结论存在偏差。

（163）第136条和第137条已经提及委员会在现场检查中证实数据质量和收集方法是可靠的，并且结果也是可靠的，因此该抗议被拒绝。

（164）在相关方没有提供进一步信息的情况下，临时性决议第107—109条被确认。

4.从目标国家进口

4.1 目标国进口量及所占市场份额

(165)一个利益相关方认为,数据来源不同,目标国的进口量差异将非常大,其认为可靠的数据只可能来自于专业机构或调查中心。然而,根据第134条和第152条的解释和结论,数据均来自咨询机构,因此,这一抗议被拒绝。

(166)一个利益相关方认为,测定总进口价值的方法必须依赖到岸价未付关税的贸易。因此,该笔贸易是否最终流向欧盟存在疑问。然而,由咨询机构提供的来自中国的总进口价值数据没有在临时性决议和最终决议中使用,只有进口数量和进口价格数据在临时性决议中被使用。决定进口价格的方法被用于相关决议中,关于这点并没有受到质疑。因此,该抗议被拒绝。

(167)在相关方没有提供进一步信息的情况下,临时性决议第110—112条被确认。

4.2 进口价格和降价

(168)不相关的合作进口方认为,构建进口价格应该基于欧盟目标产品的进口情况。然而,进口商在调查期间所提供的数据仅仅代表欧盟总进口量的一部分。对于整个期间而言,并不能从中国出口的平均价格中得到有意义的结论。因此,抗议被拒绝。

(169)另一合作进口方认为,没有很好解释测定价格的方法,也没有解释如何整合不同来源的数据。同时,其认为进口成本是基于调查期间内被证实的数据而非估计值。

(170)然而,前文已经说明了数据如何被构建,利益相关方应该都明白构建方法。在进口成本方面,将现价调整成到岸价,所有的估计均是基于调查期间被证实的数据。

(171)一些利益相关方要求披露削价计算方面的更多细节,而不仅仅是在临时性决议第116条中所提及的情况。出于信息敏感性以及欧盟生产商匿名要求的考虑,额外信息只会在双边披露中被提供。

(172)因为晶片已经被排除在产品范围之外,所有晶片生产企业也被排除在削价计算范围之外。同时,需要修正利益相关方提供的到岸价。当数据可得和更加完整时,可以使用新样本进口商的平均进口产品成本,因此不相关进口商的样本也得到了修正。这点已经在第21条中提及。

(173)相同贸易水平下,比较同一类型产品的修正后价格扣除回扣和销售折让,比较结果以调查期间欧盟样本生产商营业额的百分比呈现,模块加权平均削价幅度区间为 19.8％～32.1％,电池为 4％～28.5％,总体为 29％。

(174)值得注意的是,其中一个样本出口生产商的电池削价是负的。由于其出口不大,因此不具有代表性。

(175)一个样本出口商质疑单晶电池和多晶电池的价格调整,但是没有提供证据支持,因此这一质疑被拒绝。

(176)在缺乏进一步有关削价证据的情况下,临时性决议第 113—117 条被确认。

5.欧盟产业经济情况

5.1　总论

(177)一些团体对委员会为了这一调查所使用的宏观经济受损指标的整体可靠性提出了质疑,他们认为,某些指标的趋势与欧盟样本生产商的同一指标趋势有差异。特别是欧盟产量、生产率、销售量、平均劳动力成本和就业。

(178)如暂行条例第 121 条曾提到的,在建立宏观经济指标时,它们被设定为和欧盟中所有的生产商有关。为了防止发生同一数据同时用于单个或者一组欧盟生产商的情况,指标趋势并不是必须完全一致。如在作此种比较时,不需要考虑每个公司的权重。因此,在考虑比较的结果时,全部欧盟生产商和欧盟样本生产商的宏观经济指标即使没有意义,也不会出现一个或一组数据不可靠的结论。在任一事件中,当比较欧盟宏观经济指标趋势和样本生产商相同宏观经济指标趋势时,必须注意到几个趋势的差别,如 2011 年和调查期间的产品、产能、销量、就业和欧盟产业生产率。对于所有这些指标,欧盟样本生产商的表现都比欧盟总体产业的表现要更好。其背后的原因是,在调查期,不包括在样本企业中的很多欧盟生产商都停产或破产,这种情况对欧盟总体的宏观经济指标计算具有负面影响。因此,这一论点被否决。

(179)某一利益相关方声称,暂行条例第 153 条中得出的欧盟内产业出现指标下降趋势的结论,是基于咨询公司提供的数据而得出的。因此,显而易见的是,一方面,表 4-a 至表 6-c 中所罗列的关于暂行条例的宏观经济指标是基于咨询公司提供的数据得到的,并且可以与其他可得数据交叉核对。另一方面,表 7-a 至表 11-c 中所罗列的关于暂行条例的宏观经济指标是基于欧盟样本生产商提供的数据得到的,并且立即被委员会所证实。我们仍需注意到的是,欧盟产业受损情况的决定因素(如欧盟产业的利润率水平、欧盟平均销售价格、价格削减计算)是基于欧盟样本生产商和出口生产商的当期数据计算的。因此,上述论述被否定。

(180)当不存在其他有关欧盟产业经济情况评估总体思路的评论时,暂行条例第118—123条的论述被确认。

5.2　宏观经济指标

5.2.1　生产、产能和产能利用率

(181)AFASE声称暂行条例第124条中模组生产量和同一条中欧盟模组产业和电池产能被高估了,AFASE还提供了其他渠道(如 EPIA、IMS 和 BNEF)下显示更低产能的数据。

(182)在第124条中确定的暂行条例期间产量基于上市公司和非上市公司两者信息。暂行条例第124条确定的欧盟的生产发展,与第108条中确定的欧盟的消费发展相一致。与之相反的是,AFASE 所提供的关于产量的数据显示出与第108条确定的暂行条例期间欧盟的消费发展相悖的趋势,这一关于欧盟消费的统计由 EPIA 发布。

(183)就产能而言,这项调查显示第124条中关于暂行条例的陈述包括在调查期间申请破产和停产的公司产能,但它们还没有卖出机械设备,因此有能力快速继续生产。否则,如之前在第182条所说的,第124条中关于暂行条例的数据包括了非列表公司数据。

(184)最后,如之前第137条所说的,独立咨询公司提供的数据准确可靠。在此基础上,AFASE 根据其他来源提供的数据并不会与临时调查解雇相矛盾。

(185)在任何情形下,接受 AFASE 所提供的数据都不会对遭受实质性影响的欧盟产业总体结论产生影响,例如,欧盟产量和产能将变得更加显著。

(186)一个协作的不涉案的进口商认为,生产量、生产能力和产能利用率应该只建立在欧盟样本生产商的数据的基础上。然而,由于这些都是为了建立有意义和全面的关于欧盟行业形势的宏观经济指标,它们应该在所有欧盟生产商的基础上建立。因此,这个论点被驳回。

(187)在最终披露后,某机构要求委员会辨明咨询公司如何计算年度欧盟生产情况。另一机构要求委员会给出关于欧盟总产能不同可得数据调和的更多解释。另一机构建议,应当从欧盟样本生产商中得到欧盟总产量和欧盟总产能情况,因为这样得到的结果更可靠。就这一点而言,由于数据的秘密性,公开数据是不精确的。

(188)年度欧盟生产计算是以欧盟生产商向咨询公司报告的数据为基础的。当无法得到某一年某欧盟生产商的年度生产数据时,就以前一年产能利用率来估算新一年的的产能。该机构还比较了咨询公司提供的欧盟内部生产商之前回答问卷时提供的数据,结果显示这两者很相近。

(189)关于提供如何调和不同的欧盟产能数据来源的更多解释的请求,已经在相关利益方的公开检查文件中提供。因此,这一请求被拒绝。

(190)最后,欧盟生产和产能是宏观经济指标,是建立在整个欧盟产业之上的,而不是建立在某一层级欧盟样本生产商的基础上的。

(191)在最终披露后,某一团体声称,因公司不愿透露的原因,收集生产数据的方法(主要访问和采访生产地)不能带来可靠结论,从而使得这些数据具有保密性。因此,这种方法是不合适的。而且,下面的事实也可以证明这个结论:在检查初始阶段,尽管相对于委员会只考虑一个生产商,咨询公司考虑了更多欧盟生产商,但是咨询公司得出的总产量比委员会得出的总产量更低。这个团体进一步宣称:按照基本条例 3(2)的含义,与受损指标有关的信息不能被认为是直接证据。

(192)首先,咨询公司和委员会最初开始考虑的生产商数字很相近,因此结果不一致的论断被否定。其次,将咨询公司收集的数据与其他可能来源的数据交叉对比后,结果显示数据足够可靠。因此,我们可以断定,按照基本条例 3(2)的含义,咨询公司给出生产商数据所提供的信息是直接证据。

(193)由于没有其他关于生产、产能、产能利用率的评论,暂行条例第124—128 条可以被确认。

5.2.2　销量和市场份额

(194)某利益相关方声称,欧盟产业生产模组的市场占有率在 2009 年已经达到 19%,在监管期间内,仅有 6%的下降不能被视为受损。

(194)我们必须在欧盟模组消费增长 200%以上的前提下来看待在同一期间内市场占有率下降 6%的现象。欧盟产业不仅无法从消费增长中获得好处,相反,在消费增长的情况下,欧盟仍无法增加销量,市场占有率也在降低。因此,前一论点被否定。

(195)某一团体发布公告称,因为受访企业不愿公布数据,所以收集销售数据的方法(主要为采访和访问生产地)不能带来可靠结果,因而这种想法是不合适的。同样地,按照基本条例 3(2)的含义,数据不能被看作直接证据。如之前第 137 条中提到的,将咨询公司收集的数据与其他可能来源的数据交叉对比后,结果显示数据足够可靠。因此,按照基本条例 3(2)的含义,咨询公司提供的销售数据是直接证据。

(197)由于没有其他关于欧盟产业销售量和市场份额的评论,暂行条例第129—131条可以被确认。

5.2.3 就业率和生产率

(198)最终披露之后,某团体宣布用以构建调查期间欧盟总就业率的方法并不正确。这一团体认为,无论某一特定欧盟生产商的就业率是否可得,都应该使用可得数据,即它们的平均就业率。由于构建总就业率的方法不同(例如,为防止某一特定欧盟生产商的就业率数据不可得,这一数据主要由前几年同样公司的数据估算所得),这一声明被拒绝。如前文第137条所述,这种方法是可靠的。因此,这一陈述被否决。

(199)由于没有其他关于欧盟就业率和生产率的评论,暂行条例第132—134条可以被确认。

5.2.4 倾销幅度和历史倾销恢复度量

(200)由于没有其他相关的评论,暂行条例第135—136条可以被确认。

5.3 微观经济指标

5.3.1 价格和影响价格的因素

(201)某团体认为,平均销售价格下降会对欧盟产业利润率造成破坏性影响这一事实存在争议。这个团体宣称,欧盟产业平均成本同等下降,因此价格下降是自然的。然而,如暂行条例第138条所述,调查发现欧盟产业销售价格降幅超过了平均生产成本,因此生产成本的降低不能反映欧盟产业的利润率。欧盟产业销售价格的降低对于欧盟产业的利润率有破坏作用,因此这一声明被否决。

(202)另一个团体反对第138条中价格在保护期处于不可维持水平的论述,其宣称这需要由市场力量来决定。这一团体还反对同一条中关于欧盟产业因为进口倾销带来的价格压力而不能从价格降低中获利的论述。在这一点上,该组织观察到:"不可维持水平"指欧盟产业在销售中损失的事实,因此无法长期维持。价格水平是否可维持的问题只是生产成本和价格之间关系的问题。无法从价格降低中获利,意味着成本降低速度比价格更慢。这两种论述都有第138条的证据为支持。因此,这一论述被否决。

(203)由于没有其他关于欧盟产业平均销售价格的评论,暂行条例第137—138条可以被确认。

5.3.2 劳动力成本

(204)同一团体声称,与第140条相反的是,调查期间内没有通货膨胀,因此,劳动力成本的增长并不是由这个原因导致的。

(205)与这一团体声称的内容相反,调查显示,调查期间有通货膨胀,就模组而言,劳动力成本上升可以由通货膨胀和生产率上升所解释。

(206)某团体声称,欧盟产业水平受损是由劳动力成本上升和生产率下降引起的。然而,首先我们应注意到的是,以电池为例,当模组和电池的生产率都上升时,劳动力价格保持稳定。因此,之后的上升可以通过生产率上升来解释。此外,调查还显示了劳动力成本在生产成本中并不占重要部分,这一结论已经在203中被说明。因此,这一论述被否决。

(207)基于此,暂行条例第139—140条被确认。

5.3.3　存货

(208)某团体声称,调查期间内库存的上升以总产量百分比表示时并不显著,因此其不能被看作受损的证据。这个团体进一步声称,第141条中对库存的表示存在误导性,因为库存被表示为KW,而不是按照欧盟产业那样表示为MW。

(209)在这方面,值得注意的是第143条中关于暂行规定须予修订,应该解读为"……在审议期间增加的同类产品库存不能作为欧盟产业是否遭受实质损害的一个相关因素"。上句明显存在笔误,由于欧盟生产商的生产是基于订单的,它们倾向于持有有限的存货。

(210)最后,无论存货是以KW还是以MW表示,都可以认为在决定欧盟产业是否遭受实质性损失上是无关的。

(211)在结论最终披露后,几个团体声称库存量应当由欧盟产业的整体情况决定,仅仅10个欧盟生产商不具有代表性。库存量被视为微观经济指标,因此应建立在单个公司的基础上,在这个案例中,欧盟样本生产商被视为欧盟产业整体情况的代表。因此,上一个声称被否决。

(212)由于没有其他关于存货的评论,暂行条例第141—143条可以被确认。

5.3.4　利润率、现金流、投资和投资收益、融资能力

(213)某团体声称,在第148条中提到2009年和调查期间现金流"逐步下降趋势"是错误的,因为模组的现金流量在2009年和2010年之间下降,之后在2011年上升,又在保护期间下降。

(214)同一团体声称,当与第124条中欧盟产业产能相比时,第149条中显示的投资数字太低。这一团体得出结论,欧盟产业的产能被高估了。值得

注意的是,这一结论并未被任何证据,特别是被访问的欧盟生产商证实。与之相反的是,暂行条例的投资数据是建立在真实可证的欧盟样本生产商信息上的。我们还应注意到,这一声明是建立在欧盟样本生产商的总投资和欧盟产业的全部产能之间的比较基础上的,这种比较不能认为是一个合适的基础,因为全欧盟产业的总投资并没有被纳入比较。因此,这一论述被否决。

(215)由于没有其他关于利润率、现金流、投资和投资收益、融资能力的评论,暂行条例第144—152条可以被确认。

5.4 结论

(216)鉴于上述情况,第153—158条的结论(如按照基本条例3(5),欧盟产业遭受了实质性损害)被确认。

E.因果关系

1.引言

(217)在暂行条例披露后,一些有关机构声称,因果分析中并没有区分和评价倾销进口导致的损害效应与同一时间段内其他原因导致的欧盟产业受损效应。另外,他们声称委员会没能成功对另外原因进行分析。

(218)在对这一声称的回应中,值得注意的是,委员会按照惯例首先检验了进口倾销和欧盟产业遭受损伤之间是否有因果关系,其次检验了其他可知因素是否破坏了进口倾销和欧盟产业遭受损伤之间的因果关系。在这一分析中,为了确保其他因素的损害效应不会被认为是进口倾销所导致的,其他可知因素(与进口倾销的损害效应区分)的效应得到了检验,并且基于行业是可以扭转的事实,评估了实质损害必须归咎于倾销进口产品的情形。基于这些理由,这一声称被驳回。

(219)据最终披露,一个有关团体重申了上述论点。在这方面,通过说明理由和充分的解释,有人声称委员会应明确是其他因素,而不是进口倾销导致的损害没有被归因于进口。

(220)在这一调查中,在检验所有的事实后,我们可以得到结论:进口倾销对欧盟产业造成了实质性伤害。在这方面,量化其他可知因素的影响是不可能的,因此第164—222条的量化评估被视为确定。总之,它证实了欧盟产业的实质损害是由倾销进口造成的。事实上,其他因素对欧盟行业发展的负面影响被认为是有限的。我们应当注意到,按照基本条例(3)(6)(7),分析必须按照能使进口倾销损害效应从其他原因造成的损害效应中分离出来的方法进行。调查不能揭示任何其他所有导致损伤效应的原因打断了进口倾销和欧盟产业实质性损伤之间的因果关系的证据。基于上述分析,我们可以确定其他因素不能颠覆欧盟产业实质性损伤应归咎于倾销进口的事实。基于上述理由,这些论述被驳回。

(221)在临时披露后,一些有关团体反对第160条中的结论。他们重申,调查时的生产市场状况每个欧盟国并不同,因此,因果关系分析应在每个欧盟国的层面上单独进行。另外,这些团体声称,每个欧盟成员国的国家支持计划、日照率、电价(包括管理费用)都不同,此外,每个市场又有不同的细分市场(住宅安装小于40千瓦,工商业安装40千瓦和1MW之间,公用事业安装10兆瓦)。鉴于此,他们声称因果关系分析应当按照成员国单位、大规模住宅部分和单独进行。

(222)在最终披露后,一些团体重申了他们的要求:因果关系的分析应在每个成员国的基础上进行,但并没有在这方面提供进一步的论据或新证据。

(223)调查显示,销售和进口的价格在整个欧盟内部是相似的。调查没有显示出每个成员国或地区的生产商集中活跃在某特定市场,或进口倾销集中在某个成员国或地区。此外,没有相关团体认为倾销和受损应当在单个成员国的基础上进行。调查没有揭示任何证据证明这是一种合适的方法,特别是在给定欧盟生产有相似成本的前提下。此外,我们可以注意到,日照率在同一个欧盟国的不同地区可以是不同的(如法国南部的日照率比法国北部更高),同一个欧盟国的不同地区享受不同的支持计划(如比利时),因此,这些因素对于需求的影响在同一个欧盟国的不同地区是不同的。然而,各成员国的监管框架或地区条件(如光照率)的差异,并不要求独立的因果关系分析和单独的损伤及倾销分析。因此,这些提议应被否决。

(224)另一相关团体认为,当其他因素有关时,国家支持计划仍然是确定需求的决定性因素。这一团体还质疑电网平价在一些地区是否真的已经实现,因为自调查期起模组的价格上升,而电池价格都下降。这一团体进一步认为,在任何情况下,至少在某些成员国,监管、经济和技术条件不允许达成电网平价,因此电网平价是否已实现没有影响。然而,这一团体并没有提供上述论点的支持证据。在任何情况下,关于国家支持计划以及电网平价的情况在不同会员国之间可能会有一定程度的不同。然而,提交信息没有显示出成员国的独立分析是被授权的。

(225)在最终披露后,同一团体重申了他们的观点,并提供了展示每个成员国每个分区不同市场状态的信息。然而,提交的信息不能被认为是确凿无疑的,因为它包含了一个没有佐证信息的 ppt 展示,因此,它没有展示对每个成员国的分析。所以,这一团体的论点被否决。

(226)在此基础上,我们可以得出结论:每个成员国或地区和每个分部之间的因果关系分析是不符合市场实际的。由于缺少对此更多的评论,暂行条例第 159—226 条被确认。

(227)中国方面声称,委员会进行的因果关系分析所使用的方法与模组和电池单独受损分析所使用的方法并不一致,因为因果关系分析没有在产品种类内部加以区分。在这一层面上,我们应该注意到,即使受损指标确实分别展现出每种产品,最终得到的关于指标的结论仍然是基于整体的。他们还回顾到,模组和电池是同一种产品,因果关系分析也建立在这一基础上。因此,这一声称被否决。

2. 进口倾销效应

(228)某相关团体质疑了中国产品进口倾销与欧盟产业实质性损害之间存在充足关联。这一结论可以通过以下两个事实证明:其一,2009—2010 年间当中国进口价格比欧盟产业价格低 36%,且市场占有率高一倍时,欧盟电池产业利润率明显上升(从亏损到盈利 12%);其二,在 2010—2011 年间,中国进口市场占有率仅为 6%,尽管在这一时期消费大幅上升,欧盟产业却遭受了 36% 的损失。这一团体进一步宣称,在调查期间,从其他第三方国家进口的电池价格和中国进口一样,但是从欧盟产业市场占有率损失中得到了更多的市场占有率。

(229)调查显示,在所考虑的期间内,中国所有产品类型市场占有率持续上升(模组 17%,电池 17%)。来自中国的进口模组倾销增加超过 300%,电池增加 482%。在同一时期,中国进口价格出现了大规模的持续上升(模组 64%,电池 42%)。在调查期间,这一情况削减了欧盟产业价格。与之对应,欧盟产业在同一时期损失了市场占有率,且如第 153—154 条所述,所有指标表现出下降趋势。因此,我们可以断定,进口倾销和欧盟产业市场占有率下降之间存在明确的相关性。

(230)如第 161—162 条所述,这一时间上的关联对于所有产品类型都是不同的。另外,每年分别进行的关于进口对欧盟产业利润率影响的分析并没有得出有意义的结论,因为倾销和实质性损伤之间的联系并不是建立在单独一年的基础上的。但在对整个时间段进行分析时,进口倾销和实质性损失之间的联系可以被充分说明。

(231)欧盟产业的利润率是基本条例3(5)中提到的当检验进口倾销影响时应被调查的因素之一。在某一年中欧盟产业存在利润这一事实并不代表其不受实质性的损伤。此外,欧盟行业的市场份额损失并不需要正好对应倾销进口产品市场占有率的增加,并据以建立损害和倾销进口产品之间的因果关系。最后,其他可能对欧盟产业有损害影响的因素(例如,其他第三方国家或消费增长)在暂行条例第164—224条中被检验。

(232)如暂行条例第161—163条所述,降低欧盟价格的倾销进口大量增长,与更加危险的欧盟产业状态在时间上的吻合是上述例子中因果关系的明确指标。倾销进口和欧盟产业实质性损伤之间关系的论点由于缺乏证据而被否决。

(233)据最终披露,同一团体继续质疑因果关系分析,因为欧盟产业利润率没有在整个时期内得到分析。

(234)在这方面应该指出的是,我们不能通过单独观察考虑时期内一年,而不是整个时期内欧盟产业状况与倾销进口的关系,来得出因果关系结论。这种分析只能得到片面结果,并不能从中得出可靠结论。因此,利润率也影响了欧盟产业在2010年的其他财务指标,因为有慷慨的支持计划驱动的欧盟消费强力增长,这让欧盟产业在当年的销售增长极高,然而仅维持很短的时间。即,对产业来说这种情形并不可持续,因此,这种论点被驳回。

(235)由于缺少关于倾销进口效应的更多评论,暂行条例第159—163条中的结论被证明。

3.其他因素效应

3.1　其他第三方国家(或地区)进口

(236)几个有关团体在临时披露有关从其他第三方国家(或地区)进口的发现后发表评论,并在最终披露后予以重申。然而,这些团体并没有带来新的可以推翻相关临时发现的支持证据。

(237)这些部门特别强调了来自中国台湾的电池进口量。然而,中国台湾进口产品的绝对量(1132MW)只占欧盟总消费(21559MW)的一小部分(小于5％),特别是与中国大陆相比(15005MW)。因此,来自中国台湾的进口总体来说只对欧盟产业损伤起了一小部分的作用,且没有破坏因果关系。

(238)由于缺少关于来自第三方国家进口的其他评论,暂行条例第164—167条被确认。

3.2　欧盟消费发展

(239)某相关团体声称,委员会没有成功分析消费增长的影响。就这一方面有人认为,从中国进口商品并没有构成所有的消费增长,并且,在 2009—2010 年欧盟产业失去模组市场占有率期间,欧盟的利润率仍在提升。此外,有人认为,在 2009 年,从中国进口的电池只有 8% 的市场份额,而欧盟内部产业仍然遭遇 8% 的损失。

(240)如暂行条例第 168 条所提到的,尽管调查期间欧盟消费下降,来自中国的倾销进口或者保持(例如模组)或提高(例如电池)自己的市场份额以致损害欧盟产业。因此,我们不能得出消费下降破坏倾销进口和欧盟产业受损之间存在因果关系的结论。另外,调查显示,由于欧盟产业产能在任何情况下都比消费水平低得多,在调查期间的消费下降也不可能会对欧盟产业造成损害影响。因此,这个声称被驳回。

(241)另一有关机构抗议道,即使在没有国家支持计划的情况下,欧盟需求量仍保持上升。该机构认为,在需求和支持计划之间存在联系,若没有此类支持计划,光伏产业就不再能有利润,太阳能板的需求也将消失。

(242)如暂行条例第 169 条所提到的,在调查期间某些指标显示,即使在缺乏支持计划的情况下欧盟需求仍然且将继续存在。该利益相关方没有提供降低这些发现的价值的任何证据。由于缺少这一方面的新信息,暂行条例第 169 条的发现被证明,这一条的论点被驳回。

(243)据最终披露,中国方面认为,事实上欧盟行业的产能在任何情况下都不能满足欧盟的需求这一事实是无关紧要的,因为在欧盟产业模组的销售量下降的同时消费也在减少,并重申:2011 年和调查期间消费的减少引起了欧盟产业的实质性损害。而实际上,2011 年和调查期间欧盟消费减少和模组的销量下降趋势有些类似,这一事实应与中国倾销价格发展相互关联,其显著削弱了欧盟产业的价格,从而迫使欧盟产业销售出现损失。在这方面,正如前文第 111 条所述,来自中国的倾销进口或者会保持自己的市场份额(模组),或者会在消费量减少时增加(电池)。同时,中国进口价格下降显著且实质性地削弱了欧盟产业的销售价格。因此,这个声明被驳回。

(244)由于缺少关于欧盟消费发展的其他评论,暂行条例第 168—169 条被确认。

3.3　上网电价(FIT)——支持政策主要案例

(245)据暂行条例,某些团体重申,欧盟产业遭受的损害是上网电价造成的。他们声称,FIT 给产品价格和欧盟行业的盈利能力施加了较强的下行压力。一名相关人员声称,只有 FIT 对于需求的影响得到检验,同时其对价格的影响也应该得到分析。在同样的背景下,一些利益相关方认为,大多数成员国已经在 2010 年执行削减,由此对模组价格施加了下行压力。

(246)就这一方面应该指出的是,各成员国实施的 FIT 削减在不同的时刻以不同速度开展,因此描述全欧盟的总体情况是相当困难的。除了 FIT 率达到非常低水平的一瞬间,在其他审议期间,欧盟价格和盈利能力的显著下降不能仅由 FIT 的下降来解释。首先,在收集德国和意大利(共代表欧盟市场75%的份额)2011 年的信息的基础上分析,调查期间平均销售价格下降比FIT 率下降更加明显。其次,证据显示,一些国家(如意大利)即使在高 FIT率期间,欧盟内也不得不降低产品价格。最后,在调查期间,欧盟生产商不得不以低于其生产成本的价格销售,这一事实主要是由于中国出口商占有欧盟内 80%市场份额,且有影响市场价格制定机制的能力这一现状所造成的。

(247)调查进一步确立,截至 2011 年更高的 FIT 率与在欧盟模组的价格下降一起,使投资者认为将太阳能作为投资非常有吸引力,因为其回报率很高。因此,导致了大量的投资和由此而来的需求。随着需求的增加,为 FIT支付的资金显著增加,大多数成员国修改了现有的 FIT 计划以避免用电成本的增加。这表明,FIT 的减少是价格降低的结果,而不是相反。

(248)在最终披露后,某机构声称第 246 条存在矛盾:对欧盟整体需求的评估是困难的,且第 223 条说明在每一个成员国内部的因果关系分析不会得出有意义的结论。在这方面,第 246 条澄清说:分析整个欧盟的 FIT 变化情况而非某机构所说的欧盟消费情况是很困难的。因此,两条之间不存在矛盾,本条声称被驳回。

(249)据最终披露,某方声称,即使在高 FIT 率的背景下,由于技术发展,规模经济、成本下降和不断增长的全球产能的影响,模组价格仍可能显著下降。就这一申明值得注意的是:收集到的证据表明,即使 FIT 率很高,意大利生产商仍不得不把自己的价格降到低于生产成本的水平。虽然上述因素确实可能会对平均成本产生影响,但仍无法解释为什么欧盟生产商不得不把价格降到低于其生产成本的地步。因此,可以得出结论,主要是从中国的倾销进口将价格推到了无法维持的地步,由此本节申明被驳回。

(250)据最终披露,某方声称,第 247 条得出的 FIT 削减可能也是价格下降的结果而不是相反的结论没有任何支持证据。

(251)应该注意的是,第 247 条得出的结论基于调查期间提供的信息,且在特定的市场环境下描述的情景的确是合理的。因此,这种论点被驳回。

(252)据最终披露,某方声称,不同意欧盟生产商价格下行的压力主要是由施加倾销进口造成的结论,并声称与此相反,是 FIT 削减迫使欧盟生产商降低其价格。这一团体还声称:当 FIT 下降时,光伏系统的价格也随之下降,因此项目开发成本不增加,这最终导致了对欧盟生产商的价格压力。

(253)由于没有确凿的证据来支持这些说法,委员会维持其第 246—247 条的分析。

(254)同一方声称,市场被 FIT 所驱动,且提供了显示英国 2012 年和 2013 年光伏安装数量的资料。这一团体所提供的信息基于英国中央 FIT 登记处(CFR)每周的注册发布数据。值得注意的是,该信息主要涉及调查期间以外的时期和一个成员国,而目前的调查集中于将欧盟市场作为整体。在任何情况下,它都没有质疑 FIT 水平影响需求,因为光照辐射较少地区投资的利润率取决于 FIT 水平。但是,为了表明在调查期间设定的 FIT 水平已造成了损害,有关方面将不得不表明,欧盟生产商的非损伤级别提价意味着欧盟生产商不能售出上文提及的产品,因为光伏系统投资在那些价格水平下是不可行的。由于没有这样的证据被提供,这一论点被驳回。

(255)因此,FIT 下降打破了倾销进口产品和欧盟产业遭受实质损害之间的因果关系的论述被驳回。

(256)据临时披露,某方重申,FIT 发展对投资者没有吸引力,因此降低了对产品的需求。另一方声称,暂行条例第 173 条中,尽管 FIT 计划被暂停,西班牙投资仍在继续的发现是不正确的。

(257)暂行条例第 173 条强调了 FIT 对需求的影响。由于在这方面没有新的论点被提出,需求下降是 FIT 引发的结论被驳回。至于在西班牙的投资,暂行条例第 177 条的结论是基于一个实地调查期间所获得并核实的信息。由于没有提供这方面的任何新的信息或证据,这一论点被驳回。

(258)据临时披露,几方声称,在低 FIT 率的背景下,光伏项目投资只有当使用从中国进口低价太阳能电池板时才是经济可行的。因此,有人认为,削减 FIT 会导致欧盟产业遭到实质性的损害。另一方认为,FIT 率的高低影响模组的定价机制。

(259)应当指出的是,经济可行的模组成本会根据会员国或地区的众多因素(如 FIT、其他监管激励、阳光照射率、常规电力价格等)而变化。

（260）此外，调查显示，由于在一些欧洲地区（如意大利、西班牙、葡萄牙、法国和希腊南部），光伏发电平价上网很可能已经初步达成，某些类型设备安装目前对 FIT 的依赖越来越少了。

（261）由于以上原因，这一方的论点被驳回。

（262）某团体声称，委员会并没有调查欧盟产业是否未预料到政府的支持计划会突然撤回或减少。这一声称并没有证据支持。但是，应该指出的是，根据所收集的证据，没有信息表明欧盟产业对市场信号（如消费增长）和其他信息（如支持计划削减）做出回应。因此，这个论点被驳回。

（263）某一相关团体认为，由于投资只有在可承担的中国出口产品价格下才是可行的，FIT 削减引起了欧盟产业的销量下降。收集的证据表明，与光伏计划只有在使用中国模组下才可行的预期相比，在调查期间欧盟产业的销售仅略有下降。与此相反，欧盟产业模组的销售额增长至 2011 年，然后在调查期间以与消费相同的趋势略有下降。因此，这个论点被驳回。

（264）另一个相关团体认为，载于暂行条例第 174 条和第 175 条中的 FIT 变化没有破坏的因果关系的结论并没有事实或法律依据，且与基本规则 3（7）不符合，由于委员会没能评估 FIT 削减引起的损害水平，且认为欧盟产业的显著价格下跌只是中国进口倾销的结果。同一方辩称，模组、电池和硅片的价格下降是一个全球现象，而不是由于中国进口的压力。

（265）暂行条例第 174、175、182 条和前文第 245—263 条都提到，委员会未能评估 FIT 削减造成伤害的程度，委员会的结论是，无论是需求的减少还是 FIT 对欧盟的价格的影响，都不能破坏欧盟行业遭受损害和中国倾销进口之间的因果关系，无论是否以及在何种程度上可能是由 FIT 削减造成的。因此，委员会的调查结果没有任何事实依据的论点被驳回。至于模组和电池的价格下降是一个全球现象的说法，第 164—167 条评估了进口量和从中国之外其他国家进入欧盟产品价格的情况。虽然的确存在全球范围内模组和电池价格下降的情况，来自中国的倾销进口价格加剧了下降的趋势，使价格降低到会造成损失的程度。由此，这一申明被驳回。

3.4　授予欧盟产业的其他经济支持

（266）由于没有其他关于对欧盟产业经济资助计划的任何意见，暂行规定第 184—185 条的研究结论被证实。

3.5　产能过剩

（267）某相关机构声称，全球和欧盟市场的产能过剩，而不是来自中国的进口倾销,造成了实质性损害。在这方面,有人认为,低产能利用率下欧盟产业过度扩张并因此伤害了其自身是自我矛盾的。欧盟和全球范围内产能过剩的影响已经在暂行条例第185—190条中得到讨论。由于没有任何新的论据,这一论点被驳回。

(268)另一当事人声称,产能过剩导致价格合理化。在这点上应该指出,一方面,该过剩实际上导致了"杀价竞争",并抑制了欧盟产业的价格,这平均来说超过了生产成本降低的抑制效应。另一方面,如第186条概括的,跟随市场发展的欧盟行业的产能增加是合理的。此外,增加的电池产能比模组低。当事人没有提出这方面的任何新信息或证据,因此这一声明被驳回。

(269)另一当事人声称,欧盟产业遭受的损害是由于欧盟产业只注重专业化投资,而没有进行使产能增加且成本降低的投资。同样地,这种说法不能被暂行条例第124条和第187条中提到的,在调查期间欧盟产业提高产能和生产率的结论所证实。因此,这种论点被驳回。

(270)此外,有关当事人称,尽管产能利用率已经很低,欧盟产业还是增加了产能,从而导致其自身受到损伤。这种说法基于欧盟样本生产商的投资趋势和欧盟全行业产能利用率的比较,然而这不是合适的比较基础。此外,调查显示,该欧盟产业并没有将其产能扩张到超过欧盟消费规模的程度。因此,这一陈述被驳回。

(271)此外,收集到的证据表明,通过对新机器的投资,欧盟产业可能会降低其生产成本以使之更具成本竞争力。因此,这一陈述被驳回。

(272)一个当事人声称,第189条的结论与第124条和第186条的结论相矛盾,但其并没有提供任何进一步的解释明确所说矛盾的本质。因此,这一陈述被驳回。

(273)据最终披露,某些团体反对称,欧盟产业的新增产能是合理遵循市场发展特别是欧盟消费发展的。然而,模组产能增加了106%,同期欧盟消费增加了221%。同样,就电池而言,产能提高了39%,而同期欧盟消费增加了87%。这表明,容量增加大大低于消费量的增加,因此不能被视为不合理,因为欧盟从来就没有出现产能过剩。此外,分析产能增加是否合理不应该是逐年分析,而是应该考虑到整个期间的趋势。因此,产能增加通常只在投资之后一定时间才能全面运作因而只作一年的独立分析可能会导致分析失真。因此,这一说法被驳回。

(274)由于缺少对欧盟产业产能过剩的更多评论,暂行条例第185—190

条被确认。

3.6　原材料价格影响

(275)一些有关方重申,欧盟产业或至少它的一部分由于原材料的长期合同,无法从调查期间多晶硅的价格下降中受益。参考第193条的结论:欧盟产业能够与供应商(包括硅片生产商)重新商谈长期合同,因此可受益于更低的价格,这些团体声称,重新谈判或终止多晶硅或硅片长期合约会引致处罚。为了支持这一论点,这些团体提供了关于一些欧盟生产商面临诉讼或终止合同的新闻报道。一些团体提供的资料证明,长期合同不能重新协商。

(276)多晶硅是晶片生产的主要原料。调查显示,多晶硅价格在2008年上升,高峰时约为500美元/公斤,但2009年再次下降,在2009年年底与2010年和2011年年初只有轻微的上升趋势,达到约50~55美元/公斤。调查期间价格显著下降,降至30美元/公斤。应当指出的是,多晶硅价格对欧盟产业的影响是微小的,因为电池和模组的生产成本通过价值链被稀释。此外,媒体文章提到的是后调查时期的发展情况,这不会影响调查期间欧盟生产商的情况,因此不能予以考虑。这件事在实行临时措施后被进一步调查,其结果可以证实,欧盟确实能够就长期合同的价格和惩罚措施展开重新谈判。

(277)上述有关机构中的一个进一步辩称,只有一些欧盟生产商受长期合同影响,这对欧盟整体产业的情况是无关紧要的。其声称,更高的成本并不一定会以同样的方式影响到所有的运营商。这种说法忽略了总体而言,对于欧盟行业的多晶硅平均价格在许多情况下没有发现比市场价格或现货价格更高。故而,更高的成本是否会影响所有的或少数运营商可不予考虑。因此,这一说法被驳回。

(278)另一有关方请求,委员会应当分别区分和量化每个因素对于欧盟产业情况的影响;特别是,多晶硅价格下跌的效果应当被单独考虑。在这方面,有人认为是减少多晶硅的价格,而不是中国进口倾销,导致了销售价格下降。至于欧盟行业,应当指出的是,平均销售价格降低比平均销售成本降低更多,因为原材料价格下降可能会对其产生影响。因此,这一论点被驳回。

(279)据最终披露,一些利益相关方重申,调查结果显示,多晶硅价格对欧盟产业成本降低的影响并不局限于或通过价值链稀释。然而,如已经在第276条中提到的,多晶硅是晶片生产的主要原料,因此电池或模组的生产成本会由于价值链而受到影响。这一有关方没有为此提供任何证据。此外,调查显示,在审议期间多晶硅价格的下降反映在联盟产业样本企业电池的平均生产成本中。一个相关团体质疑联盟由于重新商议供应合同而需要支付惩罚费用的影响。在这方面,不能排除个别生产商可能不得不支付晶片供应合同被取消的处罚成本。但是,委员会没有发现任何证据表明这些处罚可能会对欧盟产业整体状况造成影响或具有代表性,相关团体也没有提供这些证据。虽然不能因此而完全排除处罚对生产商造成负面影响的可能性,然而它对欧盟产业的整体影响是轻微的,因此不能否定倾销进口产品与欧盟产业遭受实质性损害之间的因果关系。由此,这一论点被驳回。

(280)另一利益相关团体声称,欧盟接受调查产品的销售价格之所以下降,部分是因为多晶硅价格的下降。然而,基于此的调查表明,来自中国的进口倾销本质上会削弱欧盟产业的价格。因此,价格下降超过了生产成本的降低,可以通过原料价格下降来解释。如果价格下降仅仅是由于原材料价格下降,欧盟产业将不会被迫将其销售价格降到低于生产成本的程度。因此,这些论点被否定。

(281)另一个相关机构重申,调查期后一个欧盟生产商的诉讼至少可能会影响这个欧盟生产商在调查期间的情况。但其没有解释调查期后这样的事件如何以及在何种程度上影响生产商的情况。同样地,调查没有发现任何展示出这一现象的证据。因此,这些陈述被驳回。

(282)此外,同一团体质疑上述调查结果,称其缺少证据。然而,调查结果是基于事实和确凿证据的,它的非机密版本已提供给所有的有关方。

(283)由于缺乏对原材料影响的其他评论,暂行条例第 191—194 条被确认。

3.7 自我损伤:自动化、规模、规模经济、整合、创新、成本效益、欧盟产业进口的影响

(284)据临时披露,某相关方重申,欧盟产业遭受损害是由于欧盟产业缺乏有效的规模经济。它重申,相比于大的垂直整合生产商,小规模生产商存在劣势,因此小规模生产商受到任何伤害都不能归咎于进口倾销产品。另一当事人认为,生产过程的自动化是昂贵的,因此,对于规模经济而言更重要的是减少生产成本。

(285)调查显示,欧盟产业甚至更大型的垂直整合团体由于倾销的进口产品,不能从高产能利用率中获利以实现规模经济。然而,在任何情况下,调查并没有发现规模垂直整合和更高的盈利率之间有任何关联。该调查表明,利用率很低的市场不存在规模经济,中国生产商也是如此。因此,这些论点被

拒绝。

（286）此外，一个利益相关方声称，如果模组制造商太小，投资者和银行将不会提供资金，因为较大的生产商能提供更好的保障，而且更"有利可图"。在其他方面，投资者和银行都不愿意为在欧盟内生产的光伏模组相关的项目提供融资。然而，调查显示，投资者和银行对拥有巨大产能的中国生产商的融资偏好是倾销欧盟市场所产生的市场扭曲的结果。正如上面第 285 条中提到的，生产线的规模并没有起到作用，如果利用率仍然很低的话。因此，这种说法被驳回。

（287）某一相关方重申，相比于其竞争对手中国，欧盟产业有一个不利的成本结构，因为中国除了有最新的设备，还享有较低的劳动力、电力和折旧成本优势。然而，当事人无法提供新的信息或证据，可以扭转这种调查在这方面的调查结果。如第 203 条中指出的，中国的生产商正在使用最新的设备，中国并没有享有任何的比较优势，特别是因为机器设备是从欧盟进口的。因此，这种说法被驳回。

（288）另一方声称，中国享有多晶硅价格和规模经济导致的机器成本较低的比较优势。该方没有提供任何这方面可以推翻第 195、196、203 条中结论的信息或证据。这一方的主张因此也被驳回。

（289）应当指出，如第 203 条和第 287 条中提到的，由于机械大多从欧盟进口，中国不享受上述原材料的任何比较优势。一个当事人反对上述观点，但是没有提供任何证据。至于劳动力成本、间接成本和折旧成本，平均而言在调查期间模组的总成本不到 10%，并且不被认为起到任何显著的作用。至于电力成本，平均而言在调查期间模组的总成本不到 1%，并且不被认为起到任何显著的作用。因此，中国在使用最新设备的说法被驳回。

（290）此外，某相关方重申，一些欧盟生产商从有关国家采购电池或模组，然后在欧盟市场上将这些产品作为自己生产的重新出售。这一方认为，这些交易产生的损害不能归咎于进口倾销。然而，调查显示，相比于欧盟总产量，它们的影响甚微，不能打破倾销进口产品与欧盟内产业遭受损害之间的因果关系。

（291）一个不相关的进口商认为，调查期间员工人数增加并没有在暂行规定中被充分强调。就这项申明值得注意的是，模组产业就业在 2009 年和 2011 年间增加，然后在调查期间下降。对于电池，就业增加到 2010 年，随后在 2011 年下降，并在调查期间进一步降低。值得注意的是，对于模组，就业随着欧盟生产的变动趋势而变动。对于电池,由于在整个调查期间内中国增加了进口市场份额,欧盟产业无法从消费增长中获得预期利益。因此,在2011年和调查期间就业减少的企业要么已经破产,要么已经停止其电池的生产。

(292)据最终披露,一相关方重申,欧盟产业遭受的损害是由于规模小,缺乏规模效益。上文第285条和暂行条例第195、196条已经说明,即使在全球市场,利用率低下的部门也无法从规模效应中获益,并且在世界各地存在巨大的产能过剩。这一方的主张因此被驳回。

(293)此外,同一方重申,欧盟产业遭受的损失是由于欧盟产业无法实现任何成本优势,特别是由于大多数欧盟生产商进行了垂直整合。然而,这一方没有提供任何关于生产商垂直整合对它们的成本结构造成负面影响程度的进一步信息。因此,这一论点被驳回。

(294)由于缺少对此方面的其他评论,暂行条例第195—206条被证明。

3.8 薄膜光伏产品及其他光伏技术的竞争

(295)据临时披露,某相关方重申,欧盟产业遭受的损害源于薄膜光伏产品及其他光伏技术的竞争,由于这些技术与调查产品相互竞争,尤其是地面安装和商业/工业屋顶系统,它们构成了全欧盟光伏市场的主要部分。

(296)调查显示,尽管薄膜光伏产品比被调查产品更便宜,它们只占全欧盟太阳能市场一个有限的市场份额,因为它们有比晶体硅组件更低的转换效率和更低的功率输出。根据现有的资料,薄膜产品的市场占有率在调查期间相比全欧盟太阳能市场并没有显著变化。因此,第208条的结论——虽然薄膜产品和正在审议的产品有可能存在一定的竞争,但竞争是边缘性的——可以被确认。基于这些理由,本节论点被驳回。

(297)据最终披露,某当事人重申,薄膜产品竞争有可能造成欧盟产业遭受实质性损害。在这方面某团体提出,在德国薄膜产品的总太阳能市场份额在调查期间很大,只有在2012年年初下降。

(298)调查显示,薄膜产品的平均价格确实比被调查产品的平均价格水平低。

(299)然而,正如第296条所说的,相比于晶体硅组件,薄膜产品具有更低的转换效率和更低的输出功率,且由于晶体硅组件是欧盟太阳能市场的主导技术,即使这些产品之间存在竞争,也不会对欧盟产业造成损害。2012联合研究中心(Joint Research Center)光伏状态报告称,由于多晶硅价格下降,相比于晶硅模组,薄膜在过去几年市场份额下降更多。

（300）由于缺乏此方面的其他评论,暂行条例第 207—210 条被证明。

3.9　金融危机及其对融资途径的影响

（301）据临时披露,有人声称,金融危机的破坏效应和其对融资途径的影响应区分开来,而不是归因于倾销进口产品。

（302）在这方面,暂行条例第 212 条特别强调了金融危机和经济衰退对欧盟产业形势的影响。该节详细描述了这一发现背后的逻辑,即金融危机虽然对欧盟产业状况有影响,但并没有打破倾销进口产品和欧盟产业遭受了实质损害之间的因果关系。这一逻辑推论并没有被相关方以提出新资料或证据的方式反对。因此,在这方面提出的申诉被驳回了。

（303）此外,有人声称,欧盟行业遭受损害是由于欧盟产业未能寻求适当的融资,同时,委员会应调查欧盟产业是否在有盈利时请求融资。事实上,调查显示,在 2010 年当欧盟行业仍然有利可图时,模组和电池的投资水平相比于 2009 年投资增速分别为 315％和 10％。由于光伏产业是资本密集型产业,欧盟产业不断寻求融资以提高其成本效率且与不公平的倾销进口竞争。因此,可以得出结论,融资途径缺乏是倾销进口造成扭曲的结果而不是原因。因此,上述论点被驳回。

（304）据最终披露,某相关机构重申,金融危机的有害影响应单独分析,不能归咎于倾销进口。该方声称,至少有一个欧盟生产商认为,金融危机是损害产生的主要原因。目前的调查基于对特定公司数据的研究结果,这显著超出了特定企业公开报表的范围。因此,这一公开声明不能驳回暂行条例第 212 条作出虽然金融危机对欧盟产业状况有一定的影响,但它不能打破倾销进口产品和欧盟产业遭受了实质损害之间因果关系的调查结论。因此,这种说法被驳回。

（305）另一个相关方声称,欧盟产业和中国出口生产商的不同融资途径应得到比较考虑。该方声称,这是造成欧盟行业遭实质性损害的主要因素之一,而不是倾销进口。然而,一些中国出口生产商的优先融资已经扭曲了市场,这也可能是使中国出口生产商以倾销价格出口产品的主要原因之一。所以,这一因素不能打破倾销进口产品和欧盟产业遭受实质损害之间的因果关系。因此,这种说法被驳回。

（306）由于缺少关于金融危机影响的其他评论,暂行条例第 211—212 条中的结论被证明。

3.10 欧盟产业出口偏好

(307)由于缺少提出重新考虑这一条的评论,暂行条例第 213—215 条中的结论被证明。

3.11 欧盟发现的页岩气沉积

(308)由于缺少提出重新考虑这一条的评论,暂行条例第 215—217 条中的结论被证明。

3.12 欧盟排放交易计划(ETS)

(309)由于缺少提出重新考虑这一条的评论,暂行条例第 218—219 条中的结论被证明。

3.13 管理决定

(310)一些有关方重申了暂行条例第 220 条的结论,即至少有一个欧盟生产商受到实质损害是由错误的管理决策所造成的。这些团体以新闻报道的形式提供了进一步的信息。然而,所提供的信息无法核实,因此无法扭转公司管理决策的正常和稳健或对整个欧盟产业没有影响的结果。因此,上述申述被驳回。

(311)由于缺少关于这一条的其他评论,暂行条例第 220—221 条中的结论被证明。

3.14 其他政府政策

(312)由于缺少提出重新考虑这一条的评论,暂行条例第 222 条中的结论被证明。

3.15 其他论点

(313)某相关机构声称,欧盟产业遭受的损害源于前几年的先行者劣势以及缺乏来自欧盟委员会的政治支持。此方还声称,除了国家支持计划,人口、GDP、用电量、融资机会和在每个市场的电网连接率也是重要因素。然而,由于上述当事人无法证实其申述,这一说法被驳回。

(314)据最终披露,同一方重申,欧盟产业遭受的损害是由于先行者劣势。然而,这一申述既没有得到分析也无法被证实,因此它被驳回。

4.已发现损害因素的总结分析

(315)调查表明,下列其他因素可能造成了损害:从中国台湾进口的相关产品,FIT 水平的降低,少数欧盟生产商签订的长期多晶硅合同,金融和经济危机。

(316)如前文第 3.1—3.6 节所示,中国台湾进口和与欧盟生产商签订的有限数量长期多晶硅合同的影响最多也只是轻微的,因为任何影响都会通过价值链进一步稀释。

(317)至于经济和金融危机的影响,调查表明,欧盟产业在获得所需投资资金上面临困难的主要原因是,在欧盟市场表现出强劲的增长率(2009—2011)时,倾销进口产品阻止了欧盟产业以盈利价格出售其产品。

(318)至于FIT,第三方没能证明在调查期间FIT水平本来就如此之低,以至于会阻止欧盟生产商以无损害的价位出售产品。该机构采取在某些地方投资已不再可行所以削减FIT可以解释需求减少的观点。然而,即使与已发现会造成损伤的其他因素一起,这一因素也不能打破因果关系,因为若不存在倾销进口,欧盟的生产商仍可能会以非伤害性的价格出售自己的产品。

(319)因此,即使我们评估了其他四个可能导致损害因素的积累作用,倾销和损害之间的因果关系链仍没有被破坏。

5.因果关系的结论

(320)除进口产品倾销之外的损害因素已全部得到单独或加总分析。因此,我们可以得出结论,所有可能造成对欧盟产业损害状况的因素(即第三方国家进口、FIT、原材料价格上涨、金融危机影响)合在一起也不能解释欧盟产业遭受的实质性损伤,特别是由于中国大量低价进口产品渗透所带来的低价格和经济损失。基于上述情况,根据基本条例3(6),载于暂行条例第223条和第224条中的中国倾销进口造成欧盟产业实质性损害的结论可以被证明。

F. 欧盟利益

1.初步意见

(321)据临时披露,某相关方声称,欧盟利益的评估并没有基于具有代表性的运营商数量。

(322)委员会已通过下列方式联络不同的运营商。

(323)无关联进口商:如暂行条例第12条中提到的,该委员会按投诉内容联系了所有250个无关联进口商,并按照基本条例第17条选择了暂行样本以最大限度涵盖进口量,同时可以在合理可用的时间内完成调查。然而,一如暂行条例第12条和第232条所述,只有一个临时选定的公司被确认是无关进口商。在暂行条例公布后,15个最初的启动阶段提交了抽样形式但气候并没有取样,且与进口无关的企业,也被邀请参与调查。其中,6家同意并接受了问卷调查,5 家提交了答辩,其中三份被认为是足够完整。因此,无关进口商的明确示例包括四个无关进口商,约占有关该产品进口的 2%～5%。对于这一低比例,我们必须牢记,进入欧盟进口产品中的大部分不是通过无关进口商,如暂行条例第 12 条所示。

(324)非无关进口运营商(上游和下游运营商):如暂行条例第 226 条提到的,委员会向约 150 家运营商,包括那些调查开始后出现的不相关运营商发出明确问卷,因此委员会有机会得到相关数据。此外,不仅是调查问卷的答复,正式证实的意见和期限内有关各方提供的意见也被纳入调查考虑,无论这些团体是否回答调查问卷。特别是,AFASE 向委员会代表其成员(光伏运营商)提交的意见也被纳入分析。

(325)鉴于上文所述,足够多的要素聚集使得欧盟利益评估成为可能。基于这些理由,此论点被驳回。

(326)某相关方要求委员会澄清它是如何处理被认为是下游运营商提交的调查问卷的。

(327)为应对这一要求,我们指出,暂行条例第 241 条提到了 36 个对于立案公告附件 B 的回应,其目的是合理选取无关进口商样本。

(328)暂行条例第 12 条提到的两家运营商的问卷答复也被纳入下游运营商的相关分析。第二个运营商提交了与暂行条例第 12 条相反的附加信息,它的确是模组的进口商而不是电池的进口商。然而,调查表答复提供的资料不足以将其列入无关进口商的分析,因为它提供的答复并不完整。

(329)在实行临时措施后,对于上述两个项目开发商(见上述第 8 条)的进一步核查访问开始了。此外,6 个来自活跃于光伏产业的服务提供商(物流、运输、公共关系等)的问卷答复(见第 324 条),最初被认为不够完整(见暂行条例第 241 条),在考虑到本次调查的目的(见第 369—371 条)后也进行了分析。

(330)综上所述,对于欧盟利益的分析依赖于下面的信息:

8 个欧盟样本生产商的问卷回复,150 个运营商中在最初问卷和收到特定问题后出现的 4 个无关样本进口商、8 个上游和 13 个下游运营商(7 个计划开发者/安装者,6 个光伏部门服务提供者)对问卷特定问题的回复。

在 8 个欧盟生产商的经营地址上实地调查期间被证实的数据,1 个无关进口商,2 个上游运营商,4 个下游运营商(计划开发者/安装者),和 1 个相关方(见上文暂行条例第 17 条和第 8 条)。

其他利益相关团体为了欧盟利益呈交的数据,包括协会和评价欧洲光伏市场的公共可得数据,特别是 EPIA 的《全球光伏市场展望(2013—2017)》。

2.欧盟产业利益

(331)一些相关方认为,欧盟行业能够从申明以下情况的措施中获利:
(一)这些措施将降低对欧盟光伏产品的需求,因此,欧盟行业将无法增加它们
的销售;(二)欧盟产业有小型生产设施,因此不能够满足某些类型的设施,如
商业屋顶和大型地面安装的装置;(三)欧盟生产商无法盈利;(四)对电池征收
关税将增加欧盟模组生产商的成本,使他们对消费者的吸引力下降;(五)如遇
来自中国的进口显著下降的情况,来自其他第三方国家的生产商将从中国进
口商更少的情况中获利。

(332)对于该措施将降低欧盟光伏产品需求且欧盟行业将无法增加销售
的论点,我们应该注意的是,双方都无法提供可证实措施实施和光伏产品需求
下降之间存在直接关系的任何证据。

(333)在回答欧盟产业的小型生产设备不能够满足某些类型(如商业屋顶
和大型地面安装设施)安装的需求时,应当注意的是,调查已表明欧盟产业有
足够的产能以同时供应商业和工业安装(40KW 和 1MW 之间)及有效市场部
门安装(1MW 和 10MW)。此外,调查没有揭示不同生产商供应的产品不能
用于同一个计划的证据。因此,这个论点被驳回。

(334)由于欧盟生产商不是有利可图的,且投资的资金不会接受资助欧盟
采用国产模组项目,欧盟产业无法从措施中获利的论点并不成立。在任何情
况下,实行措施被认为将恢复公平市场条件,应该安抚包括来自银行部门的投
资者,为欧盟生产商制定可行项目。基于这些理由,这种说法被驳回。

(335)至于对电池征税将事实上增加欧盟模组生产商成本并降低其对消
费者的吸引力的说法,我们不能排除征收关税时价格可能会进一步上升,同时
还应该考虑到公众提供的消息来源表明,模组和电池的价格趋势是向下的。
因此,即使电池的成本可能因相关措施上升,价格的整体下降趋势也应导致模
组成本降低。被访问的生产商也可以决定从欧盟进口电池,而不再从中国进
口。最后,预计实行的措施将增加在欧盟的产能利用率,从而增加规模经济并
降低了成本。因此,这个论述被驳回。

(336)为了防止措施实施后中国进口显著下降,其他第三方国家,而不是
欧盟业界,很可能会从中获利的论点并没有被调查确认。调查没有发现任何
明显迹象表明其他第三国将大量商品直接出口到欧盟市场,特别是考虑到在
亚洲的其他第三国市场很有可能会扩张,这是根据公开来源信息的预测结果。

最后，没有任何迹象表明，作为中国进口下跌的结果，即使从其他第三方国家的进口将增加，欧盟产业也无法与从这些国家的进口相竞争。

（337）针对最终披露，一些相关方认为，期望可持续的欧盟产业生产模组和电池的出现是不现实的，因为没有理性的投资者会投资于有不利的成本结构且没有价格竞争力的欧盟生产商。该调查没有确认欧盟行业正因不利的成本结构而蒙受损失，如暂行条例第 202 条和第 203 条所述。因此，进口倾销的消除和更高的产能利用率应该能带来规模经济，并允许一个可持续发展的欧盟产业的出现。鉴于此，上述论点被驳回。

（338）某方认为，欧盟需求是由 FIT 驱动的，且投资者投资期望回报与此相关。其特别声称，如果欧盟产业价格由于税收而上升，同时 FIT 并不随之增加，则消费将会下降，欧盟产业不能从反倾销税收措施中受益。

（339）为了回应上述论点，与 FIT 水平和光伏安装需求量之间相关性相反的是，调查期间收集的数据显示未来需求将更少地依赖于 FIT 和其他支持计划，因为欧盟某些地区的特定类型安装者可能已经实现了光伏电网平价（见上文第 260 条）。此外，投资期望回报应当以公允市场价格为基础。最后，如第 335 条所述，虽然不能否认措施可能会导致价格的进一步上升，但我们仍应注意到公共信息显示总体价格趋势是下降的。这一论点因此被驳回。

（340）相关方指出，由于太阳能板的需求被支持政策（特别是 FIT）和最终消费者的用电价格（由电网平价决定）所驱动，需求价格弹性可很高。虽然由于相关方指出的市场的特殊属性，价格的上升可能导致需求下降的说法是正确的，但这一论点还是被驳回了，因为措施带来的价格上升可能是很重要的，其原因如下。首先，根据所有可用来源，整个调查期间以及调查期之后至今为止有关产品的价格保持显著下降。其次，接受委员会的承诺的经济效应是，中国出口生产商将在低于 60C/ W 的最低进口价格，销售大致相当于其目前所占据市场份额的相关产品数量，这是远远低于调查期内产品价格。在这个价格水平，需求不可能显著地下降，因为该价格水平保证在现有支持计划和现有电网平价水平下有足够的需求。此外，预期最终消费者的电力价格上升，而有关产品的价格预计将下降。通过指数化的公式，在制定最低进口价格的价格承诺措施时应该考虑相关产品的逐步下降的价格水平。因此，这些论点被驳回。

（341）几个有关方重申，欧盟产业利益的降低并不明显，由于欧盟产业上游和下游创造的增加值显著高于欧盟产业光伏价值链中创造的增加值。在光伏行业的各个环节都有不同的附加价值的说法是没有争议的。正如暂行条例第

228条所提到的,调查显示欧盟确实从不公平交易中受到了实质性损伤。事实上,一些欧盟生产商已经被迫关闭,在没有采取相应措施时,进一步恶化必然会出现。由于光伏行业各环节密切相关,欧盟生产商的消失将使光伏产业完全依赖于外包供应,不利于整个产业发展。同时也由于供应安全,此论点被驳回。

(342)为应对最终披露,某相关者重申,创造高附加值的上游和下游产业,相比于相关产品的产业欧盟,与是否应该征收反倾销税更为相关。在这方面我们可以确认,在评估欧盟利益时,机构的确平衡了税收对各种经济经营者的积极和消极后果。而该措施对上游和下游产业的影响是有限的,该措施将为欧盟提供从倾销受损中恢复的可能性。

(343)某团体质疑了实施该措施可以确保的就业人数。其声称,欧盟行业雇用了约6000人,而不是暂行条例第229条所报告的25000人。

(344)然而,并没有支持上述论点的证据,因此其被驳回。据澄清,鉴于晶圆被排除在外,欧盟内产业在调查期员工约21万人。相关方没有提供欧盟产业人数在调查期后已经显著改变的任何证据。

(345)我们得到结论,调查证明,欧盟行业由于中国的倾销进口产品遭受了实质性损害,无法通过销售利润挽回投资。预期实施的措施将恢复欧盟市场的公平交易状态,允许欧盟行业公平竞争。来自中国进口的减少可能使欧盟行业通过增加自己在欧盟中的销售,来在短期内更好地利用可用生产能力。这反过来可能会带来规模经济。虽然在短时间内商品价格可能由于相关措施而上升,长期来看整体价格将趋于下降。同时,一方面受调查的产品生产成本将进一步降低;另一方面,第三方国家的产品也将在欧盟市场上参与竞争。

(346)由于缺少此方面的其他论述,暂行条例第227—231条和上文第223条提到的预期就业数字被确认。

3. 无关进口商利益

(347)据暂行条例,在实行临时措施前提供了问卷答复且被认为构成临时样本的不相关进口商称,关于对进口无关的措施的影响的结论只是根据自己的问卷答复的,因此不能被视为具有代表性。

(348)基于无关进口商调查结果的暂行条例指出,正如暂行条例第232条解释的那样,交易产品中的3个进口商中的一个受到了关注。如上所述,在第21条随后实施临时措施,扩大样本,更多无关进口商囊括进来,3/5的问卷回收率也足够完整,能得到更有意义的判断。最终阶段,无关进口商样本扩大到了4个。此外,4个合作的无关进口商的从中国进口的模组占到了总进口的

16％～100％不等，只有一个全部从中国进口。4个采样无关的进口商合作的盈利能力与产品有关占到了平均的2％～3％。

（349）某利益相关方认为，由于没有直接替代供应来源以取代有关中国进口产品，关税对于无关进口商的影响被低估了。由于主要生产地在中国，且税收是强加的，故改变供应来源需要很大的成本。

（350）在这方面，措施的实施不应导致从中国进口产品的消失。调查显示，中国进口产品的减少对那些只从中国进口的企业影响很大，也就是1/4的合作的无关进口商。对经营者而言，从中国之外的来源地进口产品或者进口与此不同的产品，产生的负面影响都会很有限。因此，委员会认为，虽然有可能对产品的进口商产生负面影响，这种影响平均而言仍然很有限。

（351）一个无关进口商认为，在接受一个新供应商的产品前它需要大量的工作时间和金融投资。最终披露后有关企业申述，其向现场调查组提供了相关文件，证明作为进口商其需要长时间测试来决定合适的供应商伙伴。

（352）应当承认的是，建立新的进口商和供应商之间的关系可能需要额外的成本和时间投资（如测试产品）。同时，改变供应商对于进口商来说似乎是一个正常的风险因素，这是由于相关光伏市场的成熟性，以及经历产业内不断变化（如破产、合并）而要求更换新供应商。此外，我们可以假定新类型的模组，达到市场稳定（比如包含新的效率特征）也需要测试。在这方面，测试一个新产品（甚至从相同的供应商）似乎是一个标准，而不是一个不寻常的活动。因此，这一论点被驳回。

（353）对于最终披露，两个相关方重申，无关的进口商的利益没有被适当考虑。某利害相关方声称，缺乏额外的进口商回复问卷的非保密版本，使得当事人无法做出适当评估。它质疑了委员会关于欧盟中的其他第三国进口的可能性的评估，这一可能性会提高他们的供应，从而允许进口商变换供应，使得其他第三方市场蓬勃发展。为此，该方宣称，这样的假设与第336条矛盾。另一方质疑欧盟委员会是否尊重非歧视的原则，由于在委员会的评估中相比于其他运营商，欧盟生产商被赋予了更多特权。

（354）首先，我们可以确认，非保密版本的问卷调查在发布暂行条例后由另外的合作进口商完成，这些问卷调查回复的内容包含在可供有关各方咨询的文件中。其次，这种假设是没有任何矛盾的：中国相对较少的进口会由第三世界国家的增长来弥补，鉴于全世界光伏安装的增长量，这个增长并不会太多。同时，欧盟产业有望夺回的某一部分中国占有的市场份额，无关进口商遭受的损失这点自然也不能忽视。然后,从长远来看,光伏总的市场容量是增加的,毕竟越来越多的地方达到了电网平价。最后需要澄清的是,在所有贸易保护调查中,虽然欧盟产业是为了评估是否由于倾销进口产品遭受实质性损害,在欧盟整体利益的背景下分析,欧盟内产业的利益和其他经济运营主体,包括无关进口商,同等重要。而且,调查欧盟产业是否遭受实质性损害是基于第 3 条第 5 款设置的基本规定的最低标准。其结果就是,对某些进口商的措施可能产生负面影响,尤其是那些针对中国的措施,没有超过这些措施给欧盟产业带来的益处以及由公平竞争会给欧盟光伏市场带来中长期的好处。

(355)由于缺少其他评论,在涵盖 4 个样本进口商的信息的基础上,暂行条例第 233—234 条被证明。

4. 上游运营商的利益

(356)据临时披露,多方声称,大多数光伏价值链投入品来自欧盟,如果对使用这些投入品的中国产品征税导致其减产,那么这种有利的情况可能会停止。这些措施在这种情况下可能会触发中国对欧盟其他产品采取相应措施。

(357)在这方面,如暂行条例第 239 条所述,即使有税收,中国进口也将继续供应欧盟市场。此外,光伏行业各种公开数据来源,如 EPIA 的"2013—2017 年全球光伏市场前景"中预测:欧盟需求的可能萎缩应该只存在于短期内(2013 年和 2014 年),这是因为欧盟消费将在接下来的几年里进一步增加。此外,暂行条例第 239 条强调:解决不公平贸易的做法可能有助于在中期和长期内在欧盟建设一个可持续发展的光伏市场增长,欧盟所有运营商都能从中获益。最后,至于中国为应对这一措施可能采取的应对行动,我们可以记住中国与其他 WTO 成员一样,只有在合理的情况下可能求助于贸易保护调查,任何此类调查必须严格遵守世贸规则。委员会监督以确保任何此类调查遵守世贸规则。因此,这一论点被驳回。

(358)一些机构反对暂行条例 239 的结论,即欧盟上游光伏运营商向中国出口的减少可能会由其他市场得到弥补,认为反倾销税收措施会降低全球市场对这种产品的需求。

(359)在这方面首先需要指出,从中国进口商品不会由于税收而完全停止。此外,在调查的过程中收集的信息没有表明在欧盟市场上中国进口商品和中国出口到其他市场的商品有直接的相关性。此外,公开可用的资源,比如 EPIA 的"2013—2017 年全球光伏市场前景"预测,全球光伏市场将在未来几年持续增长。就中国市场而言,有迹象显示,中国的国内消费将大幅增加(如

EPIA 所指出)。鉴于上述情况,出口到中国的欧盟上游运营商的产品预计不会由于措施的实施而大幅下降。

(360)还应该指出的是,前文第 357 条中提到的 2013 年和 2014 年萎缩的欧盟需求可能会对上游运营商产生负面影响。然而,这一现象不能与税收关联,至少不能作为主要原因,因为它在暂行条例之前就被预见到了。此外,如暂行条例第 239 条所述,由于现有在中国的大量闲置产能,他们不太可能在中国生产商增加产量的条件下,显著增加对中国的出口。最后,调查过程中收集的信息表明,机械生产商也可能受中国太阳能光伏产业"十二五"规划影响,预计到 2015 年,80%的电池制造设备应该来自中国。只要这一变化符合世贸团体规则,就有可能进一步限制欧盟机械制造商在中国市场的竞争。上面的观点因此被驳回。

(361)对于最终披露,中国方面声明,太阳能光伏产业"十二五"规划只提供一些一般性的指导原则,不具备法律强制力,因此它不应被视为表明欧盟机械制造商在中国市场的竞争受限。在这方面需要指出的是,"十二五"规划中将光伏行业列为战略产业,并制订了产业发展具体计划。在这个计划中表达了支持"优势企业"和"重点企业",致力于"促进光伏产业的各种政策的实施",和"统筹准备产业扶持政策、金融、税收……"。此外,该计划包含通过五年的时间让中国产业达到的成果的指令,这将对该产业版图产生重要影响。出于以上考虑,有明显的迹象表明,中国电池制造商的选择自由度和制造设备出口到中国的欧盟生产商的竞争压力将受到中国该计划的限制。因此,这个论点被驳回。

(362)一个原材料生产商质疑了其他市场补偿中国市场产量下降的能力,考虑到中国市场的巨大生产能力,这种生产能力不容易在其他地方建立。

(363)从上述 359 条的结论来看,这个论点被驳回,因为并没有所谓的中国市场生产的减少。

(364)某相关方质疑暂行条例 236 中引用的上游部门员工数量。

(365)据澄清,在暂行条例提到的 4200 名员工,根据相关调查问卷回答只涉及了上游运营商,如设备制造商和多晶硅供应商,而不是整个行业。

(366)从产品范围内排除晶片后,生产这一产品的欧盟生产商将受益于征收关税,因为欧盟产业预计将增加其电池和模组产量。

(367)由于没有其他评论,暂行条例第 235—240 条被确认。

5.下游运营商利益

(368)如上文第 329 条所提到的,在实行临时措施后,两个项目开发人员开展了进一步验证访问。

（369）除了业务与同类产品直接相关（即项目开发人员和安装者）的下游运营商回答的 7 份问卷，对这些问卷的分析构成对临时条例中下游运营商评判的基础，另外 6 份临时阶段问卷回复被认为是不完整的（见暂行条例第 241 条）。问卷将被进一步分析，因为其提供了相比它们总的业务活动，光伏相对重要性的相关指标。

（370）6 个额外的相关运营商是光伏行业的服务提供商（物流、交通、公共关系等），因此与所调查商品并不直接相关。尽管回复中有些许缺陷，问卷数据显示，这些运营商与光伏相关的业务相比总业务是微不足道的。在调查期间，光伏有关业务仅仅带来了平均约 5% 的营业额和 8% 的就业，收益率则平均为 7%。不过，有人指出因为并非所有的运营商都包含在内，有关收益率的数据是不完整的。

（371）在进一步分析的基础上得出的结论是，根据提供的数据，任何措施对光伏产业中服务提供商的经济形势的影响都不太可能是巨大的。

（372）据临时和最终披露，一些团体质疑委员会在问卷中给出的 7 个下游运营商数据在下游运营商营业额、利润和就业方面的代表性。AFASE 提交了其成员（安装者）之间进行的"调查"来说明，对于大多数安装者来说，光伏业务构成了主要的收入来源。AFASE 进一步声称，下游的运营商（特别是安装者）与暂行条例第 242 条中得到的结论相反，只有微薄的利润空间因而无力消化所增加的税收。

（373）至于有关暂行条例中所使用的数据的代表性，委员会已经使用所有这些下游运营商填写的具体问卷调查的数据，以及 AFASE 提交的数据，如上文第 330 条所解释的。

（374）至于所说的光伏业务构成安装者的一个主要的收入来源，进一步分析提交的问卷回答显示，7 个下游运营商（安装和项目开发人员）确认这些活动直接与调查中的同类产品相关，这也代表了运行商平均约 42% 的总业务和平均 11% 的总收益。然而，当考虑到他们的日常业务（不直接与调查中的产品相关），他们整体重要性对于 7 个运营商中的 3 个有大幅度的提升。其结果就是，调查期中相应的比例也从 45% 上升到 100%。除此以外，对于这 7 个运营商（安装和项目开发人员）而言，包括与接受调查的产品不直接相关的业务在内的光伏业务收益平均占总收益的 9%。对于就业也是如此，包括与接受调查的产品相关的活动在内的光伏活动总计为 7 个运营商增加了 660 个全职工作岗位。除了光伏项目和安装工作外,这些运营商同时还在风能安装和电力设备生产领域表现活跃。

(375)一般认为,任何措施对下游运营商的影响都应基于其与调查中产品相关的业务来评估,这些业务平均占其盈利的 11% 以上。然而,即便评估是基于总的光伏产业相关业务,而非直接与调查中的产品相关,结论也与临时情形中的类似。其原因就是,所考虑的众多因素(即收益率和消纳税收的可能性)并没有本质性的差异(比如平均收益率从 11% 降到 9%)。为回复最终披露,一个委员会进行过实地访问的机构质疑了有关代表性安装者和开发商的盈利能力的结论,而这据说只是基于单次交易。这个论点被否决,因为欧盟委员会对下游运营商的盈利能力的计算,主要是基于来自下游运营商提交的问卷回答的所有数据。

(376)关于 AFASE 对其成员的调查,首先需要注意到的是,所有运营商都有机会在调查开始前主动要求参与,并回复为下游运营商设计的问卷,问卷要求回答必要信息来评估关税对这些运营商的影响。其次,安装者的身份在问卷中没有提供,问卷中没有提供比如数据的相关性和可靠性的验证。第三,尽管问卷中的一系列问题涉及安装者消纳可能产生的税收的能力,问卷依然缺少涉及调查期期间安装者获利的内容,这就造成缺失了一个评价措施影响的重要因素。其结果就是,问卷结果得不到可信的结论。

(377)许多机构反对暂行条例第 247 条和第 250 条的结论,即在下游产业的就业在短期内会受到负面影响,总的影响也会是负面的,但会很有限,因为欧盟光伏市场在中长期内预计将会增长。一些机构进一步声称,某些依赖于光伏安装的从业者,会受制于需求下降。

(378)由征税造成的失业得到了进一步分析。概括地说,在 2011—2012 年间,下游部门正经历了欧盟内部 5GW 的光伏安装需求的萎缩带来的失业问题,正如在暂行条例第 246 条中所说的。这些工作机会的丢失并不能归咎于征税措施,因为其是该产业演化本身的一部分。而且,2013 年和 2014 年更严重的需求萎缩很有可能造成了光伏行业更严重的工作机会丢失。同样地,这些需求的演化在调查开始前就已经被 EPIA 等研究中心预测出来,所以这些失业并不能归咎于措施的执行。

(379)欧盟光伏产业提交了一份由普华永道完成的相关措施可能对光伏行业就业造成影响的研究。普华永道的研究参考了早期另一个顾问机构 Prognos 开展的研究。该研究设想,光伏市场的高失业率是由措施的执行造成的。这些措施是由 AFASE 提出的,优先于临时关税(在暂行条例第 243 条和第 246 条中已经解决)的实施。普华永道的研究批评了 Prognos 开展的研究,因为 Prognos 预测的总失业超出了欧盟内现有的光伏行业就业量的总数。普华永道得出了与 Prognos 相反的结论,预计上述措施会对欧盟就业市场产生正面影响,这些益处超出了税收可能带来的负面影响(如需求)。由于缺少对上述措施对下游部门就业行情产生影响的可靠论据,暂行条例第 247 条和第 250 条得到了确认。

(380)AFASE 辩称,该委员会并没有透露暂行条例第 245 条中提到的 2011 年的与光伏直接相关工作机会的 20% 的计算误差来源。

(381)向上或向下 20% 的误差,在 EPIA 验证访问期间变得明显。因为数据来源很少,而且还经常自相矛盾,这也显示了在下游部门精确评估就业情况是很困难的。

(382)为回复最终披露,一些有关方声称委员会的分析无视如下事实,即税收只会加剧由 2011 年后更少数量光伏安装造成的失业。他们认为,这样的失业,尤其是在下游部门,与光伏安装程序严重依赖太阳能装置的事实有关。除此以外,AFASE 批评欧盟委员会没有合理的考虑在其成员国的调查和英国太阳能行业协会进行的一项类似调查,这些调查表明了这种依赖性。

(383)至于所谓的委员会关于关税的影响工作,指的是第 377 条和第 379 条声称的有关措施对就业的影响在光伏领域得到解决和承认,事实上,由于这些措施,下游部门的工作可能会在短期内受到影响。

(384)至于由 AFASE 和英国太阳能行业协会进行的调查,为应对最终披露,其提供了公司的身份。但调查仍然不充分,因为某些回答并不完整。AFASE 的调查首先指出,在调查中 50 个安装者中的大多数都声称未参与光伏市场,其中有 15 个表明他们还在一定程度上活跃于暖气、电气安装和风能等活动中。除此之外,受访的 31 个英国公司中,有 21 个表明还参与了光伏之外的活动。这个结果显示,对于近一半的项目开发人员和安装者而言,暂行条例第 247 条中关于其执行其他业务(如电气和取暖设施,管道和其他绿色能源设施)方面的发现是正确的。然而,这种能力存在的可能性程度低于暂行条例所假设的。因此,对失业影响的减少可能不如开始假设的那么重要。其次,AFASE 和英国太阳能行业协会所调研的一些运营商已经在使用一些由欧盟国家和其他非中国生产的产品来避免价格上涨的影响。因此,中国进口产品和相关措施给他们带来的影响能够得以减少,毕竟他们能在欧盟内获得这些产品。第三,评估这些措施的影响在所有调查的企业经营者中难以形成一致结论,因为他们的评价非常多样化。一些公司甚至无法评估这些影响。第四,在这个问题的答案中,因为光伏项目征税而导致项目取消的数目范围也从"不多"到"所有项目"。一些运营商甚至无法做出预测。最后,两项调查缺乏经济运营商的盈利能力问题采访,这对于评估可能吸收的价格上涨非常重要。

(385)其他机构声称,安装者无法轻易改变他们的活动或转向其他绿色能源设施,因为技术和知识差异很大。因此,一旦税收实施后,他们将会倒闭。最终披露后,这种说法被一个利益相关方重申,其认为安装者在光伏专业化上已投入大量资源,这表明他们的重点是光伏行业,他们将无法轻易地转向其他活动。

(386)这个论点没有得到充分证实,因为它并未解释安装者到底需要获得哪些具体知识,以及获得这些知识的难度和成本如何。该机构声称,安装者习得了对安装光伏模块的特定知识。然而,这些实际知识的习得是到最近才出现的,而且,电气和加热装置、管道等安装者需要掌握的主要技能也在增加。这也是对一个不公平的事实所做出的回应,即大规模流入来自中国的倾销产品。在有关雇员和安装者的特殊技能的论点之外,这个论点也应当与第378条和第382条中提到的下游部门就业形势短期内可能受到负面影响的论点同时考虑。但是,由于可持续性的交易,中长期范围内安装者的就业形势将会好转。所以,这个论点也被否定了。

(387)多方质疑了有关下游运营商有能力部分吸收因为暂行条例第247条导致的可能的涨价的论点,以及这个论点不足以评估在何种程度上指控是准确的。如第374条所提的,直接相关的下游合作运营商的盈利能力据评估平均在11%左右,运营商有吸收至少部分价格上涨的能力。在这种背景下,回溯如第225条所述的价格的总体趋势将是下降的。因此,该论点被驳回。

(388)作为对最终披露的回复,根据一些机构对相关措施的抨击,他们认为欧盟太阳能产品市场出现严重的萎缩风险,是由这些措施造成的。某团体声称,太阳能目前有较高的价格需求弹性,即便是有限的价格上升,也会造成严重的需求萎缩。该团体预测,30%左右的反倾销税可能会减少8GW的需求,50%的税率甚至会造成10GW的萎缩。

(389)尽管除了上文提到的情况,调查中各种可能的萎缩场景也已经由各方表明过了,但它们并未包括可比较的结果。然而,并不能将税收排除在可能造成光伏安装需求萎缩的原因之外。鉴于影响欧盟(暂行条例第258条中有范例)光伏安装吸引力的因素众多,因而很难量化这种影响。除此以外,尽管这种萎缩是短期内发生的,由公平交易带来的中期和长期好处被认为将超过短期的负面影响。最后,AFASE自身也承认,评定需求和税收之间的直接联系只能在税收被执行后才有可能。因此,这个论点被否决了。

(390)由于没有任何进一步的评论,暂行条例第243条和第250条被确认。就6个服务提供商而言,光伏业务只占其总业务(参见上文第370条)一小部分的事实并不能改变包含在暂行条例第250条的结论。而且,光伏业务与其他业务的区别也没有直接与第374条的7个项目开发人员(安装者)相关。

6. 最终用户/消费者的利益

(391)据临时信息披露,一些机构重申,关税会提高相关产品的价格。因此,光伏安装需求会下降,因为对于消费者来说价格太高,对其他投资者的吸引力也不够。

(392)正如在第335条中提到的,即便由于措施的执行造成了临时的价格上升,总的价格趋势仍然会向下,一些公众消息来源也证实了这一点。然而,很难量化由相关措施及其产生的可能性需求萎缩带来的精确的价格上涨。首先,调查中的产品占了总的光伏安装成本的50%,所以一部分税收至少能得到吸收。再者,欧盟产业与第三国生产商之间的竞争,已经在欧盟市场上有所呈现,这有可能会使价格下降。同时,由于更好地利用生产设备,减少了生产成本,从而产生了规模经济,使欧盟产业有望取得更好的经济效益。第三,光伏安装的需求不仅与调查中产品的价格水平相关,也与FIT水平有关。目前,相比于2011年和调查期间的水平,需求较为低迷。据称,考虑到光伏工程的连续投入,FIT不应当像考察期间内那样降低。所以,这个观点被否决了。

(393)为回复最终披露,某方认为上述推理存有争议。其声称,措施实施后价格下行趋势将无法维持。这一机构提到,这些措施代表了一个非常关键的上升成本,而这种增加的成本并不能通过成本降低或者从第三国进口产品来抵消。此外,它重申欧盟产业将无法投资新的工厂和机械,下游运营商只能吸收11%的利润。最后,没有证据表明FIT可能会补偿价格上涨。

(394)与这一说法相反,该措施带来的涨价不能被认为可以得到完全抵消,而措施实施后的短期价格增长是可能的(见暂行条例第246条)。的确,这种价格上涨可能是由中国倾销价格和非中国产品价格之间的差异造成的。然而,调查过程中收集的信息显示,考虑到下游行业的利润在11%的水平,最终价格上涨可能会部分地被许多因素消化。最后,没有证据表明,FIT可能会补偿价格上涨。FIT 将随着时间与项目价格变化而调整,这样的假设也是合理的。

(395)某团体声称,2013 年 3 月以来,欧洲模组价格实际上升了 20%,且自 2013 年以来库存紧缺。这一论点没有被证实,相反,公共信息披露,在 2013 年第二季度,模组价格已相对稳定。即使这些信息是正确的,它也只会反映以下事实:随着进口登记,反倾销税的风险已经被考虑在定价行为中。因此,该论点被驳回。

(396)另一方声称,鉴于模组在一个给定项目的成本中占了很重要的部分,如果 FIT 没有和项目成本(包括模组的价格)一起下降,对投资者而言,光伏项目将不会产生回报。为此,由于关税将提高价格,它会使得许多光伏项目的可行性产生问题。

(397)如上文第 335 条所提到的,电池和模组价格的总体趋势是下降的。此外,市场上 FIT 的重要性在减少,因为电网平价可能在几个地区已经实现。基于此,光伏模组的价格可能会对光伏项目可行性产生负面影响的论点被驳回。

(398)某相关方提供了一个内部模型,用以证明许多光伏项目的可行性在存在税收的情况下是很低的。

(399)这一模型不能恰当地量化当电池和模组价格上升时,光伏安装投资(如投资回报率)对于投资者的吸引力在何种程度上降低了。然而,针对现有的下游运营商的利润率,模型中所有的税收将完全转嫁给最终用户或消费者的假设是不太可能的。此外,投资决策不仅基于模组的价格,还取决于其他很多因素。比如,在某个国家,普遍存在的光伏利好框架措施和包括电价水平(电网平价)在内的支持力度都会产生影响。因此,这一观点被驳回。

(400)由于没有任何进一步的评论,暂行条例第 252 条和第 254 条得到证实。

7.其他论点

(401)临时信息重申,欧盟产业并不足以支持欧盟市场,只有中国拥有能力供应欧盟市场。

(402)这一论点在暂行条例第 256 条中得到重申。即使针对欧盟生产能力做出更为保守的假设(参见上文第 183 条),欧盟和第三方国家的联合产能也能在短期内弥补中国的潜在进口减少。在中期内,联盟行业为满足市场需求而扩大产能,实现规模经济,以进一步降价的假设是合理的。因此,这个论点被驳回。

(403)一些机构重申,若征收关税,委员会 2020 年绿色能源目标将难以实现。这个观点已经在暂行条例第 257—259 条中被强调,因此,若缺乏任何进一步论证,暂行条例第 257—259 条被确认。

8. 欧盟利益结论

(404)基于以上论述,暂行条例第 260 条和第 261 条得以确认。

(405)因此,没有令人信服的理由反对针对来自中国的进口产品实施关税措施。

G. 最终反倾销措施

(406)考虑到关于倾销、损伤、因果关系和欧盟利益所达成的结论,应采取强有力的反倾销措施,防止倾销进口给欧盟产业带来更严重的伤害。

1. 消除损伤水平

(407)为了确定这些措施的效果,可在不超过倾销幅度的前提下,考虑倾销幅度和必要的税收额度来消除欧盟生产商承受的损害。

(408)据临时信息披露,某相关方反对将 10% 的利润用于计算损伤消除水平,并声称在目前的市场情况下对于这个行业(模组和电池),10% 太高了。有人指出,为计算损伤消除水平,在正常竞争条件(比如没有倾销)下能否得到这样合理的收益是确定收益水平的法定基础。在符合联邦法院法律的情况下,在给定期间的开始阶段这样的收益是可以实现的,比如,在倾销产品增加之前。因此,把目标利润设定为 8%,在此基础上调整加权平均利润,当有利可图时,产业联盟在 2009 年和 2010 年的电池和模版能达到这样的收益。

(409)据最终披露,欧盟产业声称,2010 年的盈利能力,而不是 2009 年和 2010 年的平均利润率,应该作为假定倾销没有发生时欧盟产业能达到的盈利能力水平。在这方面有人认为,考虑到 2010 年消费增长缓解倾销所造成的影响,而 2009 年的盈利能力不足,两年内的环境显然是不同的。在这方面值得注意的是,在确定消除损害水平时联盟行业平均利润率是否"足够"并没有关系。如暂行条例第 264 条所述,损害消除水平应该基于没有倾销进口产品时可以合理取得的利润,应由调查当局判断年初时这一水平是否达到。在这种情况下,欧盟产业意识到,2009 年考虑期初电池销售损失的方法是不合适的。把损失消除水平建立在期间第一年和第二年平均利润率的基础上被认为是更可靠的。在这方面,我们认为两年环境不同是无关紧要的。

(410)另一方重申,由于这些产品显示出不同的盈利趋势,模组和电池应设立不同的利润目标。当为每个产品类型单独设立指标时,基于每个指标得出的结论应作为一个整体接受调查。模组和电池是一个单独产品,因此倾销幅度和消除损害水平也应在此基础上建立。

(411)此外,修改后的无关进口商样本的进口后成本(修改原因在第21条中给出)对于损失率的计算会有影响。最后,所有低价销售的利润率都受到晶圆被排除在外以及新目标利润的影响(IFC到岸价)调整。

(412)某机构认为,欧盟样本生产商应当聚焦于高端市场,如住宅/小型商业区域,以吸引更高的FIT,并建议欧盟产业的销售价格也做出相应调整。应该指出的是,这一论点在计算损伤率上并没有决定性的作用,因为调查显示联盟生产商没有盈利。

(413)由于缺少关于消除损伤水平的其他评论,暂行条例第262—266条的论点可以得到确认。

2.最终措施

(414)对于倾销、损害、因果关系和欧盟利益,按照基本规定第9条第4款,我们可以认为,最终反倾销措施应针对的目标是源自或委托中国生产的以低利润率且享有低税率原则倾销的进口晶体硅光伏模组或面板,以及使用晶体硅光伏模组或面板的电池。在这种情况下,关税税率应当设定在利润损害的水平。

(415)我们注意到,在反倾销调查的同时,反补贴调查也在进行。针对低税率原则和补贴利润低于消除受损水平的事实,征收建立在明确的补贴水平,并且征收可以消除损害水平的最终反倾销税,这一做法可以认为是适当的。基于以上讨论,税率将按照以下条例实施。

公　司	补贴保证金(%)	倾销幅度(%)	消除损伤水平(%)	反补贴税(%)	反倾销税(%)
Changzhou Trina Solar Energy Co. Ltd Trina Solar Changzhou Science & Technology Co. Ltd Changzhou Youze Technology Co. Ltd Trina Solar Energy (Shanghai) Co. Ltd Yancheng Trina Solar Energy Technology Co. Ltd	3.5	90.3	48.2	3.5	44.7

公　司	补贴保证金(%)	倾销幅度(%)	消除损伤水平(%)	反补贴税(%)	反倾销税(%)
Delsolar（Wujiang）Ltd	几乎以致可以忽略	111.5	64.9	0	64.9
Jiangxi LDK Solar Hi-Tech Co. Ltd LDK Solar Hi-Tech（Hefei）Co. Ltd LDK Solar Hi-Tech（Nanchang）Co. Ltd LDK Solar Hi-Tech（Suzhou）Co. Ltd	11.5	91.9	58.2	11.5	46.7
JingAo Solar Co. Ltd Shanghai JA Solar Technology Co. Ltd JA Solar Technology Yangzhou Co. Ltd Hefei JA Solar Technology Co. Ltd Shanghai JA Solar PV Technology Co. Ltd	5.0	97.5	56.5	5.0	51.5
Jinko Solar Co. Ltd Jinko Solar Import and Export Co. Ltd ZHEJIANG JINKO SOLAR CO. LTD ZHEJIANG JINKO SOLAR TRADING CO. LTD	6.5	88.1	47.7	6.5	41.2
Jinzhou Yangguang Energy Co. Ltd Jinzhou Huachang Photovoltaic Technology Co. Ltd Jinzhou Jinmao Photovoltaic Technology Co. Ltd Jinzhou Rixin Silicon Materials Co. Ltd Jinzhou Youhua Silicon Materials Co. Ltd	6.4	53.8	33.7	6.4	27.3
RENESOLA ZHEJIANG LTD RENESOLA JIANGSU LTD	4.6	88.1	47.7	4.6	43.1
Wuxi Suntech Power Co. Ltd Suntech Power Co. Ltd Wuxi Sunshine Power Co. Ltd Luoyang Suntech Power Co. Ltd Zhenjiang Ren De New Energy Science Technology Co. Ltd Zhenjiang Rietech New Energy Science Technology Co. Ltd	4.9	73.2	46.3	4.9	41.4

续表

公司	补贴保证金(%)	倾销幅度(%)	消除损伤水平(%)	反补贴税(%)	反倾销税(%)
Yingli Energy(China) Co. Ltd Baoding Tianwei Yingli New Energy Resources Co. Ltd Hainan Yingli New Energy Resources Co. Ltd Hengshui Yingli New Energy Resources Co. Ltd Tianjin Yingli New Energy Resources Co. Ltd Lixian Yingli New Energy Resources Co. Ltd Baoding Jiasheng Photovoltaic Technology Co. Ltd Beijing Tianneng Yingli New Energy Resources Co. Ltd Yingli Energy(Beijing) Co. Ltd	6.3	93.3	41.8	6.3	35.5
反倾销调查中其他合作公司(在平行反补贴实施法规(欧盟)中承担剩余责任的公司除外)(附加1)	6.4	88.1	47.7	6.4	41.3
反倾销调查中其他合作公司,在平行的反补贴实施法规(欧盟)No 1239/2013 中承担剩余税率的公司(附加2)	11.5	88.1	47.7	11.5	36.2
其他所有公司	11.5	111.5	64.9	11.5	53.4

(416)针对每个企业的反倾销税率在法规中是有着详细说明的,而且是基于现有调查结果构建的。所以,调查中它们反映了有关公司的基本情况。这些税率(与适用于全国其他公司的相反)专门适用于进口自中国、由中国相关公司生产的产品。进口由任何其他没有在本条例执行部分提到的公司名称和地址所生产的特定相关产品,并不能享受上述专门税率,而是适用于其他公司的这档税率。

(417)根据披露,中国方面认为,针对附加1和附加2中的公司使用加权平均税率是违反 WTO 的反倾销条例的,因为据称这是分别基于样本出口商生产的电池和模组来计算的税率。然而,这个评估是错的。对于样本出口商,有一个与所有出口产品相关的统一税率,而且大部分的出口商的确出口了电池和模组。所以,评估中说的单独为电池和模组出口商计算的税率是错误的,而且这种说法是无法令人接受的。

(418)在相关措施实施后,如果某个企业因受益于更低的单独税率而销量大幅上升,由于基本条约13(1)条提到的措施,这样的一个增长可以认为是由于措施实施后贸易情形的变化所致。在这样的情景下,假设这些条件得到满足,反规避调查可能会被启动。这个调查可能会评估废除企业单独税率而采用全国性税率的必要性。

(419)任何要求实施企业单独反倾销税率的说法(如伴随以实体名称改变名义或者伴随新的产品产销实体的建立),都应当立即将所有的相关信息告知委员会,尤其是公司活动有任何改变的信息。

(420)为了保证任何新的出口商和名单内未涵盖的合作企业(在附加1和附加2中提到的)受到公平对待,应当为适用于后面那些公司的加权平均税率制定条约,该税率适用于任何一个新的出口商,因为若不如此,这些公司本应享有本条例章节11(4)中的审核机会。

(421)已经采取相关措施以帮助欧盟内的生产商从破坏性的倾销中复苏。这会在欧盟生产商潜在福利和其他经济运营商的成本之间产生不平衡,这个不平衡可以通过欧盟内部生产的增加或者重启来消减。

(422)然而,在动荡的市场中,增加生产的设想可能不符合市场发展演变的实际情况。如暂行条例第108条所述;在2009—2011年间,欧盟模组消费增加了264%,在2011年至调查期的6个月间只降低了43%。2006—2011年间的波动性更加强烈,此间欧盟模组消费从少于1GW增长到将近20GW,短短五年内增长了大约2000%。这一波动预期将会继续下去,商业机构公布的预测显示2014—2015年间不同情景下的差异可能会达到100%。

(423)由于这些原因,在这些极端情况下,限制措施持续期为两年被认为是合适的。

(424)这段时期对于欧盟生产商而言应当足够用来增加或重启生产,同时不足以使欧盟内其他经济运营商陷入危险的情况。为了分析措施的采取是否的确会对增加欧盟生产且同时能否抵消对于其他经济运营商的负面效应,两年的时期被认为是最合适的。

(425)据最终披露,一个欧盟生产商提出,限制持续期为两年对恢复损伤而言太短了。此外,两年的持续期将不够欧盟生产商完成当年和下一年的商业计划。但是,两年对欧盟生产商而言是足够来完成2015年为止的商业计划的。

（426）此外，欧盟生产商没有反对持续期为两年的原因，特别是有关市场波动。生产商甚至明确赞赏为防止由于市场状况发生变化，不得不变动措施的观点。在不断波动的市场中，市场情况在两年内变动的可能性很高，因此从一开始就施加两年的限制是合适的。

（427）据最终披露，申诉人认为，两年的时间不足以对生产进行投资，原因可参考上文第424条。然而，由于欧盟存在相当大的闲置产能，生产的增加可通过提高已有的产能利用率实现，这在不需要大规模新增投资的情况下是可行的。

（428）申诉方还认为，仅仅两年的反倾销征税对于欧盟产业从过去的倾销造成的损害性影响中恢复是不够的。然而，征收反倾销税不能只看欧盟的利益，还需要平衡欧盟生产商和其他经济运营商的潜在利益。在此基础上得到了维持措施时间为两年的决定。

（429）所有相关方都被告知，以上事实和考虑是作者将来可能针对原产于或从中国委托生产用于生产晶体硅光伏组件、电池板的晶体硅光伏模组、电池板电池采取明确反倾销税以及按照暂行税率（最终披露）收取担保的基础。所有相关方都被允许在一定时间内对最终披露进行评论。

（430）相关方呈交的被认为合适的口头或书面文件将被考虑。

3. 追溯

（431）至于追溯应用反倾销措施的可能，基本条例10(4)中设定的规则应被评估。根据10(4)，一个需要满足的关键标准是：在调查期间可能导致损伤的进口水平之上，还会有更进一步的进口增加。

（432）登记期（2013年5月至2013年6月）的月度平均模组和电池进口展现出调查期过后大幅下降的趋势。确实，如暂行条例第110条所述，在调查期间中国模组和电池的月度平均进口量达到1250MW。作为对比，登记期的中国进口模组和电池月度平均量只是最高点时的一半。

（433）另外，鉴于市场的波动性，进口进一步增长的可能性可以通过相对而不是绝对指标来评估。为了评估是否会有更进一步增长的可能性，我们有必要比较进口量和欧盟市场的消费量，例如，消费可能会大幅下降，而不是中国进口的减少。由于在监管期间中国模组和电池的进口量只有调查期间的一半，这一消费量的减少本应大幅超过50%。虽然没有确切的在监管期间有关消费的资料，没有明确证据表明消费减少了50%以上。

（434）由于上述理由，关于进口可能进一步增加的标准并没有达到。因此,可以得出结论,决定性反倾销税不应追朔到暂行措施实行日之前施加。

H. 措施形式

(430)继临时性反倾销措施被采取后,一群合作出口生产商,包括其在中国和欧盟的关联公司,与CCCME一起提供了一个共同的价格承诺,这一价格与基本规定8(1)相匹配,且得到了中国方面的支持。

(431)委员会检验了这一价格承诺,并在决议2013/423/EU中接受了这一价格承诺。同样地,在决议第3、4、7条中提到,为了评测价格承诺能否消除倾销的损害效应,委员会已经分析了任何市场情况的改变,除其他外,目前的出口价格和损害消除水平被发现低于倾销幅度。

(432)据决议2013/423/EU,出口生产商和CCCME一起提交了一项通知以修改他们的价格承诺。他们要求从商品范畴中除去晶片,如第31条和第72条所述,一部分其他出口商,在基本条例8(2)规定的截止日期内要求采取价格承诺。

(433)通过施行决议2013/423/EU,委员会明确接受了在本决定附件中所列的出口企业的价格承诺。

条款1

已通过以下规定:

1.反倾销税将对原产于中国或委托中国生产的(除非他们按照第五关贸总协定运输)以下进口产品征收:晶体硅光伏模组、面板或用于生产晶体硅光伏模组、面板的电池片和面板(电池片厚度不超过400微米),目前CN编号为ex 8501 31 00, ex 8501 32 00, ex 8501 33 00, ex 8501 34 00, ex 8501 61 20, ex 8501 61 80, ex 8501 62 00, ex 8501 63 00, ex 8501 64 00, ex 8541 40 90 (TARIC codes 8501 31 00 81, 8501 31 00 89, 8501 32 00 41, 8501 32 00 49, 8501 33 00 61, 8501 33 00 69, 8501 34 00 41, 8501 34 00 49, 8501 61 20 41, 8501 61 20 49, 8501 61 80 41, 8501 61 80 49, 8501 62 00 61, 8501 62 00 69, 8501 63 00 41, 8501 63 00 49, 8501 64 00 41, 8501 64 00 49, 8541 40 90 21, 8541 4090 29, 8541 40 90 31, 8541 40 29 02)。

以下产品种类被排除在产品定义的范围之外:

— 由不到6个电池组成的太阳能充电器,便携式和供应的电力设备或充电电池;

— 薄膜光伏产品;

— 被永久地集成到电子产品中的晶体硅光伏产品,其中电子产品的功能是发电,且这些产品消耗集成晶体硅光伏电池所产生的电力;

— 输出电压不超过 50 伏直流电的模组或面板,输出功率不超过 50 瓦的,仅直接用于同样电压和功率属性的充电系统的产品。

2.反倾销税率将适用于下列公司所生产的第一段描述产品的,将基于到达欧盟边境之前的净价征税。

公 司	税率(%)	附加代码
Changzhou Trina Solar Energy Co. Ltd Trina Solar Changzhou Science & Technology Co. Ltd Changzhou Youze Technology Co. Ltd Trina Solar Energy (Shanghai) Co. Ltd Yancheng Trina Solar Energy Technology Co. Ltd	44.7	B791
Delsolar (Wujiang) Ltd	64.9	B792
Jiangxi LDK Solar Hi-Tech Co. Ltd LDK Solar Hi-Tech (Nanchang) Co. Ltd LDK Solar Hi-Tech (Suzhou) Co. Ltd	46.7	B793
LDK Solar Hi-Tech (Hefei) Co. Ltd	46.7	B927
JingAo Solar Co. Ltd Shanghai JA Solar Technology Co. Ltd JA Solar Technology Yangzhou Co. Ltd Hefei JA Solar Technology Co. Ltd Shanghai JA Solar PV Technology Co. Ltd	51.5	B794
Jinko Solar Co. Ltd Jinko Solar Import and Export Co. Ltd Zhejiang Jinko Solar Co. Ltd	41.2	B845
Jinzhou Yangguang Energy Co. Ltd Jinzhou Huachang Photovoltaic Technology Co. Ltd Jinzhou Jinmao Photovoltaic Technology Co. Ltd Jinzhou Rixin Silicon Materials Co. Ltd Jinzhou Youhua Silicon Materials Co. Ltd	27.3	B795
Renesola Zhejiang Ltd Renesola Jiangsu Ltd	43.1	B921

公　司	税率(%)	附加代码
Wuxi Suntech Power Co. Ltd Suntech Power Co. Ltd Wuxi Sunshine Power Co. Ltd Luoyang Suntech Power Co. Ltd Zhenjiang Ren De New Energy Science Technology Co. Ltd Zhenjiang Rietech New Energy Science Technology Co. Ltd	41.4	B796
Yingli Energy(China) Co. Ltd Baoding Tianwei Yingli New Energy Resources Co. Ltd Hainan Yingli New Energy Resources Co. Ltd Hengshui Yingli New Energy Resources Co. Ltd Tianjin Yingli New Energy Resources Co. Ltd Lixian Yingli New Energy Resources Co. Ltd Baoding Jiasheng Photovoltaic Technology Co. Ltd Beijing Tianneng Yingli New Energy Resources Co. Ltd Yingli Energy(Beijing) Co. Ltd	35.5	B797
其他反倾销调查合作公司(除了满足平行反补贴条例(EU)1239/2013中剩余税率的公司)(附录Ⅰ)	41.3	
其他反倾销调查合作公司(除了满足平行反补贴条例(EU)1239/2013中剩余税率的公司)(附录Ⅱ)	36.2	
所有其他公司	53.4	B999

3. 除非另外申明,否则按照有关关税的规定施加税率。

4. 若新的中国出口生产商向委员会提供以下充足证据:

—— 确实没有在 2011 年 7 月至 2012 年 7 月 30 日(调查期)间向欧盟出口段落一中所描述的产品;

—— 确实与受制于反倾销措施的中国出口商或生产商无关;

—— 确实在措施规定的调查期后向欧盟出口产品,或正在履行不可撤回的向欧盟出口一定数量产品的契约义务。

段落二可能被按照下述方式修正,即将新出口商归类到非样本的合作公司,然后适用于加权平均税率 41.3%。

条款 2

1. 部分担保条例 EU No 513/2013 中关于进口晶片(晶片的厚度不能超过 400 微米)和模组或输出电压不超过 50 伏直流电的模组或面板,输出功率不超过 50 瓦的,仅直接用于同样电压和功率属性的充电系统的,原产于或组装自中国产品的暂行反倾销税将被返回。

2.部分担保条例 EU No 513/2013 中关于进口晶体硅光伏模组、面板或用于生产晶体硅光伏模组、面板的电池片和面板(电池片厚度不超过 400 微米),目前 CN 编号为 ex 8501 31 00,8501 31 00 89,8501 33 00 61,8501 34 00 49,8501 61 80 41,8501 62 00 69,8501 64 00 41,8541 40 (TARIC codes 8501 31 00 81,8501 31 00 89,8501 32 00 41,8501 32 00 49,8501 33 00 61,8501 33 00 69,8501 34 00 41,8501 34 00 49,8501 61 20 41,8501 61 20 49,8501 61 80 41,8501 61 80 49,8501 62 00 61,8501 62 00 69,8501 63 00 41,8501 63 00 49,8501 64 00 41,8501 64 00 49,8541 40 90 21,8541 40 90 29,8541 40 90 31,8541 40 90 39)并且原产于或组装自中国(除非他们按照第五关贸总协定运输)应被确定征税。超过反倾销税率的金额应被返回。

条款 3

1.宣布可投放到自由流通中的产品的 CN 代码是:ex 8541 40 90 (TARIC codes 8541 40 90 21,8541 40 90 29,8541 40 90 31 和 8541 40 90 39),这些公司的价格承诺被委员会接受,且它们的名字被列在补充决议 2013/707/EU 的附件中。这些公司根据条例 1 可以被免除反倾销税率,如果能满足以下条件:

(a)补充决议 2013/707/EU 附件中所列的公司制造、运输和开具发票的产品直接进入欧盟或通过其他名单中公司作为进口商或者清关公司进入欧盟;

(b)这样的进口应该包含价格承诺发票,该发票是一份至少包含在本条例附件 3 规定的内容和声明的商业发票;

(c)这样的进口伴随着符合条例附录 IV 的出口价格承诺书;

(d)向海关申报的货物,且向海关提交的货物完全符合申报发票中的说明。

2.当接受关于自由流通的以下条件时,客户应承担海关债务:

(a)无论何时,有一种或多种条件不符合条款 3 第 1 段中所描述的情况;

(b)当委员会在某一条例或决议中撤销条例(EC)No 1225/2009 条款(8),即指某一特定交易和相关价格承诺发票被视为无效。

条款 4

委员会接受其价格承诺的公司名单被列在补充决议 2013/707/EU 的附录中,在满足某些特定情况时,这些公司也将开具不免除其反倾销税的交易发票。此发票应为一种商业发票,其中至少包含本规定附件 5 中规定的内容。

条款 5

这一条例在欧盟官方期刊发布日后一天执行。在 2015 年 12 月 7 日失效。

索 引

后　记

　　本书的研究和写作基本分工如下:第 1 章,反倾销:基本事实与理论回顾,宋华盛和高彦;第 2 章,美国对中、日反倾销动因对比研究,宋华盛和徐怡;第 3 章,中国反倾销行为:政府和企业的对比,宋华盛和孙亚明;第 4 章,我国遭遇反倾销的影响因素分析,陈慧慧,得到陆菁和宋华盛指导;第 5 章,贸易政策(反倾销)和企业创新,宋华盛和依尔柯·范登布希(Hylke Vandenbussche);第 6 章,反倾销的产业效应,宋华盛和高彦;第 7 章,基于上市公司的反倾销反补贴效应评估,宋华盛和孙亚明;附录,欧盟光伏反倾销案终裁:欧盟委员会条例(EU)No. 1238/2013,宋华盛、孙亚明和洪依真翻译。

　　本书的研究和出版得到了教育部基地重大项目(10JJD790030)、国家自然科学基金(71373235)、浙江大学恒逸基金和浙江大学民营经济研究中心的资助,在此表示感谢。

图书在版编目(CIP)数据

反倾销:理论、模式与效应评估 / 宋华盛等著. —
杭州:浙江大学出版社，2015.12
ISBN 978-7-308-15275-4

Ⅰ.①反… Ⅱ.①宋… Ⅲ.①反倾销—研究 Ⅳ.
①F115

中国版本图书馆 CIP 数据核字(2015)第 252405 号

反倾销:理论、模式与效应评估
宋华盛　等著

策划编辑	陈丽霞
责任编辑	姜井勇
封面设计	杭州林智广告有限公司
出版发行	浙江大学出版社
	(杭州市天目山路 148 号　邮政编码 310007)
	(网址:http://www.zjupress.com)
排　　版	浙江时代出版服务有限公司
印　　刷	杭州日报报业集团盛元印务有限公司
开　　本	710mm×1000mm　1/16
印　　张	16.5
字　　数	279 千
版 印 次	2015 年 12 月第 1 版　2015 年 12 月第 1 次印刷
书　　号	ISBN 978-7-308-15275-4
定　　价	39.00 元
